中国知识产权区域布局理论与政策机制

贺　化◎主编

知识产权出版社
全国百佳图书出版单位

图书在版编目（CIP）数据

中国知识产权区域布局理论与政策机制/贺化主编. —北京：知识产权出版社，2017.7

ISBN 978 – 7 – 5130 – 4969 – 6

Ⅰ.①中… Ⅱ.①贺… Ⅲ.①知识产权—管理—研究—中国 Ⅳ.①D923.404

中国版本图书馆 CIP 数据核字（2017）第 141779 号

内容提要

我国的知识产权数量近年来大幅度增长，但仍存在质量不高、结构不合理、布局碎片化、转化率偏低等矛盾和问题，提高知识产权质量，优化知识产权空间布局，促进知识产权与产业深度融合已经成为实现创新驱动发展的当务之急。为了做好顶层设计，加强前瞻性理论研究，更好地推进知识产权强国战略和创新驱动发展战略的实施，本书以区域研究为切入点，以知识产权与产业的融合为主线，探讨通过知识产权区域布局优化，促进区域产业发展的实现机制。

读者对象：从事知识产权研究的人员、企业管理人员以及其他感兴趣的读者。

责任编辑：胡文彬　　　　　　　　责任校对：谷　洋

装帧设计：张　冀　　　　　　　　责任出版：刘译文

中国知识产权区域布局理论与政策机制
Zhongguo Zhishichanquan Quyü Buju Lilun yü Zhengce Jizhi
贺　化　主编

出版发行	知识产权出版社有限责任公司	网　址：http://www.ipph.cn
社　址：北京市海淀区气象路 50 号院		邮　编：100081
责编电话：010 – 82000860 转 8031		责编邮箱：huwenbin@ cnipr.com
发行电话：010 – 82000860 转 8101/8102		发行传真：010 – 82000893/82005070/82000270
印　刷：三河市国英印务有限公司		经　销：各大网上书店、新华书店及相关专业书店
开　本：720mm×960mm　1/16		印　张：20
版　次：2017 年 7 月第 1 版		印　次：2017 年 7 月第 1 次印刷
字　数：280 千字		定　价：78.00 元

ISBN 978-7-5130-4969-6

编 委 会

主　编　贺　化
副主编　刘凤朝　张志成
编　委　崔海瑛　孙玉涛　马荣康

编 写 组

组　长　刘凤朝　崔海瑛
副组长　孙玉涛　马荣康
成　员　林　原　张　娜　张淑慧　朱姗姗
　　　　姬　翔　李　伟　王延晖　付雅宁
　　　　楠　丁　赵良仕

执 笔 人

第 1 章：刘凤朝

第 2 章：孙玉涛

第 3 章：马荣康

第 4 章：刘凤朝　孙玉涛

第 5 章：刘凤朝

第 6 章：孙玉涛

第 7 章：朱姗姗

第 8 章：刘凤朝　马荣康　孙玉涛

第 9 章：孙玉涛

附　录：付雅宁

总统稿：刘凤朝　马荣康

序　言

进入 21 世纪以来，以科技创新为核心的国家和区域间的竞争愈演愈烈，知识产权已经成为各国抢占全球竞争制高点，掌握全球经济治理话语权和竞争主动权的制胜利器。提升知识产权质量，优化知识产权布局已成为各国经济发展政策的基本着力点。为了在新一轮全球知识产权竞争中抢占先机，我国先后出台了《国家知识产权战略纲要》《中共中央国务院关于深化体制机制改革　加快实施创新驱动发展战略的若干意见》《中国制造 2025》和《国务院关于新形势下加快知识产权强国建设的若干意见》等纲领性文件。我国面向全球竞争的知识产权战略体系基本确立。截至 2016 年，发明专利申请量连续六年稳居世界首位，我国已成为名副其实的知识产权数量大国。

在肯定我国知识产权工作取得重要成就的同时，我们也应该清醒地认识到，我国的知识产权虽然资源总量巨大、增速超常，但仍存在质量不高、结构不合理、转化偏低等深层次矛盾和问题。从空间角度来看，各区域同质化、碎片化、封闭式发展现象严重，尚未形成各区域错位发展、优势互补、整体联动的良性发展格局。知识产权资源空间配置的不合理、知识产权活动区域间合作的缺失已成为制约我国知识产权强国战略实施的瓶颈。为此，必须深入研究全球知识产权竞争条件下，我国知识产权区域布局的理论与政策机制，为我国知识产权区域布局优化提供智力支撑。

令人欣慰的是，在国家知识产权局的悉心指导和得力组织下，一些研究型大学和研究机构广泛参与知识产权区域布局的理论研究和实践探索，取得了一批具有理论创新和政策内涵的研究成果，形成了一支研究方向稳定、知识结构合理、合作紧密的研究团队。该研究团队对知识产权区域布局问题进行了潜心的跟踪研究，相关成果不仅发表于国内外学术期刊，更重要的是，有效指导了我国知识产权区域布局试点工作开展，有力支撑了国家知识产权战略实施。

《中国知识产权区域布局理论与政策机制》一书是我国知识产权区域布局理论研究的尝试性成果，也是知识产权区域布局实践探索的学术响应，我希望通过本书的出版发行，能够全面助推我国知识产权区域布局的理论研究和实践探索，也期待国内外所有关注中国知识产权发展的有识之士推出更多、更富创新性的研究成果。

前　言

　　自 2008 年国家知识产权战略实施以来，我国的专利申请量和授权量持续快速增长。截至 2016 年，发明专利申请量连续六年稳居世界首位，我国已成为名副其实的知识产权数量大国。然而，我国的知识产权发展还存在质量不高、结构不合理、布局碎片化、转化率偏低等深层次矛盾和问题。提高知识产权质量，优化知识产权空间布局，促进知识产权与产业深度融合已经成为实现创新驱动发展的当务之急。为此，国家先后出台了《中共中央　国务院关于深化体制机制改革　加快实施创新驱动发展战略的若干意见》《国务院关于新形势下加快知识产权强国建设的若干意见》等重要文件，将知识产权领域的改革作为改革试验的首要任务，提出要通过优化知识产权区域布局和产业布局，拓展发展空间，促进科技创新与产业发展深度融合。为了全面推进知识产权强国战略和创新驱动发展战略实施，国家知识产权局于 2015 年底启动了"知识产权区域布局试点"工作，同时组织相关领域的研究团队开展知识产权区域布局理论与政策机制研究。本书就是上述研究的阶段性成果。

　　本书以区域研究为切入点，以知识产权与产业的融合为主线，探讨通过知识产权区域布局优化促进区域产业发展的实现机制。全书共九章，各章的内容如下。

第1章：导论。回顾我国科技和产业区域布局的探索实践，理清我国科技和产业区域布局演化的实践逻辑，阐明我国科技和产业区域布局存在的问题，重点分析创新驱动发展条件下，经济社会发展对知识产权区域布局的现实需求。

第2章：知识产权区域布局的理论内涵。界定知识产权区域布局的相关概念，从知识产权作为区域资源的经济价值、知识产权资源与其他资源的关联等角度，阐明知识产权区域布局不仅具有资源空间配置的内涵，还具有网络组织和运行协调的内涵；从国家、产业和区域制度安排的角度，阐明知识产权区域布局的制度安排内涵。

第3章：知识产权区域布局的理论基础。依据区域经济学、制度经济学以及新增长理论等，分析中国优化知识产权资源区域布局的必要性、紧迫性与可行性；阐明知识产权资源区域布局的空间结构模式以及知识产权资源区域布局的优化机制等。

第4章：中国知识产权区域布局问题生成的国际环境。以全球经济一体化为背景，分析全球创新网络形成对知识产权资源流动和活动组织的影响；研究创新驱动发展条件下知识产权区域布局与区域经济治理的关系；从产业跨国转移视角分析中等收入陷阱的生成原因，论述知识产权区域布局优化对后发国家跨越中等收入陷阱的现实意义。

第5章：知识产权区域布局与区域相关工作的关系。通过理论分析，阐明知识产权区域布局与区域发展战略规划的关系；分析知识产权区域布局与区域发展政策之间的关系；进而揭示知识产权区域布局优化与区域竞争力成长之间的内在联系，为在区域层面将知识产权布局嵌入政府科技和经济工作体系提供理论和政策依据。

第6章：中国知识产权区域布局的理论模型。运用区域竞争力理论以及系统科学理论与方法，结合我国创新驱动发展战略实施，提出知识产权资源区域布局的概念模型，建立知识产权资源区域布局质量评价指标体系，在此基础上，根据知识产权区域布局的目的，提出知识产权资源区域布局质量分析标准及方法组合。

第 7 章：知识产权区域布局的分析方法。运用现代科学方法和技术手段分析中国知识产权区域布局现状，是提出知识产权区域布局优化对策的基础，依据空间经济学、社会网络理论、GIS 方法及文本挖掘等方法，建立知识产权区域布局分析方法体系，阐明各种方法的基本特征、适用条件以及实证检验对数据的要求。

第 8 章：知识产权区域布局的工作成果与功能实现。在理论研究和实践经验分析的基础上，阐明中国知识产权区域布局的成果形式，提出各项工作成果形成的技术路线，分析知识产权区域布局的经济社会功能及其实现路径。

第 9 章：中国知识产权区域布局优化目标与政策取向。从空间－领域双重视角阐明知识产权区域布局的价值内涵，分析不同价值取向下知识产权区域布局目标间的冲突与协调；从区域、产业和科技视角，阐明创新驱动发展条件下中国知识产权区域布局优化的目标设定，研究知识产权区域布局政策制定和实施的可能空间。

本书编写组

目　录

第1章
导论：我国知识产权区域布局问题的实践逻辑

我国的知识产权区域布局是基于新中国成立以来尤其是改革开放以来科技和产业布局形成的现实，面向创新驱动发展和建设世界科技强国的战略需求。本章回顾我国科技和产业区域布局的探索实践，理清我国科技和产业区域布局演化的实践逻辑，阐明我国科技和产业区域布局存在的问题，重点分析创新驱动发展条件下，经济社会发展对知识产权区域布局的现实需求。

1.1 计划经济时期我国科技和产业区域布局的实践历程

改革开放之前，我国既没有建立完善的知识产权制度，也没有建立市场经济体制，因而也不存在现代市场经济意义上的知识产权区域布局问题。然而，计划经济条件下通过行政手段所形成的科技资源区域分布格局至今仍深刻影响着我国知识产权区域布局的调整与优化。因此，回顾新中国成立以来我国科技资源区域布局的演化历程，不仅能够帮助我们深刻认识通过市场机制优化知识产权区域布局的重要性，而且能够使我们全面理清优化知识产权区域布局的现实基础和约束条件。本节以高等学校布局调整、民用工业布局和"三线"建设为主线对改革开放前我国科技资源区域布局过程进行初步分析。

1.1.1 计划经济时期我国高等教育和工业区域布局形成

（1）高等教育布局调整

高校是科技资源的重要载体和科学技术活动的基本组织形式。高校的空间布局是我国科技活动空间布局的重要组成部分。高等学校的学科设置决定其在国家或区域科技发展中的功能实现，高等学校的地域分布决定高等学校科技活动与地方经济发展的关系，高等学校科技活动的管理组织机制决定产学研合作的基本模式。新中国成立后，通过行政手段对高等教育区域布局进行了重大调整，计划经济体系下形成的高校区域布局至今仍构成高校空间布局的主体框架，并深刻影响着我国科技资源和知识产权区域布局的调整和优化。

新中国成立初期，仿照苏联的模式，搭建我国高等教育的组织体系。20 世纪 50 年代高等教育的院系调整，不仅调整了高等教育的学科布局，也调整了高等教育的空间布局。从学科分布和高校类型变化的角度来看，综合型大学数量明显减少，工科院校、师范院校数量明显增加。从地域分布的角度来看，体现出从集中向分散的布局思路。沿海地区（上海、江苏、浙江、广东、天津）的部分学科资源迁往内地，充实了西部地区以及东北地区的学科资源，大部分省区市都配备了相应的高等教育资源。

（2）苏联援建项目的区域布局

从一般意义上说，在市场经济体制下，企业是知识产权资源的需求主体，也是知识产权和科技资源的创造主体，因此，企业尤其是工业企业的空间布局是科技资源区域布局的微观基础。由于历史形成的原因，我国产业的高端科技资源主要聚集于国有企业，国有企业的区域布局不仅决定产业的空间布局，也决定科技资源的空间布局。

1953～1957 年苏联援建的 156 个项目，不仅为新中国工业体系的建设提供了技术基础，其区位选择对新中国的工业布局以及科技和知识产权布局也产生了深远影响。156 个项目主要布局在东北、中部和西部地区，其中民营项目以东北地区为主、国防项目以中西部地区为主。156 个项目全部以国有经济形式运营，因此，这些项目的建设和运行不仅决定了企业的空间布局和工业体系的区域格局，也决定了我国工业体系的所有制形式，以及科技资源的配置机制。实际上，目前我国基础工业的区域分布格局以及资源配置机制仍在相当大程度上沿袭改革开放前所奠定的基础。

（3）"三线"建设

一个国家的工业基础由军事工业体系和民用工业体系两部分构成。各国的发展实践证明，两大工业体系各自独立发展的结果是资源的低效率使用，而两大工业系统的融合互动则能形成优势互补的良性发展格局。以"军转民"和"民参军"的方式实现军民融合是提升国家整体工业竞争力的重要途径。一方面，通过军民深度融合，盘活存量资产，吸引各种创新资源进入国家安全领域，促进创新，加快武器装备升级换代；另一方面，解决了原有军工资产的效率问题，构建国家主导、需求牵引、市场运作、军民深度融合的运行体系，就能由原来的"输血"转为"造血"，促进我国军工产业升级。必须看到，由于地理条件是影响军民融合的重要因素，因此，无论是"军转民"，还是"民参军"，都面临空间布局的调整和优化问题。回顾我国军事工业体系与民用工业体系在空间上的分离与整合过程对于我们深刻理解知识产权区域布局的现实基础具有重要意义。

1964～1980 年，贯穿三个五年计划的"三线"建设是改变我国生产力空间布局以及科技区域布局的一次由东向西转移的战略大调整。"三线"建设一是使大量优质科技资源进入内陆山区，自我循环、封闭运行，形成并强化了科技资源区域分割、部门分割的格局；二是使面向国防的科技资源独立于国民经济运行之外。从空间关系上看，国防科技力量向中西部转移，而国家经济发展主要集中在东南沿海地区，两者之间的空间阻断巨大且影响深远。从运行机制来看，由于国防工业体系在技术标准、需求规模、用户群体、定价机制等方面的特殊性，使其向民用领域的推广受到诸多局限，难以有效转化成现实生产力。

1.1.2 计划经济时期我国科技和产业区域布局的特点

从科技和产业区域布局的价值导向来看，改革开放前我国科技资源和工业基础的区域布局经历了从效率 – 均衡协调向国家安全主导的转变。20 世纪 50 年代的工业布局是在资源效率和经济价值导向下进行的。苏联援建项目的布局考虑了区域的资源条件以及与用户的关系，同时也顾及了区域间的公平。资源利用效率和区域均衡是两个重要的考虑因素。20 世纪 60 年代的"三线"建设，标志着国家安全主导区域布局价值理念的形成。这次布局调整国防安全是决定科技资源和工业区域布局的主要因素。

从运行关系来看，以工业布局为主体的产业布局引导科技资源区域布局。1953 年开始实施的苏联援建项目决定了我国基础工业体系的区域格局，也成为其后启动的高等学校布局调整的重要依据。基础工业发展的需求成为院系调整考虑的重要因素。向西部和东北地区迁移的部分专业着眼于服务新兴工业体系的建立。装备制造、冶金、化学工业等学科专业主要部署在西部和东北地区，对这些地区基础工业发展培养了大量科技人才。后来的发展实践证明，20 世纪 50 年代和 60 年代培养的高等学校毕业生成为我国工业顺利起步以及快速发展的人才基础。

从实现形式来看，政府计划是科技和产业布局实现的唯一手段。新中国成立后，经济体制依照苏联的模式，建立社会主义计划经济运行体制。在计划经济体制下科技和经济资源的配置主要通过政府计划，尤其是中央政府的计划实现。就科技和经济资源的区域布局而言，中央政府通过新建项目选址的确定、企业以及高等学校和科研机构的异地搬迁具体落地。这种通过政府计划的资源配置方式虽然能在较短时间内完成科技和经济资源的空间配置，较快改变科技资源空间分布的非"均衡"状态，然而，由于计划经济体制固有的弊端，其实现的资源配置格局必然成为效率提升的机制障碍，该时期所形成的资源配置格局对后来的区域布局优化的刚性约束长期而深刻。

1.2　改革开放以来我国科技和产业区域布局的实践探索

改革开放使我国开启了建立市场经济体制的历史进程，经济运行体制机制从计划经济向市场经济的转换，标志着科技和经济活动区域布局驱动机制的根本性变化。市场经济运行机制的引入和成长为知识产权布局提供了基本的驱动力量。20 世纪 80 年代，我国的知识产权制度建设开始起步，知识产权创造、运用、保护和管理成为经济发展的重要组成部分，从而为优化知识产权区域布局提供了物质技术条件和社会运行组织载体。

1.2.1　沿海城市率先开放知识产权资源的空间聚集

部分沿海城市率先开放，开启了我国科技和产业资源区域分布格局重组的历史进程。

1984 年 5 月，中共中央、国务院决定进一步开放天津、上海、大连等 14 个沿海港口城市。沿海城市率先开放开启了我国改革开放从沿海城市起步向沿边、沿江城市拓展，再向内地城市全面铺开的战略序幕。沿海城市的科技资源丰富，工业基础条件优越，教育设施齐全，人才资源的普遍可供性高，加之交通和通信的便利，其成为跨国公司投资中国的首先区位。沿海城市率先开放使其在短时间内吸聚了大量的资金、人才和技术资源，成为我国科技和经济资源空间格局重组的重要驱动力量。

沿海港口城市率先开放启动了我国科技资源从内地向沿海流动的进程，沿海、沿江、沿边成为吸纳国内外稀缺资源的优势，一些沿海、沿边城市率先起步，成为区域经济发展新的增长极。计划经济条件下建设的内地经济发达城市开始走向衰落，以深圳、厦门、青岛为代表的沿海开放城市成为新时期我国科技和产业发展的领头羊，东北老工业基地部分科技资源富集城市的经济发展长期陷入困境。计划经济条件下形成的科技和产业区域分布格局被打破，拉开了我国科技和经济活动空间格局重组的大幕。

沿海开放城市享受优于内地的诸多优惠政策，开启了我国科技和产业资源配置机制改革和探索的先河，不仅带来经济发展水平的区域差异，也使市场机制在资源配置中发挥了一定作用，形成了我国科技和产业资源配置的政策引导－市场调节双轮驱动机制；先行地区进行政策试验，积累经验，后发地区跟随模仿，形成区域政策的试验探索－跟随模仿路径。沿海开放城市与内地城市的政策"势差"和发展"势差"成为科技和产业资源，尤其是人力资源区际流动的基本驱动力。

在优惠政策引导和经济利益双向驱动下，沿海港口城市率先超常发展，标志我国区域科技和产业资源配置价值取向的根本转换。计划经济条件下国家安全主导、公平优先的区域资源配置价值取向被摒弃，效率优先、兼顾公平的区域发展政策价值取向基本确立，政府引导－市场驱动的资源配置机制初见端倪。这种区域政策的价值取向和资源配置机制在相当大程度上促进了科技和产业资源在不同区域间的流动，优化了资源配置，提高了资源的使用效率，但同时也加剧了区域科技和经济发展的不平衡。

沿海开放城市利用外资和引进国外先进技术的各项政策着眼于利用外资与引进国外先进技术的有机结合，使国外的资金流带动技术流，源源不断地进入我国的科技资源富集程度高、产业基础好的沿海城市，不仅在一定程度上盘活了当地的科技和产业资源，也促进了科技资源和产业资源的对接，为科技成果向生产力的转化提供了良好的发展平台。以区域为载体加强并实现科技资源与产业资源的匹配成为各区域提高科技的产业竞争力，进而抢占国内区域竞争制高点的重要手段。

1.2.2　政策试验区建设与知识产权资源的产业转化

政策试验是指公共政策在大规模实施之前先在特定区域小范围开展探索，以便为大规模实施积累经验。在本研究中，我国的政策试验区包括：经济特区、经济技术开发区、高新技术产业园区、大学科技园区、自主创新示范区等。各种政策试验区建设促进了创新资源向特定区域的聚焦，也推动了科技资源与产业资源的结合，为各个区域打造引领区域经济发展的增长极提供了有效载体。

各种政策试验区是在比沿海开放城市更小的空间尺度上将优惠政策聚焦于先发城市的某一特定的地理空间，以政策试验为突破口，开展科技和经济体制改革探索。通过政策优惠建设科技和经济发展的先导区或试验区是我国经济体制改革的试验田，也是我国利用外资、引进国外先进技术的重要载体。各种类型的政策区建设（经济特区、经济技术开发区、高新技术产业区、大学科技园区自主创新示范区等）推动了国外知识产权的进入，加快了国内知识产权资源向特定区域的聚焦，开启了外资布局影响知识产权空间布局和产业布局的模式，也在一定程度上促进了知识产权与产业发展的融合。

在各种政策区在优惠政策的驱动下，快速吸纳国内外创新资源，政策聚焦带动了高端资源的聚集乃至聚合，高端资源的聚集乃至聚合形成了价值的聚变和增值效应，价值的聚变和增值效应则使试验区的科技和产业发展进入政策激励—资源聚集—区域竞争力提升的良性循环发展路径。通过区域内的创新激励政策，大幅度提升了政策区本身的知识产权创造能力，也在一定程度上带动了所在省市核心知识产权原始创造能力的提升，从而为优化知识产权资源的区域布局提供了物质基础。

从各种政策区的功能定位上看，大多政策区都被赋予一定的成果转化功能，尤其是高技术产业园区更强调在引进国外先进技术的基础上，加快高技术成果向生产力的转化，大学科技园区着眼于大学科研成果的本地转化，不仅盘活了存量科技资源，也促进了大学科学研究或技术开发要面向区域经济建设主战场的导向机制的建立，因此，通过各种政策区的建设，科研成果的本地和异地转化效率明显提升，从而将区域知识产权布局与区域产业布局的互动问题被提到区域发展更重要的位置。

从各种政策区的区位选择和建设运行机制的角度来看，大多数政策区或是依托沿海开放城市（经济技术开发区）或依托区域中心城市（高技术产业开发区），以及教育资源密集城市（大学科技园区）。政策区基于优惠政策的发展与区域原有技术和产业优势的叠加带来区域科技和经济发展的进一步不平衡。计划经济条件下形成的内地区域科技中心城市由于没有享受到沿海城市或试验区的优惠政策，导致优质科技资源向沿海城市流动，本地产业发展的科技基础受到削弱，产业技术空心化日趋严重。

1.2.3 差异化区域发展战略实施与知识产权特色区域培育

差异化、非同步推进的区域发展战略（浦东大开发、西部大开发、东北振兴、京津冀一体化等）实施刺激了区域经济发展对知识产权创造、运用的需求，推动了创新资源向特定区域的聚集。

（1）浦东大开发及长三角一体化战略

1990 年起步的浦东大开发是我国改革开放进程中继深圳、珠海、汕头、厦门建设经济特区后的又一重大战略部署。浦东大开发不仅打造了我国经济新的增长极，也促进了长三角地区经济的一体化进程，长三角地区的城市群按照优势互补、协同发展的理念，理顺区域科技和产业分工，提高了知识产权资源的使用效率，从而使长三角成为我国经济发展速度最快、综合带动能力最强的区域。1999 年 8 月，上海市委、市政府颁布了"聚焦张江"的战略决策，明确该园区以集成电路、软件、生物医药为主导产业，集中体现创新创业的主体功能。经过近 20 年的快速发展，已经形成我国的科技创新中心北有北京中关村、南有上海张江的发展格局。以张江高技术产业园区为核心功能区，上海通过吸纳、整合国内外高端创新资源，不仅大幅提升了上海作为我国科技创新中心的地位，也为未来建设世界级科技创新中心奠定了坚实基础。

（2）西部大开发战略

1999 年 11 月，中央经济工作会议部署，抓住时机，着手实施西部地区大开发战略。西部大开发所涉及的部分省区是我国科技创新资源较为丰富的地区，这些地区在"三线"建设期间聚集了大量的科技资源。由于这些地区的改革开放相对滞后，因此其科技潜力没有得到充分释放，产业资源也没有完全盘活。西部大开发一方面是要通过政策实施盘活存量科技和产业资源；另一方面则是要充分利用西部的自然资源优势，实现经济社会的可持续发展。西部大开发涉及的省区市较多，资源条件与发展水平差异较大。西部大开发覆盖的省区市中有在"三线"建设中重点布局的省区市，这些地区科技资源存量丰富，工业基础雄厚。但也应该看到，由于计划经济的体制束缚，这些地区的科技资源向生产力转化还面临重重障碍，需要通过科技资源的流动和重组，深化科技与区域经济的融合，从而提升科技资源的使用效率。

（3）东北老工业基地振兴战略

2003 年，党中央、国务院作出振兴东北地区等老工业基地的战略决策。东北地区是我国科技资源富集程度较高的区域，也是我国近代工业的发祥地和重要的工业基地。由于我国的改革开放从沿海地区起步，东北老工业基地多数地区属于内地，进入 20 世纪 90 年代以后，东北地区与沿海开放地区的发展差距越来越大。由于体制机制的束缚，科技资源主要配置在国有部门，条块分割、所有制分割导致丰富的存量科技资源不能有效转化为生产力，科技和产业两张皮的现象没有从根本上解决。通过对东北老工业基地发展历程的分析，管理层和学术界对东北发展的症结已经形成共识，计划经济的体制束缚和传统产业结构的刚性成为制约东北经济发展的桎梏。东北振兴应着眼于通过体制机制改革，升级结构、再造发展机制，充分释放东北科技和产业的发展潜力，形成科技和产业的合理布局。应该看到，经过十几年的振兴发展，东北的科技创新和经济发展虽然有了长足的进步，但制约东北经济全面振兴的体制机制问题仍未从根本上得到解决。尤其是 2012 年以来，东北经济增速放缓，甚至出现负增长，人口外流，资源环境恶化，科技和产业的空间布局有待优化，因此，需要在新的历史起点上考虑东北老工业基地振兴中的知识产权布局策略及实施规划。

（4）差异化区域发展战略实施的空间布局特征

随着我国市场经济体制的逐步完善，科技和产业资源跨区域流动的需求越来越强烈，从客观上要求打破既有行政区的边界，在更大的空间范围内整合科技和知识产权资源，以便实现知识产权资源的共享以及知识产权活动的协同。由于上述战略实施的地域都超越了既定行政区的范围，在大经济区层面协调科技和经济发发展，加之上述战略实施区域本身的科技和经济发展就具有一定的区域板块内涵，这样就为加强战略实施区域内的各省级行政区之间的科技和知识产权合作提供了新的社会机制。

我国区域科技和产业分工的格局虽然还没有真正形成，然而，经过改革开放 30 多年的发展，我们已经看到一些积极的因素在发育和成长，这其中，部分大经济区在发展优势特色产业方面或多或少地取得了进展，如东北地区的先进装备制造业、长三角地区的互联网产业、华南地区的通信装备制造业等，这些产业的发展不仅带动了所在经济区科技和产业和整体发展，也促进了全国产业合理分工格局的形成。在国家层面实施的具有跨行政区内涵的区域发展战略极大地推进了区域间科技和产业分工的专业化与合理化。

同时也必须看到，由于地方政府对 GDP 高速增长的渴求，以及对高新技术产业超常增长的不现实预期，在特定区域开发和振兴战略实施过程中，各个地区存在竞相追逐所谓的"高新"技术和"高大上"产业的盲目倾向，导致科技和产业基础条件不同的区域相互模仿，从而带来区域产业结构的同质化，制约了合理的知识产权活动区域分工的形成。自身基础和发展环境不同的地区技术同质、产业同质、技术创新与产业发展脱节的现象同质。这种发展状况也对知识产权区域布局优化带来负面影响。

1.2.4　我国科技和经济活动区域布局成就

（1）知识产权创造、运用主体培育取得重要进展，为知识产权区域布局优化打造了微观组织基础

改革开放的前 30 年，经济体制改革的重要成就之一是培育出一批具有国际视野的民营科技企业群体。尽管这个群体规模还很小，创新活动的国际影响力还相当有限，但其所表现出的创新活力和发展潜力却代表我国经济发展的未来。由于民营企业创新活跃，领先型民营科技企业更能够吸纳国内外高端创新资源，加之民营企业的运营不存在部门障碍、所有制障碍等计划经济体制的约束，因此市场机制能够借助民营企业这一微观组织载体，更好地发挥对知识产权资源区域布局的调节作用。从这种意义上说，民营科技企业的成长，为建立市场导向的知识产权区域布局机制提供了微观组织载体。这样就需要从我国经济体制改革和建设世界科技强国的双重视角出发，制定民营科技企业培育壮大的具体对策。

（2）市场机制在知识产权资源区域布局中发挥越来越大的作用，为知识产权区域布局优化创造了一定的体制机制条件

从驱动机制上看，经济体制改革的持续推进带来知识产权配置机制从计划经济模式向市场经济模式的转型，市场在知识产权区域和产业配

置中的作用逐步增强，人才流动机制、企业兼并机制、产学研合作机制等大大促进了知识产权资源的跨区域流动。从本质上讲，知识产权区域布局就是要通过体制机制的改革和完善，建立市场主导的资源配置机制。然而，由于政企不分、行业准入限制、价格管制等体制机制障碍仍未从根本上破除，市场的知识产权资源配置中的决定作用尚未真正发挥。为此，必须顺应全球科技发展的基本规律，着眼我国建设世界科技强国的战略目标，从战略高度谋划和设计我国科技资源优化配置的实现机制。

（3）以创新领先城市为核心载体的知识产权区域分工在探索中积极推进，为知识产权资源区域布局提供了重要支点

从资源流向和分布格局的角度来看，改革开放的前 30 年知识产权资源流向东部沿海地区，流向大城市和特大城市的趋势增强。北京、上海、深圳是知识产权资源吸聚能力最强的三个城市，且知识产权资源的载体组合特征明显不同。可以看成是知识产权资源的一级吸聚 - 辐射中心。部分具有二级中心功能的城市也逐步走向引领区域创新的前沿。从三个一级中心知识产权载体特征来看，北京的知识产权资源主要聚集在以 985 大学和中直研究机构为主的国立研发机构。上海的知识产权资源主要聚集于部属大学、中直研发机构和国有企业。深圳的创新资源主要聚焦于以华为和中兴为代表的科技领先型民营企业。上述区域知识产权活动载体的差异决定了未来知识产权布局调整政策机制设计的差异。

1.2.5 我国科技和经济活动区域布局问题

在充分认识改革开放的前 30 年我国科技和经济活动区域布局已有成就，尤其是我国各类政策性区域建设的探索功能和引领作用的同时，也应该看到，改革开放的前 30 年我国科技和经济活动区域布局还存在一些亟待解决的问题，这里仅结合政策性区域建设进行分析和讨论。政策性区域建设存在的问题主要表现在以下几个方面。

（1）低水平同质化发展现象普遍存在，政策试验区的引领示范成效低于预期

由于各种政策区在起步阶段并没有明确的技术和产业定位，加之所在行政区的地方政府将 GDP、招商引资和高技术产业产值等指标作为政策区发展的核心价值取向，个别地方政府将利用外资作为重要甚至是首位的政绩指标，导致各地政府相互攀比，竞相给国外企业提供各种优惠，从而引发恶性竞争。在高新技术产业发展领域，脱离区域发展的现实基础，盲目追求"高大上"，急功近利，希望能短期收到实效。其结果是，低技术水平项目重复引进，高端产业低端化发展，区域的高新技术产业与其他产业脱节，难以发挥其传统产业的改造功能和对区域经济发展的引领作用。在一定程度上制约了利用外资的技术引进功能的实现以及各种政策区知识溢出效应的形成。

（2）后发区域简单模仿先进地区，同质化发展现象严重

在我国，科技和经济发展的区域差异巨大，通过部分区域先试、先行探索改革开放的区域实现路径，为其他区域提供经验借鉴是改革开放初期的明智之举。国家启动各种试验区建设，就是要通过各种先试先行的政策区的政策试验为后发地区的发展提供经验借鉴。改革开放以来的实践证明，各种试验区建设在我国经济和社会发展中发挥了巨大作用。然而也应该看到，试验区域的先试、先行并非意味着后发区域简单照搬照抄先行地区的做法，就可以自然而然地实现追赶。我国的现实情况是，后发地区较少考虑区域发展实际，简单模仿先行地区的做法，在政策优惠上不断迭代和加码，加速了区域产业同质化发展的进程，导致先进地区与后发地区政策越来越趋同，发展差距却越来越大，从而使区域科技和产业分工问题越来越突出地摆到中央和地方决策者面前。

（3）知识产权工作的目标与手段混淆，制约知识产权与区域产业发展的深度融合

在我国的科技和经济社会发展中，知识产权是促进科技与经济融合

的手段，是引领经济发展的重要力量。然而，在粗放式经济发展模式下，部分区域将知识产权申请和授权指标作为区域发展业绩的实质性指标，而不是将知识产权资源作为促进经济发展的手段。在工作推进层面，只注重专利申请量或授权量的增长，忽视知识产权资源质量提升和知识产权向生产力的转化，忽视知识产权资源配置机制的改革和创新。一方面，是大量低质量且没有商业前景的专利被申请、授权；另一方面，区域产业升级发展急需的技术不能有效研发并形成专利。这样使知识产权数量增长与产业发展质量提升不能建立良性互动机制，从而制约了区域自主创新能力和产业竞争力的提升。另外，部分区域以发展高新技术产业为名，画地圈钱，大力发展房地产，使高新技术产业园区成为科技地产项目，有试验区之名，没有科技和知识产权内涵，导致区域产业发展与科技创新不能有效融合。

1.3 新历史条件下知识产权区域布局优化需求与现实条件

以党的十八大为标志，我国的经济社会发展进入到创新驱动发展的新阶段。创新驱动发展战略条件下，以下因素将深刻影响我国的知识产权区域布局。一是随着全球科技和经济一体化进程的加速推进，我国的知识产权活动将深度嵌入全球创新网络，全球知识产权的流动、交易、运用和增值将深刻影响我国的知识产权区域布局。二是随着我国科技实力和产业竞争力的增强，提升我国在全球创新治理和知识产权价值分配中的话语权已经成为我国强国战略的重要组成部分，因此需要在深度参与全球竞争的总体思路下设计我国知识产权布局战略。三是我国的对外开放战略模式将发生重要转换。我国将走出被动引进国外技术、外资布局决定知识产权布局的怪圈，通过优化国内知识产权布局和推进知识产权走出国门，搭建面向全球竞争的知识产权布局框架。

1.3.1　创新驱动发展战略实施对知识产权区域布局的需求

党的十八届五中全会提出，"十三五"期间我国的经济社会发展必须牢固树立并切实贯彻创新、协调、绿色、开放、共享的发展理念。习近平总书记强调，在五大发展理念中，创新发展理念是方向、是钥匙，要瞄准世界科技前沿，全面提升自主创新能力，力争在基础科技领域作出大的创新、在关键核心技术领域取得大的突破。同时，创新发展居于首要位置，是引领发展的第一动力。协调发展则要求处理好科技创新与经济发展的协调、区域内和区域间的协调。从某种意义上说，知识产权区域布局就是要通过知识产权资源和活动的空间优化，使五大发展理念在操作层面切实落地。

（1）我国经济创新发展对知识产权区域布局的需求

知识产权资源是创新发展的物质基础，知识产权创造、运用、转化保护和管理是创新发展的主线。在网络经济时代，知识产权活动贯穿于价值链的各个环节，而价值链的布局越来越具有国家或全球的内涵。这样，创新发展的实现就不再仅仅取决于知识产权资源本身的积累，还取决于对知识产权活动的组织和知识产权资源配置机制的优化。因此，创新发展从客观上要求我国必须在提高知识产权创造质量的同时，全面优化知识产权价值链的环节布局，不仅要增加知识产权创造、运用、转化、保护、管理各个环节的能力，更要加强知识产权价值链的整体协同，形成知识产权价值链的整体竞争力。为此，必须优化知识产权的技术领域布局、产业布局以及部门布局等。

（2）我国经济协调发展对知识产权区域布局的需求

协调发展的核心内容是科技与经济的协调、区域内部以及不同区域间的协调。科技与经济协调集中表现在知识产权创造、运用活动与产业发展的协调，即以核心知识产权为主线的价值链的协调。区域内的协调是指区域内部知识产权空间布局适应区域产业和经济布局优化的需求，能最大限度地发挥知识产权对区域产业和经济发展的引领和支撑作用。区域间的协调是指不同区域间形成合理的知识产权分工，建立联系紧密的合作网络，形成优势互补、互利共享的发展格局。也就是说，以知识产权的创造、运用、转化和增值为主线的区域经济发展机制的重建是实现区域经济协调发展的关键。因此，必须从知识产权布局调整和结构优化的综合视角设计我国经济协调发展的实现路径。

（3）我国经济绿色发展对知识产权区域布局的需求

绿色发展的本质是打破我国经济发展高资源消耗、高环境污染的传统路径，建立低碳、高效的经济发展模式。发达国家的发展实践证明，低碳、高效经济发展模式的建立取决于技术进步，即自主知识产权的创造、转化和运用。通过技术创新将越来越多的自然资源纳入人类经济活动的各个领域，进一步提高对现有资源的利用效率是各国国民经济实现绿色发展的普遍模式。由于我国是一个幅员广阔、区域发展不平衡的大国，各地区实现绿色发展的路径不同，因此必须根据区域资源禀赋、产业结构、技术基础选择适合本地的绿色发展模式，这样就需要从国家层面，通过政策手段与市场机制相结合的方式，优化知识产权区域布局，从而促进区域绿色发展的实现。

（4）我国经济开放发展对知识产权区域布局的需求

就区域而言，开放发展即包括对国内其他区域的开放，也包括对其他国家和地区的开放。对于区域而言，开放发展的实现路径是有效嵌入区域或全球创新网络。应该看到，由于计划经济体制的束缚以及地方政府对 GDP 指标的盲目追求，造成我国诸多区域封闭、粗放式发展，产业结构趋同，区域间的合作，尤其是区域间的知识产权合作薄弱，知识产权活动的国际化程度低。我国企业尚未深度嵌入全球知识产权价值体系，我国对知识产权全球治理的话语能力尚未形成。为此，亟须以区域尤其是知识产权发展先导区为载体，通过建立开放式的知识产权运营机制，在区域内部实现知识产权与经济发展的融合，在区域外实现区域与外部区域乃至全球知识产权活动的融合。

（5）我国经济共享发展对知识产权区域布局的需求

共享发展具有丰富的科技、经济和社会内涵，也具有深刻的区域内涵。从科技角度来看，共享发展意味着社会成员和社会组织有均等的机会参与知识产权创造、运用转化，知识产权权益能得到有效保护。从经济角度来看，共享发展是指社会成员和经济组织有平等参与市场竞争，共享发展福利的权利和义务。从区域角度来看，共享发展是指各个区域有平等参与全球经济竞争，分享改革开放红利的权利。由于体制机制改革的滞后，我国尚未建立起公平竞争的市场环境，在市场准入、价格形成、知识产权权益保护等方面还存在制约共享发展的障碍。在公共政策制定与实施方面，还在一定程度上存在区域不均等状况。为此，需要通过体制机制创新和知识产权区域布局，打破知识产权区域分割、封闭式保护、自我循环的发展格局，实现共享发展的目标。

1.3.2　区域经济格局重组对知识产权区域布局的促进

（1）"一带一路"战略

"一带一路"战略将有效引导和强力牵动我国知识产权布局总体框架形成。"一带一路"战略是一个在产业布局、空间结构、技术领域等诸多层面影响我国经济乃至世界经济走向的顶层设计。在空间视野上，"一带一路"战略实施已经远远超越国家边界，需要在全球框架下谋划技术、产业乃至知识产权的空间布局问题。在组织运行的系统协同层面上，需要深入考虑技术、产业、金融、知识产权等要素的统筹布局问题。这其中，如何发挥知识产权的作用已经成为学术界和管理层面对的全新课题。

从国家和区域间合作模式的角度来看，"一带一路"战略是着眼全球的我国经济发展战略升级。"一带一路"战略是我国的科技、产业和文化全面走向世界，我国深度参与全球经济治理的战略安排。通过"一带一路"战略的有序实施，我国将自身的产能优势、技术与资金优势、经验与模式优势转化为国际合作优势，让更多的人分享我国改革发展红利、经验和教训。通过全球框架下的科技、产业和金融合作，也必将带动国内产业活动和知识产权资源的流动、重组和布局优化。因此，各个区域必须在"一带一路"战略实施对国内科技和产业布局重组产生深刻影响的总体框架下，思考和设计本区域的知识产权布局策略。

从国家和区域间利益关系的角度来看，"一带一路"战略为重构国家间以及区域间的利益关系提供了难得的历史契机。通过"一带一路"战略的实施，互利共享的发展理念将成为新型国家关系的思想基础，进而建立更加平等均衡的新型全球发展伙伴关系，夯实世界经济长期稳定发展的基础。长期以来，以西方国家为核心，以发达国家为主导的国家间科技和经济关系在发展机会和红利共享方面明显不利于发展中国家，成为发展中国家陷入中等收入陷阱的重要原因。"一带一路"战略的实施将打破发达国家主导的全球经济治理结构，进而重构国家的科技与经济关系，为全球经济增长注入更加丰富的"包容"和"共享"内涵，尤其是在知识产权创造和价值共享方面为更多的发展中国家提供机会，为其跨越中等收入陷阱创造良好的国际环境。

从发展中国家对外开放实现路径的角度来看，"一带一路"战略实施开启了对外开放由海向陆拓展的路径。发展中国家对外开放由海向陆的拓展必须带来或实现全球化的再平衡。传统全球化由海而起，由海而生，沿海地区、海洋国家先发展起来，形成国际秩序的"西方中心论"。"一带一路"战略鼓励向西开放，带动西部开发以及中亚、蒙古等内陆国家和地区的开发，在国际社会推行全球化的包容性发展理念。同时，对于我国开放较晚的内陆区域而言，对外开放战略由海向陆拓展的路径转换为其深度嵌入全球价值体系提供了重要载体。

（2）区域经济一体化

京津冀经济区一体化、东北－蒙东经济区、长江流域经济带、丝绸之路经济带、21 世纪海上丝绸之路经济带建设等成为知识产权跨区域流动和共享，进而形成合理的知识产权区域分工的重要驱动力。

由于上述区域经济一体化的相关规划多处在酝酿阶段，而京津冀经济区一体化的相关规划已陆续发布，这里仅结合京津冀经济区一体化的规划阐述其对知识产权区域布局的需求。

京津冀一体化战略是分层次推进的，首先，在运行机制上通过签署合作、协商协议，建立跨行政区域的协同、协商机制，为实体层面的合作提供体制机制框架。其次，在交通、通信等基础设施建设和共享层面逐步实现一体化，如签署《交通一体化合作备忘录》《共同加快推进市场一体化进程合作框架协议》《共同推进物流业协同发展合作协议》等。最后，通过北京强大的科技辐射、溢出和带动效应，协同推动该区域科技创新一体化发展。采取的具体举措有：

① 联合打造创新发展战略高地。发挥北京全国科技创新中心、天津现代制造中心的优势，整合创新资源，推动产业升级，完善合作机制，实现互利共赢。以北京中关村、天津滨海新区等园区为重点，沿京津协同发展主轴，共同推动双方创新链深度融合，构建分工合理的创新发展格局。

② 共建滨海–中关村科技园。在天津滨海新区规划、选取适当区域，推进共建滨海–中关村科技园。整合中关村国家自主创新示范区和滨海新区综合配套改革试验区先行先试等政策优势，将滨海–中关村科技园建设成为符合京津资源禀赋、高端创新要素聚集、产业特色鲜明、可持续发展的国际一流科技研发及成果转化示范园区。

③ 促进科技资源交流共享。充分发挥首都科技条件平台的作用，鼓励双方开放重点实验室、工程技术研究中心、企业中试基地、科技孵化机构等，共建统一的成果转移转化、科学仪器开放和技术交易平台，打造协同创新载体，实现创新成果、科技人才、信息资源等共享，开展高层次科技创新创业人才交流合作，为两地科技型企业提供多方面服务。

④ 共建创新社区。做好建设规划，加快创新创业孵化平台建设，完善配套政策，共同探索完善创新服务体系，打造良好的京津创新生态系统，建设一批创新社区。

首先，从辐射带动作用的传递链条来看，各国的发展实践证明，全球、国家或区域科技中心对外辐射和带动作用的实现具有鲜明的地域特征。一般采取由近及远的路径，即科技中心首先对其周边的区域产生辐射和带动作用，并逐步实现与周边区域的一体化发展，在此基础上，进一步带动更大的地域空间的科技和经济发展。从这种意义上说，京津冀一体化战略的实施更好地发挥北京对全国科技发展的辐射、溢出、带动作用的先导性区域安排。

其次，从区域知识产权分工形成机制的角度来看，由于相邻区域知识溢出、产业转移的便利性，其在优先发展技术领域选择、创新网络形成、技术联盟建设等方面较易开展深层合作，因此，实现一体化的区域更便于形成特定领域的优势，其对合理的区域分工的形成会产生有益的推动作用。由此可见，区域经济一体化与区域科技一体化是相互促进，协同推进的，而区域科技和知识产权一体化是区域经济一体化的深层基础。

最后，从运行机制来看，打破知识产权资源地区分割、部门分割、所有制分割的格局，加快知识产权在区域间、部门间、不同所有制组织间的流动，将知识产权资源配置到创新效率高的区域或部门是知识产权区域布局的基本要求。区域经济一体化作为一种新的制度安排是推动知识产权区域布局顺利开展的制度条件。区域经济一体化优化知识产权区域布局的基本要求是区域分工基础上的区域协同。应该看到，目前我国的区域知识产权资源配置还是以行政区为基本单元，以政府的相关政策为主要驱动力而展开。行政边界对知识产权的流动、重组还具有一定的约束作用。区域经济一体化是在跨行政边界的意义上推进区域间的合作，因此，一体化进程必将为知识产权的跨区域配置提供良好的体制机制平台。

1.3.3　部分城市建设区域创新中心对知识产权区域布局的推动

城市是知识产权区域布局的载体，中心城市则是知识产权区域布局实现的核心载体。中心城市通过其强大的吸聚、整合、辐射和溢出效应，在远远超出城市本身的范围内引领知识产权的创造、运用、转化和保护。城市间的创新竞争与合作则会极大地促进知识产权活动网络的形成，从而为知识产权区域布局提供组织载体。近年来，我国部分城市相继提出建设全球、全国或区域性科技创新中心的战略构想并付诸实施，这些不同功能和影响级别的科技创新中心建设将有效引领和促进知识产权区域布局工作的开展。

（1）北京建设全国科技创新中心

北京是我国高端科技资源最密集的城市，知识产权资源的创新潜能巨大，建设全国科技创新中心不仅条件具备，而且责无旁贷。2014 年 9 月，北京市科委正式发布了《关于进一步创新体制机制　加快全国科技创新中心建设的意见》，对北京建设全国科技中心进行定位。

北京建设全国科技创新中心将分"三步走"：到 2017 年，科技创新动力、活力和能力明显增强，全国科技创新中心建设初具规模；2020 年，核心功能进一步强化，科技创新能力引领全国；2030 年，核心功能更加优化，为我国跻身创新型国家前列提供有力支撑。

2016 年 9 月 1 日召开的国务院常务会议对建设北京全国科技创新中心作出具体部署，明确"北京全国科技创新中心的定位是全球科技创新引领者、高端经济增长极、创新人才首选地、文化创新先行区和生态建设示范城"。这是贯彻国家创新驱动发展战略和京津冀协同发展战略两大国家战略，在新常态下转变区域经济发展方式、打造创新发展高地和增长极、带动全国培育经济增长新动能的重要举措。

（2）上海建设全球科技创新中心

2015 年 5 月 25 日，上海市委、市政府发布了《关于加快建设具有全球影响力的科技创新中心的意见》，2016 年 4 月 12 日，国务院批准了《上海系统推进全面创新改革试验加快建设具有全球影响力的科技创新中心方案》。上海全球科技中心的建设立足服务于国家战略，与长江经济带发展战略结合，发挥上海在长三角创新集聚区的核心城市作用；与制造强国战略结合，发挥上海高端集成制造中心的作用；与新型开放战略结合，发挥上海对外开放排头兵的作用。总体目标：2020 年前，形成具有全球影响力的科技创新中心的基本框架体系，基本形成适应创新驱动发展要求的制度环境，基本形成科技创新支撑体系，基本形成大众创业、万众创新的发展格局，基本形成科技创新中心城市的经济辐射力，带动长三角区域、长江经济带创新发展，为我国进入创新型国家行列提供有力支撑；到 2030 年，着力形成具有全球影响力的科技创新中心的核心功能，在服务国家、参与全球经济科技合作与竞争中发挥枢纽作用；最终要全面建成具有全球影响力的科技创新中心，成为与我国经济科技实力和综合国力相匹配的全球创新城市，打造创新发展的重要引擎。

（3）深圳建设国际知名区域创新中心

2011 年 12 月，深圳市提出建设国际知名的区域科技创新中心的战略规划。深圳是我国建设以民营科技企业为主体的区域创新体系的典范，以华为、中兴为代表的民营科技企业成为深圳技术创新和产业结构升级的主导力量。民营科技企业的成长不仅为深圳本地的产业发展打造了市场主体，也有力带动了全国高新技术产业的发展。深圳建设国际知名区域创新中心以技术创新能力提升为主线，以人才聚焦为基本举措，以核心知识产权创造、转化、运用为抓手，以具有国际竞争力的高新技术产业为载体，通过重大科技示范工程建设，引领技术创新和产业结构升级。

相关举措包括：实施一批重大示范工程和提升工程，奠定国际知名区域创新中心的发展基础。建立技术创新和产业发展的新机制，为国际知名区域创新中心建设提供体制机制保证。加强国内和国际科技合作，优化创新资源的配置格局，拓展技术创新的地域空间等。

（4）成都建设具有国际影响力的区域创新创业中心

成都是我国西部重要的科技和工业重镇，科技资源存量丰富，工业基础雄厚，发展潜力巨大。2016 年 3 月 15 日，《成都市创新型城市建设 2025 规划》提出了 "把成都建设成为具有国际影响力的区域创新创业中心" 的目标定位。该目标分三个阶段实现，第一阶段为 2015～2017 年：加快推进全面创新改革试验区建设，深入实施 "创业天府" 行动计划，大众创业、万众创新进一步活跃，"创业之城、圆梦之都，成都创业、创业都成" 的城市品牌更加响亮，成为全国创新创业要素聚集地，初步建成国家创新型城市；第二阶段为 2018～2020 年：创新型城市重大工程取得进展，创新创业环境进一步优化，产业发展迈向中高端，成为中西部创新创业人才高地、全国体制机制创新先行区，建成中西部领先、国内一流的创新型城市，初步建成具有国际影响力的区域创新创业中心；第三阶段为 2021～2025 年：创新型城市重大工程全面深化，形成更加开放的创新创业政策、更加灵活的开放合作模式，有效融入全球创新体系，成为参与国际科技创新合作的新高地和全球创新网络的重要节点，进入国家创新型城市前列，建成具有国际影响力的区域创新创业中心。

（5）大连建设区域性科技创新中心

大连是我国北方最开放的城市之一，也是东北地区科技资源密集度较高的城市。改革开放以来，大连凭借其先天的区位优势和工业基础，吸引了大量的国外资金和先进技术，科技创新实力明显增加，产业竞争力位居国内同类城市前列。在前期发展的基础上，《大连市科学技术发展 "十三五" 规划》提出建设区域性科技创新的发展目标。总体思路是：把科技创新置于大连城市发展战略的首位，把科技创新中心作为城市发展的核心功能，予以统筹布局和系统谋划。将区域科技中心作为航运中心、物流中心、商贸中心和金融中心和现代产业聚集区的灵魂，用科技中心建设统领"四中心""一基地"建设。争取通过 10～15 年的不懈努力，将大连建设成我国东北地区乃至东北亚地区的科技创新中心。

发展目标：2016～2020 年做实做强区域创新中心的支撑要素和基础条件平台，完善区域创新中心的管理运行机制，夯实区域创新中心的基础。2021～2025 年形成区域创新中心的基本功能，在辽宁沿海经济带和东北地区发挥引领和带动功能。2026～2030 年提升区域创新中心的整体功能，在东北地区和东北亚地区发挥引领、辐射和带动作用

（6）科技创新中心建设对知识产权区域布局的意义

首先，从上述城市科技创新中心建设的功能定位来看，不同城市根据自身的发展基础，将引领和带动范围定位于不同的空间，同时对重点发展的领域也进行了较明晰的定位，这样就克服了各个区域或城市同质化发展的弊端，为合理的区域分工的形成提供了战略保障。

其次，就目前开展科技创新中心建设城市的地域分布来看，呈现全方位推进的空间分布态势，除北京和上海外，华南地区的深圳、西部的成都和东北的大连都已启动建设，形成东西南北中协同发展的格局，有利于在全球和全国的框架下优化知识产权的区域布局。

最后，从各个城市的建设举措来看，均把知识产权资源的创造、获取、转化和增值作为科技创新中心建设的战略支点，这样，在国家战略规划和推进层面，可以将知识产权区域布局与各级科技创新中心建设统筹考虑，系统推进，从而更好地发挥中央和地方两种积极性。

应该看到，随着创新驱动发展战略的深入实施以及区域科技和产业分工的纵深推进，会有越来越多的城市提出建设区域科技创新中心的规划并付诸实施。这些科技创新中心城市建设既为核心知识产权资源创造、利用培育了空间载体，也为合理的区际知识产权分工形成奠定了基础。

1.3.4　创新组织模式变革对知识产权区域布局优化的支撑

从国家战略和政策层面，知识产权区域布局需要与国家的总体战略

相吻合，然而，这只是知识产权区域布局的必要条件，而非充分必要条件，实际上，知识产权区域布局还需要满足一定的技术条件，同时需要有良好的微观组织基础。

互联网技术在社会、科技和经济领域的广泛应用不仅为优化知识产权的空间和区域配置提供了全新的技术平台，也改变了知识产权优化配置的理论内涵，从而对知识产权区域布局提出全新需求。

基于互联网的技术研发、技术交易、成果转化和服务提供，使创新活动的组织模式发生了革命性变化，知识产权"线上"活动具有与知识产权"线下"活动完全不同的空间（区域）内涵，因此，必须研究和规划在移动互联网条件下，知识产权区域布局的模式和实现机制。

互联网作为知识产权资源的重要存储载体和流动交易平台，打破了知识产权资源区域流动的空间障碍，为知识产权创造、应用活动的合作提供了全新的组织机制，也对网上知识产权的保护和管理提出全新的挑战。亟须研究互联网条件下知识产权资源和知识产权活动空间布局的理论内涵、驱动机制和功能实现形式。

互联网的广泛应用以及交通和通信技术的快速发展，使自然资源的普遍可供性提高，自然资源禀赋对区域经济发展的约束下降，区域知识产权能力逐步成为区域分工和竞争力形成的基础，知识产权资源功能的变化将引起知识产权资源区域布局的重组。

人类的经济活动以一定的资源投入为条件，这些资源既包括物质资源（如能源、材料等），也包括技术资源。近代工业革命以来的实践证明，资源禀赋对特定区域经济活动的约束不是一成不变的。随着科学技术的进步，尤其是交通和通信技术的发展，自然资源的区域普遍可供性增强，其对区域经济发展模式的刚性约束有所缓解，前提是特定区域必须具有改变资源约束的技术能力。从这种意义上说，知识产权资源越来越成为区域经济活动类型、模式和效率的决定因素。

一般而言，知识产权资源以人员、技术资料、工业设备、样品等为主要载体，上述载体在空间的流动是知识产权资源区域布局的主要实现形式，而上述载体的空间流动需要借助一定的交通或通信工具实现，因此，传统意义上的知识产权资源区域配置受到交通和通信条件的约束。21世纪以来，互联网技术快速发展，互联网不仅成为信息传递的基本工具，也是人际交往的重要平台，同时，物理系统与信息系统的融合从根本上改变了生产制造的工作模式，以网络平台为载体的知识产权资源配置机制逐步形成，知识、技术资源的配置方向、流程、速度正在引领和决定其他资源配置的方向、流程、速度乃至效率。

"互联网＋"的本质是一个创新资源的结构重组与价值整合过程，创新生态系统的形成与运行是"互联网＋"实现其功能的重要组织形式，也为优化知识产权区域布局提供了全新的微观组织载体。

在企业层面，"互联网＋"表现为一个个价值链环节的互联网化，企业通过互联网将不同的价值链环节在企业内化，或借助互联网整合外部企业的价值链环节，从而形成价值链的整合与综合治理。在产业层面，"互联网＋"表现为一个个不同产业运行的互联网化，不仅是广告、销售，而且包括生产制造的互联网化。"互联网＋"的兴起为知识产权资源的区域重组提供了全新的理念和手段。在区域层面，智慧城市建设是"互联网＋"的重要实现路径和落地形式。通过智慧城市建设使互联网技术应用和渗透到社会生产和生活的各个领域，进而实现社会生产和生活的现代化和国际化。

20世纪90年代，创新生态系统（Innovation Ecosystem）概念在日本"十年失落"和美国硅谷持续繁荣的反思中开始孕育，21世纪初率先由美国政府采纳而进入国家政策议程。进入21世纪，我国在加速信息工业革命的同时，也发动了第四次绿色工业革命，历史上首次与美国、欧盟、日本等发达国家和地区站在同一起跑线上，涌现了大量在技术革新、组织创新和创新生态方面具有世界级影响的企业实践，如华为的智能制造和轮值CEO制度，比亚迪的新能源技术和平台供应商系统，阿里巴巴的云计算技术和电子商务生态系统等。

　　企业创新生态是由平台旗舰（Platform Flagship）级企业、多类型合作伙伴及其生存环境构成的以平台为基础、以创新为中心、以用户为导向的社会系统。其中，同类型企业个体集合形成企业种群，不同类型企业按照一定的结构集合形成企业群落，企业群落与环境互动形成企业生态系统。随着企业创新生态系统从低级向高级的演化，以企业群落为基本功能单元开展创新和参与市场竞争的特征愈加明显。

　　从创新活动组织机制的角度来看，创新生态系统是对创新体系的完善或升级。按一般意义上对创新体系的理解，创新体系是企业、大学和研究机构通过市场机制建立的创新网络。创新体系强调通过政策机制（制度安排）推动产学研合作，更多地建立创新主体的"链接"。创新体系理论则认为，各种创新主体只要建立创新"链接"就能够提升创新效率。实际上，这种"顺向"式的推理不仅存在逻辑缺欠，也有诸多其难以解释的"反常"案例存在。创新生态系统强调通过市场机制，"自然"形成创新"生态"，通过有序分工形成面向需求的创新"链接"，通过竞争与合作建立利益共享的价值网络。由于创新生态系统具有跨区域乃至跨国的内涵，这样就为知识产权的区域布局提供了全新的组织载体。

　　由此可见，创新驱动发展战略是我国知识产权区域布局的深层动力和总体战略依据，"一带一路"战略为我国知识产权区域布局提供了全球视野和国际框架，区域经济一体化突破了制约知识产权区域布局优化的行政边界障碍，不同影响级别的创新中心建设则为知识产权区域布局打造了良好的城市支点。我们必须紧紧抓住我国科技和经济活动空间布局重组和经济发展方式转型的双重机遇，全力推进知识产权资源与产业资源的对接，突破区域知识产权同质化发展的传统路径，理顺知识产权活动的区域分工，形成若干具有特色的知识产权发展功能区。

　　同时也应该看到，优化知识产权区域布局表层上是空间布局问题，实质是发展机制和发展理念问题，是发展机制的变革和发展理念的创新。因此，我们必须树立通过市场机制配置知识产权资源，通过知识产权促进区域产业发展的理念，完善知识产权资源优化配置的驱动机制，建立健全市场决定知识产权资源配置的布局驱动机制，强化政府在知识产权资源配置中的引导和服务功能。

第 2 章

知识产权区域布局的理论内涵

本章依据区域经济学、制度经济学以及新增长理论，首先界定知识产权区域布局的相关概念，其次从知识产权作为区域资源的经济价值、知识产权资源与其他资源的关联等角度，阐明知识产权区域布局不仅具有资源空间配置的内涵，还具有网络组织和运行协调的内涵，最后从国家、产业和区域制度安排的角度，阐明知识产权区域布局的制度安排内涵，从而为理论模型构建提供概念基础。

2.1 知识产权区域布局相关概念界定

2.1.1 知识产权的资源和制度属性

依据区域经济学、产业经济学和技术创新经济学，结合我国科技创新和区域经济发展实际，科学界定"知识产权""知识产权资源""区域布局""知识产权资源区域布局""知识产权资源区域布局质量"等核心概念，建立知识产权区域布局的概念体系。

（1）知识产权（见图2-1）

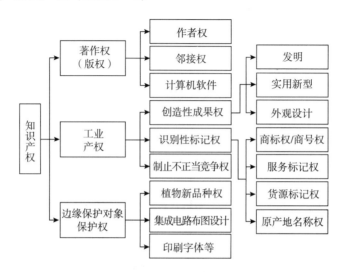

图2-1 知识产权示意图

世界知识产权组织（WIPO）在《建立世界知识产权组织公约》第2
条中指出"知识产权"包括："关于文学、艺术和科学作品的权利；关于
表演艺术家的演出、录音和广播的权利；关于人们努力在一切领域的发
明的权利；关于科学发现的权利；关于工业品式样的权利；关于商标、
服务商标、厂商名称和标记的权利；关于制止不正当竞争的权利；以及
在工业、科学、文学或艺术领域里一切其他来自知识活动的权利。"

（2）知识产权资源

知识产权资源的概念一定程度上已经超出了知识产权的法律内涵。
随着科学技术创新的发展，知识在经济社会发展中的作用日益突出，已
经成为生产函数中比肩劳动力和资本的核心要素，由此催生了知识经济
时代的来临。从这个意义上而言，知识产权已经成为劳动力和资本（土
地、设备）之外的第三大资源。作为一种特殊的具有商业价值的智力商
品，知识产权已不仅仅局限在独占某种新技术或产品的权利，而成为间
接或直接作用于生产的重要资源（朱乃肖，2006）。知识产权具有知识和

产权的双重属性，同时也具备知识资源和产权资源的双重特征和功能，逐渐成为经济社会发展不可或缺的要素。引入知识产权资源的概念，可以更好地从经济资源配置的角度考察知识产权的布局问题。知识产权资源有狭义和广义之分，广义的知识产权资源包括与知识产权工作有关的人、财、物等各种资源，这里采用狭义的概念，指将版权、专利、商标、植物新品种、集成电路布图设计、地理标志等知识产权作为资源要素。

（3）知识产权制度

知识产权制度是关于专有权授予或权利确立的一系列法律程序，即一国政府、有关职能机构制定的调整有关知识产权权利确定、权利归属、权利人、权利和义务、侵权与反侵权等关系的法律规范。知识产权制度的核心是专有权的归属问题，即授予权利人对其所取得的发明创造、商标、计算机软件等拥有所有权、实施权和转让权。知识产权专有权归属的界定，限制了权利人以外的任何人未经权利人许可，不得使用或实施其专有权，否则就属于侵犯专有权人权利的行为。

知识产权是一种为了保护知识创造者权益、推进科技进步、促进新知识扩散而创立的制度安排。一是谁拥有知识产权，即界定知识产权的主体。由于知识产权的公共物品特征，使得发明人的个人收益与社会收益差距较大，阻碍了技术发明人的积极性。为了激励技术创新，政府有必要对技术发明人的技术成果进行权利保护。[①] 二是获得知识产权的要件，即界定知识产权的内涵。确定知识产权保护的对象和范围，各国的法律制度都对这些要素进行明确的规定。三是保护的时间应该多长才对社会最有利。知识产权作为一项制度安排的核心是要实现私权和公权的平衡。如果知识产权保护范围窄、时间短，起不到保护发明人利益和激

---

　　① 例如，1980 年美国国会通过的《拜杜法案》（Bayh-Dole Act），将公共财政资助科研成果所有权改为研究机构所有，并允许研究机构有偿向产业界转让，参与研究的开发人员可以分享收益。如果在一段时间内研究机构不能将发明商业化，政府有权收回这项发明的所有权。

励技术发明与创新的作用，也不利于激发研发人员发明创造的积极性；如果知识产权保护范围广、时间长，不利于全社会的知识扩散，也会抑制新的技术创造。尽管这一制度可能不易在公权和私权之间保持平衡，但是作为一项制度安排在刺激发明创造、保护发明人利益方面已经起到了不可替代的作用。

2.1.2 知识的空间黏性和产权的地域嵌入

在知识经济背景下，知识产权资源是区域经济社会发展最重要的资源之一，在区域创新体系建设过程中对知识产权资源进行管理就显得尤为重要。从管理的角度而言，区域创新体系的运行过程实际上就是知识生产、产权保护、知识扩散和应用，以及知识更新的过程，知识产权活动贯穿区域创新体系运行的整个过程。

（1）知识的空间黏性

移动通信技术的快速发展和经济全球化有效地加快了知识的跨国流动，但并没有改变知识在空间或者地理上的非均衡分布。实际上，知识总是在特定区域聚集，例如北京、纽约、硅谷、波士顿等，其他区域很难有效地获取这些聚集区的知识资源，究其原因在于知识的空间黏性。知识的空间黏性是区域知识产权资源管理需要考虑的重要特征。

按照知识能否清晰地表达和有效地转移，可以把知识分为显性知识（Explicit Knowledge）和隐性知识（Tacit Knowledge）。其中，显性知识更容易表达和转移，同时也存在被竞争对手模仿的风险；比较而言，隐性知识更加嵌入生产实践，表达不清晰，转移成本高。知识的空间黏性在一定程度上是因为生产性嵌入。就某一个区域而言，知识嵌入在区域创新体系的不同主体（大学、企业和研究机构中）以及这些主体之间的关系中，不太容易用语言或者文字进行表达，也很难通过某些载体进行转移，但是这些嵌入在创新体系中的知识是增强区域竞争力的来源。

为此，从区域的角度而言，隐性知识存在非常显著的双面性问题，一方面，为了更好地让隐性知识在区域范围内流通和共享，地方政府会考虑如何将隐性知识低成本地显性化。随着知识显性化程度的提高，知识转移和分享的方法将会逐渐从个人与个人的直接学习向以载体作为媒介的间接学习转化。虽然知识显性化的收益在短期内难以直接衡量，但是其成本将会逐步提高，地方政府有必要创造必要的环境和技术条件帮助创新者分享知识。另一方面，显性化了的知识存在被竞争对手复制的风险，需要加强本地知识的专用性。

从区域创新主体的角度而言，开放式创新已经成为不可避免的趋势，不仅是组织间的开放，也包括组织对内的开放。尽管创新型组织隐性知识的共享可能会提高组织整体的运行效率和知识水平，但组织内的个人或者业务单元并不倾向于与别人分享自己的独特知识。个人或者组织内相关单元的专有知识是花费了大量的时间、精力和成本学习和创造出来的，如果显性化并与他人分享，难以获得应有的收益。作为知识的拥有者，一定程度上会评估自身知识拥有的各项成本，例如沉没成本、机会成本和交易成本等，如果隐性知识显性化分享之后的合理性、公平性和收益难以符合其预期，那么限制共享就是最好的选择。

（2）产权的地域嵌入

知识产权可以认为是产权化的知识或者知识的产权标的。知识产权活动主要包括知识产权成果的创造、权利的取得、成果的转化与利用、保护与维权和行政管理五个方面。实践中，这五个方面的知识产权活动的开展很大程度上受到空间和区域因素的制约，从而表现出非常显著的地域嵌入特征。

知识产权的地域嵌入从知识产权创造活动开始，由于知识的空间黏性，新知识的创造必然存在非常强的空间黏性，由此带来的就是产权的地域嵌入。实际中，能够产权化的新知识的创造不同于创造学中一般的创造，严重依赖区域的科技研发基础、知识密集型产业特征和经济社会发展程度等。区域知识产权成果享有特定技术领域的专有权，不同地区由于情景不同而产生的不同的产权。为此，知识的空间黏性很大程度上决定了产权的区域嵌入性，区域新知识成果的产权化具有其独特性和专用性。

在法律上，新知识的所有权取得需要经过一定的法律程序，例如专利权、商标权需要经过严格的法律程序审查、确认才能取得，技术秘密等也需要一定的法律程序认可才能取得。同时，作为新知识的创造者，可以选择新知识的权利形式是专利还是专有技术，是外观设计还是商标。这一切都与地方政府的补贴政策、市场化竞争程度、企业知识产权意识等密不可分，不同地区这些因素的差异将会给权利取得产生显著影响。换句话说，区域知识产权权利的取得深度嵌入了地区的情景中。

新知识获得产权之后，并不是产权保护的结束，相反，获得产权是新知识成果的产权或者权利保护的开始。产权保护渗透在知识产权资源管理的每一个过程和环节中，从新成果创造之后开始，就会涉及产权保护的范围和时间问题，权利要求的多少，如何转化、应用和推广，如何防伪、防止侵权，发生纠纷之后如何解决等。其中，新知识成果获得产权是第一步，该权利标的将会成为后期权利保护的基石，例如，在申请权利保护时要充分提出权利要求。在后续的过程中，例如转化过程中的侵权风险防范，提高知识产权真伪的辨识手段等。此外，如果发生权利纠纷，专利权人需要选择恰当的方法和渠道解决争议，以成本最低、最有效的手段保护自身合法权利。然而，虽然国家对于知识产权制度安排和权利保护具有统一的政策法规框架，但是主要以原则和方向性的规定为主，各地区就知识产权维权保护出台了一系列的政策法规，构成了知识产权保护的区域小环境。

此外，各地区的知识产权行政管理也具有鲜明的地方特色，例如有些地方与科技部门联署，有些相互独立。地方知识产权行政部门的职能除了基本行政职能外，还包括知识产权信息化管理、鼓励知识产权创造、知识产权监督和维权等，但是不同地区知识产权行政管理的重要性和侧重点具有显著的差异。

2.1.3　知识产权区域布局的内涵和外延

（1）区域布局

"布局"一词具有双重属性，既是动词又是名词。布局作为动词是指分配和配置，即资源分配到不同的位置，可以指向空间地理单元或者社会部门或个体，或其他客观实体。布局作为名词是指分布的状态，即指资源在不同的位置的分配状态。从经济资源的角度而言，布局既有地理空间的概念，又有社会经济部门的概念，既有动态概念，又有静态概念（赵海军，1993）。

"区域布局"是指经济资源在区域单元上的分配或者分布。同样地，也可以作名词和动词两种理解，作名词时表示事物各组成部分在区域层面的分布状态或配置结果，体现为静态的空间分布态势或地域组合；作动词时表示把事物各部分引导或配置给不同区域的战略部署和规划行为，体现为动态的在空间地域上的流动、转移或重新组合的配置与再配置过程（韩跃，2014）。由于区域包含多个层次，区域布局体现在不同层面上。从国家整体上考虑，区域布局体现为各资源要素或各社会经济部门在跨省级行政区划或省级行政区划层面的分布或配置；从省级层面上考虑，区域布局又体现为各资源要素或各社会经济部门在省级行政区划内部各行政区划层面（如地级市）的分布或配置。

（2）知识产权资源区域布局

知识产权资源区域布局在静态上是指各类知识产权资源在不同区域层面的分布状态及配置结果，在动态上是指把各类知识产权资源引导或分配到不同区域的配置过程。知识产权资源的区域布局包括知识产权的创造、运用、保护管理等几个方面的区域布局。知识产权资源的区域布局问题不能单单就知识产权看知识产权，而是要把知识产权资源与其他经济、社会、科技资源相结合，从静态和动态角度综合研究知识产权区域布局问题。

通过摸清知识产权资源的区域和产业分布规律，根据不同区域的教育、科技、产业、文化等资源潜力，以及不同区域产业、经济及社会发展的资源需求，识别不同区域层面的知识产权资源分布状态，进而划分知识产权功能区；通过引导政策、资源向最适宜的地区和部门集中，促进知识产权区域和部门专业分工，统筹谋划知识产权资源与经济、社会、产业发展的最优布局，针对不同类型知识产权功能区开展分类指导，完善知识产权相关政策，加快形成知识产权资源与区域社会经济协调发展的知识产权生产力布局。

2.2 知识产权区域布局的资源配置内涵

2.2.1 知识产权作为区域资源的经济价值

（1）价值的内涵界定

马克思主义劳动价值论是我国政治经济学价值理论的主流观点。马克思主义劳动价值论认为商品（资产）的价值由生产该类商品（资产）的社会必要劳动时间所决定。古典政治经济学家威廉·配第（William Petty，1623~1687）首次提出劳动时间决定商品价值，然而他没有完全揭示劳动价值论的深意（韩跃，2014）。后来英国著名哲学家、资产阶级货币学家约翰·洛克（John Locke，1632~1704）认为"劳动决定一切东西的价值的差别"，"劳动决定土地价值的最大部分"。古典政治经济学的代表人物亚当·斯密（Adam Smith，1723~1790）推动了配第以来劳动价值理论的重大发展。亚当·斯密认为劳动决定价值，而且是一般劳动决定价值。大卫·李嘉图（Daivd Ricardo，1772~1823）在斯密研究的基础上，解决了什么样的劳动决定商品价值的问题。马克思在其多部作品中对于劳动价值论进行了发展和研究。《资本论》可以说是马克思一切成就的集大成者，劳动价值论在《资本论》中也完成了最完善的体系。《资本论》首先明确区分了商品的使用价值、交换价值和价值，论证了商品中劳动的二重性，具体劳动和抽象劳动；分析了商品的价值形成及其发展过程和结果；科学地分析了商品价值量的价值问题，形成了完善的劳动价值体系。知识产权的核心是知识，生产知识的创造性劳动极其复杂，生产知识产品所消耗的劳动时间和劳动程度难以计量和测算，所以取用劳动价值论的观点会遇到巨大的理论困难。

效用价值论认为商品（资产）的价值是由商品（资产）为其占有者所带来的效用决定。效用价值论的研究可以追溯到 16 世纪意大利的贝纳多·达凡查提（Bernardo Dwan Chati，1529～1626），他提出了商品的价值以人们的愿望和需要而转移。英国的政治经济学家古拉·巴本（Gura Barbon，1604～1698）、费尔南多·加利阿尼（Fernando Gary Arnie，1728～1787）等都对这一观点进行过阐述。效用学派核心观点是用人们对商品效用的主观评价来评价商品价值。效用价值论对于商品价值的评价主观性较强，很难形成统一的知识价值评价。同时在知识爆炸的信息时代，知识的有用性随时间而变，新创造的知识以几何级数增长，但是不可否认知识存在稀缺性，对于稀缺性的确切内涵难以把握。

（2）知识产权资源的效用函数

知识产权资源的效用渗透于经济生活中而推动社会进步，它给整个社会经济增长所带来的效用取决于知识产权被运用的数量以及运行的效率。知识产权的效用取决于其在经济增长中的贡献。严格意义上，知识在经济增长贡献的发现始于罗伯特·索洛（Robert M. Solow）关于生产函数中各要素对经济增长贡献的测算，索洛测算发现除了劳动力和资本之外，还有一些其他的剩余部分对经济增长产生作用，这部分被称为"索洛余值"或技术进步贡献、全要素生产率。现代经济增长的主动因是技术进步，而技术进步依赖科学研究、发明和创新。

　　新经济增长或者内生经济理论不仅把劳动力和资本看作内生变量，而且把知识和技术也看作内生变量。内生经济增长理论的代表人物保罗·罗默（Paul Romer，1990）将知识分解为一般性知识——作用是增加规模经济效益，专业化知识——作用是增加生产要素的递增收益。专业化知识的递增收益对企业而言就表现为其垄断知识产权的收益或者利润。知识产权的收益又可重新用于技术创新，形成一种良性循环，使经济在长时期内持续增长。西蒙·史密斯·库兹涅茨（Simon Smith Kuznets）指出现代经济持续增长的重要因素之一是知识存量的增长。研发与创新活动能够迅速地增加全社会的技术和知识存量，并将这些知识有效地运用到产业和经济发展中去。知识存量的不断增加使新技术和新知识的应用成为可能，使人力资本投资的回报率不断增长。这种知识供给的不断增长可以有效改变劳动力的供给价格，减少劳动力成本，进而提高产品的性能和质量、降低产品的成本结构，增加其产出，使社会生产力结构升级成为可能。

　　在探讨知识产权在经济增长中效用的时候，新知识的创造是源泉，而新知识则主要来自研究与开发（以下简称"研发"）。一般而言，研发活动可以分为基础研究、应用研究和试验发展研究三类，其中基础研究和应用研究属于科学研究的范畴，而试验发展研究属于技术开发的范畴。基础研究是科学的前沿，基础研究的重大突破可能会带来产业或者经济的革命性变化，例如1896年汤姆逊发现电子，1900年普朗克提出了量子学说，这些基础研究的进展引致了1948年晶体管的发明以及目前集成电路技术、计算机科学技术的出现和快速发展。试验发展研究则是利用科学发现让其中能够用于改造社会的部分进一步深化，产生新的产品、新的工艺甚至新的产业部门和工作岗位；或者是拓宽原有技术的应用领域，使原有产品质量更好、性能更优、成本更低、生产效率更高。科学向技术转化的周期越来越短，科学与技术之间的关系越来越紧密，而科学与技术之间的界限越来越模糊。现代新科学发现和新技术出现都是建立在试验和知识创造基础上，随着科学和技术知识存量的发展，其对新科学和新技术的出现起到了巨大的推动作用。

从企业层面而言，知识产权是企业获取营收和利用的重要资源，而企业的价值增值就是经济增长。企业高质量的专利、商标、商业秘密、版权等知识产权的出售和许可能带来高额的利润。根据奥姆尼康集团旗下的品牌资讯公司 Interbrand 和《商业周刊》发布的 2016 年全球顶级品牌排行榜，苹果的品牌价值 1 781 亿美元、市值 6 191 亿美元，占 28%；可口可乐公司的品牌价值 731 亿美元、市值 1 796 亿美元，占 40%。这意味着相对而言，可口可乐公司更倚重品牌的价值。品牌对很多公司而言，就像可口可乐那样，都是最具价值的资产。而品牌价值在很大程度上决定了消费者忠诚度、其在产品类别里脱颖而出的概率，以及能卖出多高的溢价。

2.2.2　知识产权资源与其他资源的关联

在整个社会经济运行系统中，知识产权资源并不独立于其他相关资源，其与科技、教育和产业等资源存在非常紧密的联系。

（1）知识产权资源与科技资源的关联

科技资源是开展科技活动的物质基础，包括开展科技活动所需要的各种物质要素投入以及这些要素投入之间相互作用关系。换句话说，科技资源是支撑科技活动、创造科技成果、科技成果应用和扩散、推动全社会和经济进步的要素及要素关系的集合。广义上而言，科技资源包括科技人力资源，例如专业技术人员、科学家与工程师；科技财力资源，例如研究与开发经费、成果转化经费、科学普及经费等；科技物力资源，例如科研基础设施、实验室、仪器设备等；科技信息资源，例如图书资料、信息数据库、科技期刊等；科技组织资源，例如公共研究机构、大学、企业研发中心等。

实际上，科技资源不仅需要考虑数量还需要考虑关联和结构。例如，科技人力资源需要考虑学科结构、年龄结构和层次结构，科技财力资源需要考虑经费来源和执行结构、来源和执行关联，科技人力资源与科技财力资源关联的问题，科技人力资源、财力资源与物力资源的关联问题，以及科技人、才、物与组织的关联性问题。如果科技资源只是整体规模扩大，没有结构优化或者关联性加强，那么资源利用效率提升的空间有限。例如，某一个地区的科技人力资源很多，科技组织基础也很好，但是科技经费投入很少，科技基础设施比较老旧，那么这个地区的科技资源潜能就很难向现实生产力转化。

科技资源与其他资源存在差异。首先，科技资源是一种知识性和智慧性资源，其中人力资源本身就是知识和智慧的载体，物力和信息等资源是长期积淀和创造的智慧结晶，组织和经费是重要支撑。其次，科技资源是一种可再生资源，一方面，科技资源的核心是知识和创造知识的智慧等无形资产，可以被学习和继承；另一方面，科技资源很难磨灭和消失，更多的是被更新和升级，同时创造出更多的新知识。最后，科技资源是一种可共享资源，科技资源不是排他性非常强的独占性资源，可以在更长的时间和更宽广的空间被共享的资源，在全球化日益增强的背景下，科技资源可以在全球范围内流动和共享。

知识产权资源与科技资源是交叉关系。一方面，部分知识产权资源也是科技资源。知识产权资源中工业产权与科技关系密切，其中专利和专有技术是科学技术活动的结果，很大程度上依赖于区域的科技人力、物力和信息等资源，而商标、外观设计等与科学技术的关系较弱。与此同时，已经创造出来的专利和专有技术作为科学技术信息的载体，本身也是科技资源。另一方面，部分科技资源也是知识产权资源。科技资源中的人力资源、财力资源等是科技活动中知识产权创造的重要基础，同时科技创新活动产出的专利、专有技术等作为知识产权也是科技资源。

（2）知识产权资源与教育资源的关联

教育作为一种复杂的社会活动，可以泛指一切有目的地影响人的身体和心理发展、智力和技能提升的社会实践活动。教育资源的概念起源于教育经济学领域的研究，赋予了教育活动更加宽泛的社会学意义，带有非常显著的经济学烙印。如果给教育资源下一个定义，我们可以认为教育资源是服务、参与、组成和维持教育系统运行的一切资源，其中基础的包括人力资源、财力资源、物力资源，支撑的信息资源、制度资源、政策资源等，两者相互依赖相互促进，共同构成了教育资源及其系统的运行机制（许丽英，2007）。

在整个教育资源系统中，作为基础的人、财、物资源是教育活动运转的前提。其中人力资源核心是教师和学生，教育活动得以展开，离不开教师，更离不开学生，学生的数量和质量是教育人力资源的重要组成部分，优秀的毕业生能够给其他社社会系统提供源源不断的支持。物力资源是基础，包括学校或者教学活动所需要的校舍场地、电力、教学设备、材料、易耗品等。当然，财力资源是人力和物力的基础，没有教育经费的支持就没有办法开展请教师、建校舍、买设备等活动。除了人、才、物等基础资源之外，在信息化程度越来越高的知识经济时代，信息资源已经成为教育活动中最重要的支撑资源，教学活动、信息分享、图书资料、基本数据等都已经变成教育活动中的重要资源，没有信息化辅助手段，很多教育活动似乎很难开展。可见，信息资源在教育活动和教育系统中的作用越来越重要，正在逐步地形成以信息化为基础的教育生态。最后，政策和制度资源是教育活动开展的基本边界和规范，政府出台的各种文件规定了教育活动应该如何开展，哪些教育活动允许开展，哪些教育活动鼓励开展，哪些教育活动禁止开展。

教育资源是知识产权资源生成的重要基础。一是知识产权创造、转化、应用和增值的整个过程都离不开科学和工程技术人员、法律专业人员、商业和国际贸易人员等，教育资源是培养这些人才的基本保障措施，非常丰厚的教育资源就难以培养出高层次的知识产权产权相关专业人才。二是教育资源除了培养人才之外，还产生大量新知识和新技术，这在一定程度上为知识产权资源提供了活水和来源。例如，研究型大学每年发

表了大量科技论文、申请了大量专利，其中科技论文是专利的直接知识
来源，而专利本身就是知识产权产权。三是部分教育资源本身就是知识
产权，例如教育信息资源中就包含大量的专利。

（3）知识产权资源与产业资源的关联

产业是指具有某种同类型属性的经济活动集合或系统。产业资源可
以称为产业运行所拥有或者需要的各种要素，既包括有形的厂房、设备
和工人，也包括无形的品牌、商标和专利等。一般而言，产业是同类型
属性的企业的集合，那么产业资源就是产业内所有企业的资源，以及这
些资源之间的结构和关联性。产业资源作为产业核心竞争力的重要支撑，
应该具备以下几个方面的重要特征（周新生，2000）。

第一，价值性和稀有性。从资源基础观的角度而言，对于企业核心
竞争力而言，其所拥有的有价值的稀缺资源尤为重要。如果产业内的企
业拥有竞争对手所没有的稀缺资源，那么这些资源必将成为其竞争力的
关键。例如，对于能源产业而言，拥有石油、煤炭等稀缺性资源是竞争
的重要资源。有些国家由于特定的气候和地质条件，拥有大量的得天独
厚的自然资源，其他国家即使投资再多的人力物力也不可能在短期内形
成石油和煤炭。当然，并不是所有有价值的稀缺资源都是自然形成，后
天学习和努力形成的知识和技术资源同样具有稀缺性，例如谷歌就是完
全依赖于智力资源获取竞争优势的范例。

第二，独特性和专用性。价值性和稀有性的资源可能会成为产业竞
争力中的独特和专用资源，但是并不是所有独特和专用资源都是稀缺的。
在全球产业竞争中，石油、矿产等资源的稀缺性最强，因为自然形成且
不可再生；气候、地理位置等资源的稀缺性也很强，但是可以通过人为
干预让空气变好，让居住条件适合于气候。应该看到，这些资源都会成
为有些产业的独特性和专用性资源，从而让该地区的产业具有竞争力或
者垄断性地位。此外，关键人才和技术也可能具有稀缺性，但是可以通
过模仿或者复制等方式进行替代，并非完全具有专用性。

第三，可复制和可再生。与自然资源的不可复制和不可再生相比，很多其他资源都是人造物，都可以再生和重建。例如，工厂如果破坏了可以再建一座一样的工厂，可以在中国建一座与日本或者美国一样的工作，设备也都可以人为创造，而人为创造背后的核心推动力就是科学技术等无形的知识资源。知识资源在产业发展中具有可复制、可再生和可更新等良好的特征，同时由于产权的保护，让知识资源成为产业最重要的竞争利器。产业发展的竞争优势越来越依赖于人才、技术、商标、文化等无形资源。

整体而言，知识产权资源是产业资源的重要组成部分，专利、商标、版权等一系列知识产权资源都在产业发展中扮演重要的角色。与此同时，产业的研发实力、市场需求等资源也是知识产权资源可再生的基础和源泉。人类进入知识经济以后，产业发展越来越依赖于知识产权资源的开发和利用，过度依赖自然资源的产业长期而言难以为继，根本原因就是自然资源的不可再生性。当然，这并不意味着拥有可再生的无形资源，企业或者区域就一定富有竞争力，这很大程度上取决于无形资源的价值性、可取代性等特征。

2.2.3　知识产权区域布局的配置内涵

"配置"是典型的经济学术语，知识产权区域布局从经济学角度而言就是资源配置问题。本质上而言，经济学就是研究资源稀缺条件下的配置效率最大化问题，以促进经济增长和社会进步。在不同的经济体制条件下，资源优化配置具有不同的内涵。在市场经济条件下，资源优化配置是指以"理性经济人"作为基本假设、以市场自由平等竞争作为调节手段实现供给和需求平衡，进而实现对社会资源的优化配置；在混合经济条件下，资源优化配置是指通过市场和政府的双重调节，最大限度地减少资源浪费、实现社会福利最大化。

一般意义上而言，"资源"是人力、财力、物力等各种物质要素的集合。从经济增长和发展的角度而言，资源是指对经济产出具有有效促进作用的各种投入要素的集合。从经济增长理论的发展而言，除了资本和劳动力，知识和技术对于经济增长的贡献已经成为共识。应该看到，对于国家或者区域而言，知识和技术资源并不会自然出现或者自动生长，需要通过一定的方式进行学习、创造、引进和生产。知识产权资源的重要特征就是无形性和易复制。大量的人、财、物的投资最后的产出是一些无形的新知识和新技术，也可以通过外部获取的方式购买国家或者区域经济发展说需要的知识产权，但是长期而言不能一直依赖外部知识的获取。在知识经济时代，知识产权资源的运用对自然资源的替代已经成为不可逆转的趋势，或者说知识产权资源很大程度上深化了自然资源的使用效率和提高了其经济社会价值。知识产权资源运用的另外一项重要匹配资源是人力资本，知识产权资源的使用具有非常强的资产专用性，必须要有专业的人力资本资源与之匹配，并在此过程中不断改进和提高知识产权资源的价值。综上，知识产权区域布局的实质就是资源的空间配置问题，对该问题的研究对于提高知识产权资源的创造、运用和转化效率具有重要的现实意义，有利于揭示知识产权资源区域布局的战略意义。

知识产权区域布局的配置内涵：在宏观层次上是指知识产权资源创造和运用如何分布于不同经济社会发展区域，知识产权资源在各区域的经济增长函数中如何发挥作用，各种资源如何有效配置、区域社会经济系统的协调发展；在中观层次上是指产业知识产权资源创造和运用如何分布于不同的经济社会发展区域，知识产权资源在各区域产业升级中的作用，以及各种资源如何促进产业价值增值；在微观层次上是指企业如何在资源约束的条件下，最大化地创造和运用知识产权资源，进而为区域及产业发展提供有效支撑。知识产权区域布局就是要寻找一种能够优化知识产权资源配置的体制或机制，既能有效地调节知识产权空间配置、促进知识经济增长、实现创新驱动发展，又能使各地区在经济增长和收入分配上保持协调发展，不至于出现区域间的两极分化。

知识产权资源的高速创造、重复利用、持续更新等特征与传统的土地、资本、劳动力等要素截然不同，已经成为知识经济时代创新驱动发展不可或缺的重要资源。中国作为混合经济体制下的新兴国家，市场经济体系运行机制并不完善，也很难达到经济运行中所谓的一般均衡状态。知识产权资源区域配置作为经济增长理论、发展经济学中的重要研究问题，其核心在于知识产权资源在区域配置的收益率是否能够达到和超过其他资源的平均收益率，并且达到和超过其他地区知识产权配置的收益率，否则资源就存在重新配置的利益动力。知识产权资源的公共性和外部性是支配知识产权稀缺的决定性经济根源，它决定着知识资产生产者的私人收益与社会收益之间冲突的平衡，决定着一个国家如何建立合理的区域布局制度，实现有限资源的合理利用。

2.2.4　以知识产权为核心的区域资源配置机制

社会经济活动的本质是价值链生成、运行和升级的过程。价值链运行的实质就是把资源变成产品和服务，从而为客户创造价值。在价值链运行过程中始终伴随资源的优化配置问题，即如何将区域或组织最稀缺的资源配置到高效的地理区位和生产单元。

（1）从企业参与全球竞争的角度来看，知识产权已经成为其价值链全球布局或价值链环节嵌入的关键因素

全球化时代，价值链各环节的空间分布要遵循效率提升和能力形成原则，即价值链环节的区位选择要视该区位能否使价值链的运行成本最低，收益最大，或者是否有利于价值链整体核心竞争力的培育。那么在具体的投资实践中，厂商在价值链全球布局过程中依据哪些因素决定各环节的区位选择呢？在知识经济条件下，价值链环节的高效运行一方面取决于其所在的区位能否提供高质量的生产要素，尤其是以技术知识和高端人才为代表的高等生产要素；另一方面则取决于价值链各环节的高

效协同。对于技术密集型行业而言，厂商能否协同各价值链环节，并在价值链竞争中占据有利地位则主要取决于其对价值链的核心技术研发环节、市场营销和服务环节的掌控，而这两个环节都是知识产权密集型环节，因此，从厂商价值链组织机制的角度来看，知识产权是其进行资源优化配置的关键资源。

（2）从区域竞争的角度来看，知识产权资源已经成为区域竞争力形成的决定要素

从区域产业结构升级的角度来看，产业升级的核心是技术升级，以及基于技术关联的现代产业体系的建立。各国产业发展的实践证明，产业的技术升级不单纯是一个提升研发能力或增加专利拥有量的过程，知识产权获取仅仅是其中的一个环节。区域产业技术升级的关键是建立创新导向的区域产业发展机制。在工业经济时代，区域产业发展往往与区域的地理区位和自然资源条件密切相关。交通便利的地理区位以及自然资源的就近可供是产业发展的决定性因素。随着科学技术的进步，交通和通信基础设施的功能得到根本性提升，可替代资源的开发使自然资源对产业发展的约束被缓解，相比之下，产业发展的关键技术越来越成为稀缺性的资源，成为资本追逐的对象。按照社会经济资源配置的一般原理，特定的社会形态都是以最为稀缺的资源为中心设计资源配置机制，正如在工业经济时代，社会以资本及其所有者的权益为中心建立资源配置机制一样，在知识经济社会，社会需要建立以知识及其产权所有者的权益为中心的资源配置机制。

（3）从我国转变经济发展方式实现路径的角度来看，通过核心知识产权创造和运用，培育特色优势，形成各个区域优势互补的发展格局是可行之策

从我国经济发展方式转型的角度来看，在粗放式经济发展模式下，社会经济资源以资本为中心进行配置。各级地方政府把利用国外资金为地方经济发展的核心要务。这种区域经济发展理念不仅导致利用外资过

程中的恶性竞争，而且带来各地区低端产业重复投资，其结果是资源的低效使用、环境的严重污染以及传统产业的结构刚性。我国要尽快实现从粗放式发展模式向集约式发展模式的转变，就不能仅仅单纯依靠投资驱动的经济发展理念，更应该树立依靠创新驱动的经济发展理念，以核心知识产权的内部创造或外部利用为主线，合理配置区域的科技资源、产业资源和社会资源，形成以知识产权为核心的资源配置机制，从而为区域经济发展提供不竭动力。

2.3　知识产权区域布局的制度安排内涵

2.3.1　知识产权区域布局的国家战略制度安排

知识产权区域布局是一种国家战略制度的安排，或者说是国家区域战略制度安排的重要组成部分，只有从这个高度才能深刻理解知识产权区域布局的战略意义和内涵。对于中国这样幅员辽阔、差异显著的大国而言，区域发展问题是国家经济社会发展的重要组成部分，区域协调发展一直是中央政府的政策目标。新中国成立以来，国家区域发展战略经历了新中国成立后 30 年的区域均衡发展、改革开放后的部分区域优先发展和 20 世纪 90 年代后期开始的区域协调发展三个阶段，反映了国家区域发展战略从追求公平到讲求效率、再到公平和效率并重的发展过程。

（1）改革开放以后的非均衡战略

改革开放以后，经济体制改革促使了发展战略的根本转变。首先，经济体制改革的不断推进。随着市场经济体制机制的引入，国家宏观经济管理模式发生了很大变化。市场在资源配置中的作用不断增大，各地方政府在区域经济发展中的自主性逐步增强，传统的均衡发展战略难以为继。其次，对外开放如火如荼。在国家经济发展从封闭走向开放的过程中，部分地区的区位优势得以发挥，成为区域发展战略转变中的重要因素。东部沿海地区凭借良好的区位优势、灵活的体制机制和优惠的政策，成为改革开放的前沿阵地。

十一届三中全会以后，国家根据国内外的发展形势，紧紧把握住时代赋予的历史机遇，果断对区域发展战略作出调整，为全国经济发展注入了强劲动力。1978 年底，邓小平同志在中央工作会议上首次提出让一部分地区先富起来，带动全国共同富裕的经济政策。1992 年初，邓小平同志在南方谈话中进一步明确形成了共同富裕的构想，鼓励和允许一部分有条件的人和地区先发展和先富起来，推动经济效率的提高和经济社会生产力的发展，进而影响和带动全国实现共同富裕。先富带后富既是整个国民经济发展的重大战略，也是改革开放以后我国区域经济发展的战略指引。

十一届三中全会以后，中国区域发展战略按照邓小平同志的战略构想作了适当调整，从传统强调优先发展内地转向优先发展东部沿海地区，东、中、西三大区块分阶段、有重点、有效率地依次展开布局。优先发展东部沿海地区的战略作为关系国民经济全局的重大决策，成为贯彻邓小平同志先富带动后富和共同富裕战略思想的重大举措。沿海地区优先发展战略的基本内涵不仅是沿海地区要优先发展经济，更重要的是通过沿海地区的率先发展影响和带动全国经济的发展。经过 10 年的实践探索与总结思考，邓小平同志将东部优先发展、帮助东西部发展和共同富裕紧密联系并有机统一起来，明确提出了实现共同富裕的"两个大局"战略构想，这一构想成为改革开放以后我国区域发展战略的核心内容。

（2）20 世纪 90 年代以后的协调战略

20 世纪 90 年代以来，世界范围内的经济结构和产业结构调整升级，对我国充分利用国际有利条件、进一步发挥区位比较优势提出了新挑战。如何对地区经济结构布局进行战略性调整和完善，推进整个经济增长方式由粗放型向集约型转变，促进东、中、西地区经济、社会、生态环境的协调发展，成为区域发展的重要任务。随着对外开放的不断深入，国家进一步提出了由南向北、由东向西、由沿海向沿江沿线沿边全方位推进对外开放的战略。

20 世纪 90 年代后期，邓小平同志"两个大局"战略构想中实践第二个大局的条件与时机基本成熟。在优先发展东部沿海地区战略推进的基础上，经过国家区域发展大战略的三次转换，我国初步形成了东部繁荣、西部开发、东北振兴的国家区域开发大格局。在全国各地区齐头并进大发展的背景下，发展速度相对滞缓的中部地区再次成为党和国家关注的焦点，进而提出了"中部崛起"战略。2000 年 3 月，第九届全国人民代表大会第三次会议通过的《政府工作报告》，明确把西部大开发确立为国家在新时期历史发展阶段的重大战略决策，应对日趋拉大的东西部差距。2003 年 10 月，党的十六届三中全会通过的《中共中央关于完善社会主义市场经济体制若干问题的决定》指出："加强对区域发展的协调和指导，积极推进西部大开发，有效发挥中部地区综合优势，支持中西部地区加快改革发展，振兴东北地区等老工业基地，鼓励东部有条件地区率先基本实现现代化。"同年 10 月发布的《中共中央　国务院关于实施东北地区等老工业基地振兴战略的若干意见》，明确了实施振兴战略的指导思想、方针任务和政策措施。2009 年 9 月国务院常务会议讨论并原则通过《促进中部地区崛起规划》，标志着在国家层面开始实施"中部崛起"战略。

截至目前，我国已经初步形成东部、中部、西部和东北四大板块协同发展的格局，但是各板块之间的差异也很突出。东部地区优先发展战略已经形成先发优势，区域经济规模总量大、产业发展水平高，有条件在全国率先实现四个现代化，进而带动全国经济和其他地区的全面发展。西部地区利用后发优势和比较优势稳步推进；东北地区通过体制创新和机制转换，正在逐步复苏；中部发挥自身传统优势，做好东西连通的纽带作用。

（3）从协调发展到"点－轴"扩散

随着我国进入后工业化阶段，知识经济和创新创业的蓬勃发展，四大板块协调发展战略已经难以满足区域经济质量的整体提升，知识产权区域布局是国家区域发展战略的新突破，重点是要实现全面协调发展向"点-轴"创新突破转变。

在均衡发展阶段，片面追求平衡，强调沿海与内地的平衡，力图改变沿海与内地的力量配置。实际上，经过 20 余年的努力，沿海与内地的不平衡状况并没有彻底改观。政府的强力干预，导致了科技力量和知识产权资源过于分散且与地方经济发展相脱节，影响了效率的实现。非均衡发展阶段，强调效率优先，忽视了地区平衡，甚至为了效率目标，在政策制定上人为制造了差异。中央在空间布局过程中，并没有系统的指导方针，具体配置结果完全是地方与中央以及地方与地方之间相互博弈的结果。在协调发展阶段，国家逐步总结经验，在配置中强调效率优先、兼顾公平。应该看到，区域发展战略实施过程国家行政力量的作用在逐步走弱，而市场机制的作用在逐步增强。知识经济时代，知识作为重要的经济增长驱动要素，始终处于非均衡分布，这就决定了知识产权区域布局的国家战略难以是目前的协调发展，而是以知识产权富集区域为"点"、相关联地区为"轴"向周边地区扩散的战略思路。

"点-轴"扩散战略思路核心是知识产权区域布局要设计以市场为基础进行资源配置的制度安排。在计划经济时期，国家依托行政力量对全国资源进行集中配置，这种模式存在诸多弊端，比如科研成果转化率低、科技与经济相脱节等。因此，必须强调面向市场的科技体制改革，促进以知识产权为中心环节的技术开发与产业化的联系。同时，应该看到，市场也不是万能的，也存在一定的缺陷，所以需要政府发挥其应有的职能，弥补市场的不足与失灵，防范市场运作中出现的短期行为。

2.3.2　知识产权区域布局的产业发展制度安排

知识产权区域布局是产业发展的制度安排，一是产业发展离不开知识产权资源，没有知识产权支撑的产业发展必然"空心化"；二是知识产权区域布局离不开产业发展，脱离了产业发展资源，知识产权也将是无源之水。为此，知识产权区域布局使产业发展分工和竞争力等制度安排紧密相联。

（1）知识产权区域布局与产业发展区域分工

近年来，关于国际贸易和比较优势的理论在我国产业区域分工中得到广泛借鉴和应用，成为产业区域分工的主要理论依据。然而，随着全球经济一体化和技术知识的跨国流动，传统比较优势理论模式预测的国际分工和贸易结构与实际情况大相径庭。

为修正比较优势理论传统贸易理论的不足，哈佛大学迈克尔·波特（Michael E. Porter）教授提出了竞争优势理论。竞争优势理论在比较优势理论基础上作了以下三个方面的拓展：第一，竞争优势理论将政府行为和机遇因素纳入国家竞争优势的范畴，特别强调了政府贸易政策和产业政策的重要性；第二，竞争优势理论是一个从微观上升到宏观的理论体系，国家获取区域的竞争优势取决于企业的战略选择以及企业的竞争力以及产业的竞争力，这在很大程度上丰富了比较优势理论的微观基础；第三，竞争优势理论关注动态性。从地域分工的视角而言，国家竞争优势理论立足于竞争性的市场环境，包括经济结构、价值制度和历史文化等构成因素，不仅拓展了国家或地区竞争优势的来源，同时也强调了竞争优势的动态性和可创造性。

应该看到，知识产权要素无论是在传统的比较优势理论中，还是在迈克尔·波特的竞争优势理论中都没有发挥突出性作用，在一定程度上制约了理论的解释力和预测性。不可否认，在知识经济时代，知识产权已经成为推动区域产业分工和各国贸易发展的一股重要力量，基于知识产权区域布局的产业分工对于区域经济发展具有重要的现实意义。知识产权区域布局是新形势下产业分工的主要诱因之一。随着经济形态越来越知识化，产业结构越来越向高级化发展，社会需求呈现出越来越大的差异化，创新资源的稀缺性不断提高，传统物质资源驱动的经济发展模式和比较优势理论已经难以满足经济社会发展的需求，知识经济作为一种新的经济形态随之出现。在这种知识经济形态下，知识资源特别是产权化的知识资源将成为核心资源。知识的生产取决于研发资源和力量在不同国家和区域的分布情况，以及影响研发力量布局的环境。这种不同的布局状况必然改变它们在全球或者区域竞争中的地位以及产业分工。

知识产权区域布局是构成区域产业链的根本性支撑力量。产业区域分工从价值形态上看，是处于不同价值链环节上的部门相互联系、相互影响和相互作用的结果，产业分工就是价值链的分工。从生产过程来看，不同的价值链之间或同一价值链的不同环节之间的关联，就是不同产业在区域生产上的技术分工，也就是说我们可以从技术链的角度对区域产业分工进行划分，处于不同区域的产业实际是处于不同技术环节的企业总和。技术能力是知识产权布局在空间或者在产业上配置的重要体现，因此从根本上说，社会经济的发展越来越取决于科技和知识产权的发展，因为知识产权在不同区域的分布将从价值链的角度作用于不同的产业部门。从这个意义上而言，区域在产业价值链上的分工是基于知识产权的布局。iPhone 手机的供应链虽然在全球分布，但是其核心价值却集中在美国加利福尼亚州等少数几个知识产权富集的区域。

（2）知识产权区域布局与产业国际竞争力

根据迈克尔·波特教授产业国际竞争力的钻石模型，一国特定产业的国际竞争力取决于四个方面的因素——生产要素、需求情况、相关产业以及企业竞争策略、组织形式和竞争。借鉴钻石模型的分析框架，从以上四个方面讨论知识产权区域布局与产业国际竞争力的相互作用。

① 知识产权区域布局与生产要素结构优化。生产函数中的要素结构分为基本要素和高等要素。基本要素包括地理位置、自然资源、气候条件、劳动力等，高等要素包括良好的基础设施、人力资本、专用化知识和技术。实际上，区域产业竞争力的基本要素多为先天禀赋，难以进行

人为调整和改变，而高等要素总是相对比较稀缺，且可以通过后天的人为干预获得。为此，企业如何获取、开发并更新高等要素就成为获取竞争优势的重要先决条件，更是获取国际竞争力的基础。随着知识经济形态的日益成熟，知识产权本身已经成为一种重要的高等要素进入了企业运营过程的所有环节，为此知识产权制度就成为提升企业生产要素的重要手段。知识产权的区域合理布局将会有效提高生产要素的质量，从而更好地提高产业国际竞争力。

② 知识产权区域布局与市场消费需求满足。简单地说，一个国家消费市场的需求特性对该国企业甚至产业在世界市场竞争优势产生影响。基于本地市场需求满足赢得的企业竞争优势，需要产品项目投资、研发生产、营销销售等都根据市场需求确定。从目前市场需求的状况来看，越来越表现出个性化、智能化和多元化的特征，社会对高新技术产品的需要日益增加。市场需求变化为科技发展、产品设计和个性服务提出了新的要求，知识产权的区域布局必须能够适应这种变化，在各种消费品之间进行合理配置，针对不同类型的消费品开发不同的知识产权类型。在这种情况下，各种计算机技术、辅助生产技术和物流技术的综合应用和协同发展必不可少。人类的各类需求是社会发展的原动力，知识产权区域布局必须能够适应并满足这种社会需求。在这个意义上，知识产权活动本身也是一种对人才、知识的巨大需求（消费），知识产权应用和普及可以引导消费、优化消费结构。

③ 知识产权区域布局与相关产业发展。区域企业或者产业的竞争优势不仅取决于其自身能力和策略，也取决于其供给和相关行业的能力和策略。产业发展的相关产业支撑作用越明显，对知识产权在各个产业的合理分布需求越高。目前的国际竞争已经不仅仅是单个企业或者产业之间的竞争，而是企业及其所在产业从属地区的研发、生产和营销生态体系之间的竞争。以阿里巴巴为例，浙江当地的中小企业是整个生态系统中至关重要的组成部分。企业在国际市场上依靠产品和技术创新获得竞

争优势，但是与上游、同行和下游企业的相互配合，以及种种正式与非正式的信息交流也非常重要。相关产业是主导产业的重要支撑部门，没有相关产业发展就不会有主导产业的发展。因此，区域在主导产业与相关产业之间合理优化配置知识产权意义重大，只有两者协同发展才能共同推动产业的国际化发展，提升产业国际竞争力。

④ 知识产权区域布局与企业策略、组织形式和竞争。企业基于其所面临的各种现实情况，策略重点可以是投资、人才和兼并等，也可以是生产管理、质量管理等；可以注重短期发展，也可以关注长期发展战略。企业行为的核心是人的行为，其竞争的本质是人才的竞争，优秀的人才是企业的稀缺资源。企业若能长久地、持续地吸引和凝聚最优秀的人才为之服务，则很有可能在竞争中获得优势。而人才的获得和流动受人才配置模式和体制的影响，在不同的人才体制下，人才的培养和配置不同，尤其是科技人才的配置，最终体现在产业国际竞争力水平的不同。

（3）区域产业分布与知识产权区域布局

纵观我国知识产权区域布局演进的历程，发现产业布局与知识产权区域布局存在非常复杂的关系。在不同阶段尤其是不同的产业，二者关联度的高低存在很大差异。在改革开放以前产业发展的计划经济阶段，产业布局与科技布局都是国家计划主导，是中央政府依靠行政权力整合全国资源在不同地域配置的结果，知识作为一种产权还没有完全得到承认。国家的主导思想就是要协调内地与沿海，实现二者的均衡发展。因此这一时期，科技与产业互相引导、互相支撑，二者存在较高的空间耦合度，但改革开放后二者耦合度呈下降趋势。

这缘于经济体制与科技体制改革的进度不同，经济市场化改革的力度与速度明显高于科技体制改革和知识产权制度建立速度，二者的市场化程度相差越来越大，一方以市场为基础实现资源的配置，而另一方则更多地依赖政府行政渠道。当然随着知识产权制度建设进程的加快与市场经济体制的逐渐完善，二者的一致性程度会逐渐提高。

显然，区域产业分工将进一步深化知识产权布局结构。不同地区产业的分工，在一定程度上强化了该地区产业在全球市场上的绝对优势和比较优势，这种优势通过产业实现对知识产权的反作用。进一步，知识产权资源在这些区域产业之间的配置，或者使优势进一步富集，或者使得转化的效率更高。深圳就是一个典型的例子，由于其在信息通信产业领域的分工优势，使其成为知识产权区域布局的核心节点，同时知识产权富集又进一步增强了其在产业方面的国际竞争优势。

2.3.3　知识产权区域布局的区域发展制度安排

提升区域竞争力是区域发展制度安排的根本性目标，知识产权区域布局是区域发展制度安排的重要组成部分，目标就是要促进区域持续性创新，提升区域竞争力。

（1）区域发展制度安排的目标是提升竞争力

在知识经济全球化的进程中，国家竞争优势的核心在于富有竞争优势的区域，知识和创新是提升区域竞争力的一项重要途径。一般而言，区域竞争力的核心是与其他地区相比区域所特有的，在各种资源利用、新产品开发和制造生产、市场开拓及服务中具有较大的竞争优势，且不易被其他地区所模仿或学习的专用性能力（赵修卫，2001）。区域核心竞争力的创建需要依靠富有特色的区域科技创新体系、具有地方专有性的特色经济、高度专业化和规模化的产业集群。虽然对于区域竞争力与区域核心竞争力主要来源的研究尚没有达成共识，但不可否认地方政府在长期发展中通过各种可获取资源特别是稀缺资源优化配置在其中发挥着重要作用。正如前文所述，创新和知识在区域竞争力形成和提升中具有重要意义。

在经济全球化的背景下，中国的部分区域例如深圳、苏州等，通过内向型国际化已经成为全球创新网络中的核心节点。同时应该看到，全球产业向中国的转移并没有从根本上改变中国企业技术创新能力薄弱的问题，中国对发达经济体系的技术追赶过程非常缓慢，没有核心知识产权，中国只能在产业价值链中处于低端锁定位置。转变经济增长方式，实现创新驱动发展，根本途径是以自主知识产权为核心，以品牌、技术、营销为重点，打造新的区域核心竞争力。区域创新活动已经成为推动竞争力提升的主要动力，而创新活动的核心就是知识活动投入、新知识生产和产权化、产权化知识的应用及转化过程。显然，知识产权已经成为创新活动运行和发展的核心资源，区域关于知识产权资源优化和配置的制度安排对于竞争力具有重要价值。

区域是企业和产业的空间载体，通过知识产权创造和运用能力提升竞争力的企业是区域创新型经济的基本细胞与创新主体。区域良好的知识产权制度安排如知识产权创造激励、知识产权严格保护、知识产权转化应用等，有利于激励企业通过知识生产和技术创新获得相应的知识产权，由此不断积累知识产权资源和创造能力。为了追求知识产权价值的最大化，企业会不断地投资知识产权运用的互补性资产，提升知识产权的利用能力。高质量的知识产权资源一旦转化成为产品和技术，就会给企业带来巨大的商业价值。由此可以认为，区域发展的制度安排，可以有效地推动企业的自主创新活动，进而不断形成和增强知识产权能力，逐渐提升区域竞争力。

（2）知识产权能够有效促进区域持续创新

区域知识产权能力提升能够为企业价值创造提供丰富的资源，为企业持续创新提供基础和知识溢出的激励。创新本身是一种互动的学习过程，大多数创新行为包含多个参与者的参与，创新活动起源于互补的、专业化能力和各参与者知识结合，沿着价值链广泛地分布（蔡铂和聂鸣，2006）。在创新活动生态化和产业发展集群化的背景下，单个企业无法掌握其所涉及的产品和技术领域内的全部知识，企业创新很大程度上需要其他相关企业和机构的支持。加强产学研合作，在产品供应链中形成更加灵活的组织整合各种资源，从互补能力和不同企业组合中获得协同效应，取得新的和互补的知识和技术。企业与企业之间、企业与高校等科研机构、中介机构之间，由于地理上的靠近性和经济上的相互联系、相互影响，产生知识外溢，促进了相互间的模仿学习，降低了创新成本，加快了区域的持续创新。

以中国最大的纺织基地浙江绍兴为例，20 世纪 90 年代末绍兴就已经基本完成了设备的引进和技术改造，拥有德国、意大利等国生产的世界上最先进的无梭织机。然而，由于企业过去一直靠生产中低端产品获得利润，导致"一流的设备"生产"二流的产品"卖"三流的价格"。随着生产要素的不断紧缩、利润的快速下降、知识产权保护不完善，导致价值创造能力薄弱，企业自主创新资源缺乏、动力不足。通过区域制度安排提高知识产权能力，是提升企业和区域持续创新的基础。

（3）区域持续创新促进区域竞争力的提升

在全球经济一体化和技术快速进步的形势下，知识产权在地区和产业竞争中的作用越来越重要，区域通过持续创新形成的知识产权资源和能力能够有效促进区域竞争力的提升。经济相对发达的区域通过持续不断地创新，取得了经济上的极大成功，促进了区域竞争力的提升。

以深圳为例，20 世纪 90 年代以来，深圳坚持不懈地走自主创新之路，"十五"期间，深圳以不到全国 1% 的人口创造了全国 2.5% 以上的GDP，5% 的专利授权，12% 的高新技术产业产值。经过区域持续不断的创新努力，深圳实现了经济发展方式的三大转变，工业发展从"三来一补"外向型加工向高新技术产业转变，高新技术产业发展从依赖技术引进向自主创新转变，经济增长方式从资源消耗型向创新驱动型转变。由于传统产业的转型升级和高新技术产业的发展壮大，极大提高了产业的营利能力，持续性创新实现的产业结构调整和经济增长方式转变极大地促进了区域核心竞争力的提升。

2.3.4 政府与市场在知识产权区域布局中的作用

我国新一轮经济体制改革的核心是要充分发挥市场在资源配置中的决定作用,因此要通过建立完善的市场机制,促进知识产权资源的优化配置。应该看到,充分发挥市场在知识产权资源配置中的决定作用并不意味着政府在该领域无所作为。那么,政府和市场在知识产权区域布局中应该各展所长。

(1) 政府要在知识产权区域布局中政策引导,拓展知识产权区域布局的资源空间

政府对知识产权区域布局进行调整的主要方式和手段之一就是政策引导,国家相关部门和各级地方政府要利用法律、法规和行政政策等来确保权利人所有或控制的知识产权资源,能够按照其所期待的方式进行管理和利用,维护社会的创新动力。此外还可以通过政府财政直接投资、税收政策优惠等方式,强化行政管理手段。

近年来,部分地方政府通过高质量的投资平台环境建设吸引了国内外的高端资源,形成知识产权资源密集区。高质量的知识产权创造和高效的知识产权运用及转化使知识产权资源得到充分富集,知识产权与产业的结合愈加紧密,高端研发机构和创新型企业向特定区域的聚集是知识产权区域布局的基本实现形式。

应该看到,知识产权资源聚集仅仅是知识产权区域布局优化的基础性工作,要充分发挥知识产权对区域产业发展的支撑和引领作用,必须建立完善的市场经济秩序,从而有效引发企业的知识产权需求,进而引领全社会开展知识产权的创造、运用和转化。

(2) 政府要在知识产权区域布局中依法管理,促进知识产权资源在区域间的优化配置

由于知识产权管理和其他管理最大的区别就在于大量的与知识产权相关的法律法规,比如《专利法》《商标法》《审查指南》等,此外还有

大量与区域经济发展相关的政策法规和行政规定。这些都是在知识产权区域布局工作中需要遵循的一些基本依据。

具体而言，知识产权的创造、运用、转化是知识产权区域布局的基础。各级政府要通过市场监管维护市场秩序，打击不正当竞争和知识产权侵权行为，保障知识产权主体的合法权益，激励知识产权的创造、运用和转化。同时，知识产权区域布局不仅仅是企业、研究机构等的区位选择问题，还涉及知识产权资源的跨区域（跨国）流动、知识产权活动的跨区域（跨国）组织问题，如知识产权合作和交易网络的建设、知识产权联盟的建立等。政府应通过相关法律和法规对各类组织进行管理，提供高质量的服务，促进交易的完成和网络的完善，从而助推知识产权流动和交易。

（3）政府要在知识产权区域布局中相互协作，突破知识产权的部门和区域的条块边界

知识产权区域布局工作是一项综合复杂的工作，涉及许多部门的众多方面。一方面，我国知识产权管理机构在国家层面就涉及 10 多个部级单位，从知识产权运行而言涉及创造管理、授权管理、传播发行等，从政府规制手段来看既涉及法律手段又涉及行政手段；另一方面，知识产权区域布局工作需要强化相互协作，具体包括各种机关之间的工作沟通和协作、中央机关和地方机关的协作和监督、立法行政和司法机关的协作、行政机关和企事业单位的协作。

各级地方政府应破除仅仅注重知识产权资源"所有""所在""所属"的传统理念，将"所有""所在""所属"与"所用""所管""所享"有机结合，拓展知识产权配置的资源范围，消减制约知识产权资源跨区域流动的体制机制障碍。地方政府不能仅仅关注高端研发人员的引进、专利成果的形成，将知识产权资源占有视为知识产权布局的主要目标。在经济全球化、市场化不断推进的时代，应淡化知识产权实体形态的管理，强化知识产权价值形态的管理，从而使各区域能有效利用区域

内外的知识产权资源，促进区域产业的健康发展。

政府部门应逐步开放自身拥有的大量知识产权、科技和经济信息，加强政府部门与企事业单位之间的协作，为企业、大学、研究机构的知识产权投资决策、研发组织、交易转化提供高质量的服务。政府也可以通过研发、交易、中试、检测等公共服务平台建设为知识产权创造、转化提供优质服务。政府还可以通过交易会、研讨会、博览会等组织和推广促进不同区域间的知识产权合作与交易，从而促进知识产权资源的优化配置。

（4）应在知识产权区域布局中遵循价值规律，完善知识产权区域布局的国家战略和市场竞争融合机制

知识产权区域布局必须遵循市场经济的基本价值规律，充分利用知识产权制度和市场运行机制，规范企业的知识产权转让、许可、质押等各种活动。知识产权区域布局既是市场竞争的过程，又是市场竞争的结果。市场竞争必然带来资源的优化配置，从而将优质的知识产权资源配置到高效的地理区位和创新组织。

企业可以通过信息检索与分析，掌握同领域主要竞争者的技术发展程度和知识产权存量，挖掘可能产生新知识的技术范围，进而依据价值规律，选择对企业具有重大经济价值的领域，集中研发，争取制高点。企业或其他组织向特定区域的聚集以及创新成果的转化扩散又使知识产权区域布局得到进一步优化。因此，必须通过体制机制建设激励和规范市场竞争，为知识产权区域布局提供良好的制度环境。政府应在行业准入和产品服务的价格形成方面实施力度更大的改革。

同时，我国的产品和服务价格的市场形成机制尚不完善，从而使新技术、新产品的发明创造不能得到应有的经济回报。政府相关部门需要从国家战略的角度出发，放宽行业准入，减少政府对产品和服务价格形成的干预，建立产品和服务价格的市场决定机制，从而有效激发发明人、创造人的积极性。

2.4　知识产权区域布局与科学技术区域布局和产业布局的关系

2.4.1　知识产权区域布局与科学技术区域布局的关系

（1）知识产权区域布局和科学技术区域布局既有差别，又存在一定交叉

知识产权和科学技术是两个既有区别又存在紧密联系的概念。知识产权是产权化的知识，主要包含专利、商标、著作权等，就专利而言，更多地属于技术的范畴。科学技术既包含科学，也包含技术。科学是公共物品，没有财产属性。技术则是具有财产属性的知识形态。知识产权区域布局是指具有财产属性的知识，如专利技术、商标等资源的空间区位及相互联系。科学技术区域布局是泛指科学和技术资源以及活动的空间区位及相互联系。知识产权区域布局重点关注区域内知识产权与产业发展的关系，知识产权资源及活动在区域内的空间关系等，在区域间层面重点关注区域间的专利、商标等资源的交流、合作关系。科学技术区域布局在区域内重点关注科学、技术与产业三者之间运行协调以及科学、技术、产业的空间区位安排。在区域间层面，科学技术区域布局重点关注区域间的科学技术交流与合作。也就是说，二者涵盖的范围不同，同时也存在一定的交叉。

（2）知识产权区域布局是科学技术区域布局的基本实现形式，而科学技术区域布局是知识产权区域布局的深层基础

众所周知，科学技术的基本功能是促进经济社会发展，而科学技术促进经济社会发展功能的实现路径是创新成果向生产力的转化。科学技术经济社会功能实现的微观组织是企业、大学和研究机构，而活动的真正承载

主体是科研人员。微观主体和科研人员积极性、创造性的激励是创造与转化的关键。各国的创新发展实践证明，要有效激发科研人员的积极性，加速科技成果向生产力转化，必须以知识产权的形式对创造性成果进行保护。因此，知识产权既是社会技术活动的成果，也是连接科学技术与经济发展的纽带，从这种意义上说，技术进步的本质是知识产权的创造、运用和向生产力转化。因此，知识产权区域布局是科学技术区域布局的基本实现形式，而科学技术区域布局是知识产权区域布局的深层基础。

（3）知识产权区域布局有利于建立科学、技术、产业之间相互促进的良性发展关系

在现实工作中，要建立知识产权区域布局与科学技术区域布局的相互促进机制。首先，要强化科学技术区域布局对知识产权区域布局的基础支撑作用。由于知识产权的创造运用和转化需要区域科学技术活动作为基础性平台，尤其是区域的基础科学和应用科学研究是知识产权创造的知识储备和知识供给，因此，必须从知识储备和供给角度对区域科学资源和活动的布局进行前瞻性安排，以便为知识产权区域布局提供知识保障。其次，要突出知识产权区域布局对科学技术区域布局的引导作用。由于知识产权的创造和应用与经济发展的需求联系紧密，因此，知识产权活动能把经济发展对科学技术的需求向社会的科学和技术活动部门传递，从而使知识知识产权活动具有传递社会需求的中介功能。这样，区域产业结构优化和空间布局调整需求必然通过知识产权这一环节向科学技术部门传递，从而引导科学技术的区域布局，因此，要在实际工作中充分发挥知识产权区域布局对科学技术区域布局的引导作用。

2.4.2 知识产权区域布局与产业布局的关系

产业布局是指产业在一定地域范围内的空间分布与组合，反映产业资源和产业活动的空间位置及相互联系。由于不同产业的知识产权内涵不同，因此，知识产权区域布局与产业布局的关系因产业知识产权内涵

的不同而存在差异。从一般意义上说，知识产权密集型产业的布局与知识产权区域布局联系更加紧密，或者说知识产权密集型产业的区域布局本身就是知识产权区域布局的主要组成部分。

（1）随着产业发展知识产权内涵的增加，知识产权区域布局在产业区域布局中的决定作用越来越明显

在工业经济时代，产业布局优先考虑的因素是资源供给和市场邻近，区域知识产权资源对产业布局的影响尚未充分体现。随着知识经济时代的到来，产业运行和发展的知识产权内涵越来越丰富，技术创新成为提高产品附加值的决定因素。厂址的区位选择更多地考虑区域知识供给的便利，创新活动组织的效率，因此，知识产权资源的供给和知识产权活动的空间组织形式成为产业布局的决定因素。同时，还应该看到，在区域产业体系中，知识产权密集型产业的发展是区域产业发展的主要引导力量，这样，就必须通过知识产权资源和活动的前瞻性布局，引导知识产权密集型产业的布局，进而引领区域产业体系的整体布局。

从知识产权资源和产业资源跨区域流动机制演化的角度来看，在工业经济时代，是产业活动中的资本流动引导人才流动和知识流动，即资本的流向和流量决定人才和知识的流向和流量。在知识经济时代，上述关系发生了重大变化，人才流动和知识流动在产业和经济资源配置中的作用凸显。资本追逐人才、资本追逐技术、资本追逐核心知识产权成为趋势，由此开启了知识产权流动、配置决定其他产业资源配置的新时代。20 世纪末以来，以美国的硅谷和中国的中关村为代表的高科技创新中心成为资本的聚集地、创新的沃土和新兴产业的成长源头，令人信服地说明了核心知识产权的空间配置决定产业资源的匹配。

（2）区域产业结构优化和布局调整为知识产权区域布局优化提供需求拉动和实现载体

应该看到，虽然知识产权资源的配置在社会经济资源配置中的引导作用日趋增强，但并不意味着区域产业布局就完全被动地由知识产权资

源所决定。实际上，区域产业结构升级和空间布局的优化对知识产权创造提出新的需求，因而也为知识产权布局提供了有效的空间载体。一方面，区域产业布局是知识产权的区域布局资源基础和载体保障；另一方面，区域产业布局优化使知识产权区域布局能依托良好的实现载体。知识产权密集型产业自身的发展聚集了大量的高端研发机构和顶尖研发人员，进而使企业、研究机构以及大学向特定区域聚集，形成知识产权资源的高度密集区。上述知识产权资源的聚合、重组、裂变又产生更多、更具商业价值的新知识产权，并逐步向生产力转化。上述过程的螺旋式发展不仅使区域知识产权资源总量增加和质量提升，更重要的是带来区域产业技术的升级和结构的优化，而产业技术升级和结构优化必然带来产业空间布局的调整，产业空间布局的调整又为知识产权资源优化配置提供了新的需求拉动。

第3章
知识产权区域布局的理论基础

　　知识产权区域布局涉及知识产权资源区域布局的必要性与可行性、知识产权资源区域布局的空间结构模式以及知识产权资源区域布局的优化机制等基础问题。由于知识产权资源区域布局的特殊性，对这些问题的识别有利于知识产权资源区域布局工作的开展。那么，以上问题是否有足够的理论支撑就成为开展知识产权资源区域布局研究的基础，本部分综合经济学、地理学以及创新学科相关理论，探讨知识产权资源区域布局的理论基础。

3.1　知识产权区域布局的理论依据

　　知识产权区域布局主要是指知识产权资源或活动在一国或一地区范围内的空间分布和组合的经济现象。在知识经济背景下，在整个社会经济运行系统中，知识产权并非独立于其他社会经济活动，而是与科技和产业活动保持紧密的联系。知识产权的创造、运用、保护和管理活动作为经济活动的重要组成部分，既以科技和产业活动为载体，又最终运用于科技和产业发展中。因此，知识产权区域布局问题可以从产业和科技创新活动的区域布局中获得理论启示。经济学、地理学和创新学科的相关理论已经对产业和创新活动的区域布局问题进行了长期的理论探讨，为从多个角度深刻理解知识产权区域布局问题提供了广泛的理论支撑。

3.1.1 经济地理学：产业布局的理论依据

经济地理学是以人类经济活动的地域系统为中心内容的一门学科，它是经济学和地理学的交叉学科，研究对象包括：经济活动内容、经济活动区位、经济活动空间组织、经济活动与环境的关系等。地域性是经济地理学的根本特性。经济地理学所研究的对象都必须落实到一定的地表空间上，即落实到地域上，经济地理学地域性的核心问题是地域分异规律（李小建，2006）。

产业活动作为经济活动的核心组成部分，产业的区域布局问题就成为经济地理学的重要研究内容。产业布局是指产业在一国或一地区范围内的空间分布和组合的经济现象。针对产业活动的区域布局问题，国内外学者从比较优势、区位选择、产业集聚等角度进行了广泛的理论探讨。

（1）基于比较优势的产业布局理论

区域比较优势决定区域产业布局的利益机制，这种比较中的优势包括绝对比较优势和相对比较优势（曹颖，2005）。国际贸易研究中的比较优势理论被广泛地应用于区域产业布局和分工的研究中，是指导区域产业布局形成和发展的重要理论。基于比较优势的产业布局理论主要包括亚当·斯密的绝对优势理论、大卫·李嘉图的相对优势理论以及赫克歇尔－俄林（Heckscher-Ohlin）的生产要素禀赋理论。

绝对比较优势理论由亚当·斯密（1974）提出，认为每一个国家都有其适宜于生产的某些特定产品的绝对有利的生产条件去进行专业化生产，然后彼此进行交换，则对所有交换国家都有利。该理论深刻指出了分工对提高劳动生产率的巨大意义。因此，产业布局首先要考虑分工，因为生产的分工可以提高产业的劳动生产率，并且能够增加社会财富。产业的布局受到自然资源禀赋的重要影响，对生产有利的自然资源禀赋条件决定了产业在不同区域（或国家）的分工，产业应该布局在拥有绝对成本优势的地方（指生产成本绝对低）以发挥其劳动生产率较高的优势。

大卫·李嘉图（1976）继承和发展了亚当·斯密的理论，提出了比较优势学说，认为任何国家都有其相对有利的生产条件，若各国都把劳动用于最有利于生产和出口相对有利商品、进口相对不利商品，将使各国资源都得到有效利用，使贸易双方获得比较利益。大卫·李嘉图的比较优势学说论证了产业分工布局不一定非要有绝对优势，只要双方存在"比较利益"，就可以产生生产分工。因此，产业应该布局在拥有相对成本优势的地方，每个国家和地区都应该只生产比较成本具有优势的产品，然后通过贸易获取比较利益。

20 世纪 30 年代，比较优势理论被进一步具体化为要素禀赋论（林毅夫和李永军，2003），赫克歇尔－俄林的生产要素禀赋理论认为，一国贸易优势和产业分工取决于要素禀赋。生产要素的差异导致了不同区域的综合资源禀赋的不同，进而产生了产业分工。因此，不同的国家或地区应该根据自身的资源禀赋条件，通过判断是资本密集、劳动力密集还是技术密集，选择适合自身的产业分工部门，从而指导区域的产业区域布局。

综上，基于比较优势的产业布局理论可以指导产业布局在最能充分利用资源的地区，以便扬长避短，提高产业布局效率，实现产业结构地区协调。事实上，一个区域的比较优势是会发生变化的，要素禀赋也应当包括除劳动、资本之外影响资源配置的其他要素，如人力资本、科学技术、研究开发、信息管理等。经济活动的聚集空间和聚集方式绝不是一成不变的，而比较优势的相对变化会改变地域分工的方式和内容，从而改变特定经济活动聚集的空间形态。

（2）基于区位选择的产业布局理论

区位理论是研究人类经济行为的空间区位选择及空间区内经济活动优化组合的理论。一般认为，空间是各类经济活动发生和变动的场所，人类的各项经济活动只有在空间上进行合理的分布，才有可能获得更好的经济与社会效益。因此，区位理论对区域产业空间布局与演化具有重要的理论价值（安虎森，2008）。基于区位选择的产业布局理论强调应该根据本地区的地理位置进行产业布局，主要包括杜能的农业区位理论、韦伯的工业区位理论以及后来的近现代区位理论等。

约翰·冯·杜能（Johann Van Thünen）（1997）在他的著作《孤立国同农业和国民经济的关系》中提出了孤立国农业圈层理论，论证了农业生产方式的空间配置，后人称为"农业区位论"。杜能农业区位论所要解决的主要问题就是如何通过合理布局使农业生产达到节约运费，从而最大限度地增加利润。杜能认为农业生产的空间分异源自生产区位与消费区位之间的距离，距离市场越近，单位面积收益越高的农业生产方式的布局是合理的，由此而形成的农业生产方式布局，从农业地域总体上看收益最大。

阿尔弗雷德·韦伯（Alfred Weber）于1909年撰写了《工业区位论》，创立了"工业区位论"。该理论通过将区位因子分成适用于所有工业部门的一般区位因子和只适用于某些特定工业的特殊区位因子，确定了三个一般区位因子：运费、劳动费、集聚和分散。其理论的核心就是通过对运输、劳力以及集聚因素相互作用的分析和计算，找出工业产品的生产成本最低点，将企业吸引到生产费用最小、节约费用最大的地点，作为配置工业企业的理想区位。因此，运输成本的高低对工业的布局以及发展起着决定性作用，费用最小点是工业布局的最佳区位点。

20世纪40年代以后进入近现代区位论阶段，出现了成本学派、市场学派、成本－市场学派等，他们认为最小生产成本并不能完全确定企业的最优区位，成本最低也不完全意味着利润最大化，市场因素对产品价格影响越来越大。成本学派理论的代表人物是埃德加·胡佛（Edgar Hoover）（1992），他考察了更加复杂的运输费用结构和规模经济对区位的影响，并以生产成本最低为准则来确定产业的最优区位。奥古斯特·廖什（August Losh）（1954）的市场区位理论把市场需求作为空间变量来研究区位理论，考察了市场规模和市场需求结构对产业区位的影响，进而探讨了市场区位体系和工业企业最大利润的区位，形成了市场区位理论。沃尔特·艾萨德（Walter Isard）将成本与市场结合起来研究区位理论，关注成本与市场的相互依存关系，详细讨论了运输量、运费率和劳动力等对企业布局的影响，指出区位选址涉及生产、流通、环境、政策等多个方面的内容。

综上，基于区位选择的产业布局理论一方面对于由于地理位置和距离导致的运输成本给予充分关注，侧重于从微观成本最小化的角度对生产要素的空间配置和经济活动的空间布局进行研究；另一方面对于市场因素给予较多关注，将利润最大化作为区位选择的核心目标。成本和市场因素贯穿于产业布局的区位选择理论体系。

（3）基于产业集聚的产业布局理论

产业集聚的现象在现实中非常普遍，它最外在的表现就是某一类产业或几类产业在一定地理空间范围内集中分布。可以说，产业集聚是产业区域布局中最常见的表现形式，揭示产业集聚背后的原因对于理解产业布局至关重要。阿尔弗雷德·马歇尔（Alfred Marshall）（2005）在《经济学原理》中就深入讨论了产业集聚问题。马歇尔认为，外部经济是促成产业集聚的重要力量，但是外部性有正有负，正的外部性促进集聚，负的外部性导致扩散。此后，迈克尔·波特、保罗·克鲁格曼（Paul Krugman）均对产业集聚现象进行了深入研究，对于研究产业空间分布同样具有重要理论启示。

哈佛大学教授迈克尔·波特（2002）将企业集群与一个地区、一个国家的竞争力联系起来，提出了"产业集群"并创立了产业集群的新竞争经济理论。波特认为决定企业竞争力的四个因素分别是企业战略、要素条件、需求状况和相关产业，它们决定了一个国家竞争优势的水平，这就是企业竞争力的菱形结构分析框架。波特认为产业集聚是"在特定区域中相互关联的一群企业和相关机构的集合，聚集体内企业之间是独立的非正式的关系，它是一种松散的价值体系"。

以保罗·克鲁格曼（2000）为代表的新经济地理学家也对产业集聚问题进行了研究，使用经济学的建模方法对产业聚集的形成机理进行了阐释。克鲁格曼总结产业形成空间集聚的原因有三个方面：市场规模、外部经济和产业地方化。规模经济潜力越大，运输费用就越低，集聚的可能性就越大。外部经济越明显，产业空间集聚的吸引力越强。一旦产业地方专业化格局出现，这一格局就由于循环累积因果的自我实现机制而被锁定，导致产业的进一步聚集。

综上，产业集聚是在产业发展过程中，由相互关联的企业与机构在一定地域内集中分布所构成的产业群。基于产业集群的产业布局理论重在揭示产业空间集聚的内在机制，解释了产业选择在某一地区而非其他地区实现产业聚集的问题，同时阐述了产业集聚形成之后其对经济发展的积极效应。该理论除强调区域分工的重要性外，进一步强调了发挥区域内各种资源整合能力的作用，侧重对于导致产业集聚的向心力和离心力的理解，这对于从产业集群的角度研究产业布局具有重要价值。

3.1.2 创新地理学：科技布局的理论依据

20 世纪初，奥地利经济学家约瑟夫·熊彼特（Joseph A. Schumpeter）首次提出"创新理论"，认为创新是一种内部自行发生的过程，是一种创造性的破坏（Creative Destruction）。创新作为一种社会经济现象，发生在特定的时间与地点，与地域空间存在密切的联系。创新地理学是研究人类创新活动与地理环境关系的一门交叉学科，通过将创新研究与地理研究相结合，旨在探讨创新活动在地理空间上的分布状态及演变，是近些年兴起的学科（甄峰等，2001）。

自 1994 年玛丽安·弗里德曼（Maryann Feldman）提出创新地理学以来，该学科不断引起学者们的关注。2005 年，詹·弗格伯格（Jan Fager-berg）等人撰写的 *The Oxford Handbook of Innovation* 专门探讨了创新地理学。2013 年，龙开元出版《创新地理学：中国科技布局的理论与实践》，探讨了创新地理学在科技布局中的理论支撑和实践指导作用。同时，国内外学者从多方面就创新地理问题进行了广泛研究（邓羽和司月芳，2016），包括创新环境、创新生态及评价，创新活动及效应、创新地理测度，创新联系、创新网络及创新集群，多尺度的区域创新体系研究，创新、城市发展与规划等。

甄峰等（2001）、吕拉昌等（2016）探讨了创新地理学作为一门新兴学科应该包括的内容，甄峰等（2001）认为创新地理学的研究对象应该是创新（包括知识、技术、人才、信息等）的生产、分配、交换和消费在时空上的分布与组合及其在地理环境中的相互作用。吕拉昌等（2016）认为创新地理学主要包括五个方面的研究：① 创新要素的时空分布、特征、组合、集聚规律；② 创新活动的发生、发展及组织与管治；③ 创新活动空间特征与规律；④ 创新活动与地理环境的多尺度相互作用机制；⑤ 创新活动与区域效应与空间格局演变。总之，创新地理学需要研究人才、资本、技术、知识及信息等创新要素的区域分布及区域组合状态。该学科可以直接为知识产权区域布局提供理论支持。综合已有研究，从创新集聚、创新系统以及创新网络三个层面梳理创新地理学视角的科技布局理论依据。

（1）基于创新集聚的科技布局理论

集聚和分散是创新活动空间分布的两种基本形式，其构成了创新活动地理分布的两种相互矛盾的趋向，创新活动集聚程度的加强意味着创新活动分散程度的减弱（杨玲，2011）。创新活动空间集聚是一个复杂的过程，生产活动和社会资本等环境因素诱发了创新要素流动和聚集，创新投入要素聚集引致了创新产出的空间集聚（刘凤朝等，2011）。从环境到投入再到产出是一个逐步深入的传导过程，随着学者们研究的推进，上述因素逐渐进入政策制定者的视野，成为政府制定政策促进创新活动空间集聚，继而调整科技区域布局的着力点（王辑慈等，2005）。

在空间经济学的理论框架下，创新活动空间分布的演化与以下三个要素密切相关：一是创新活动集聚和历史偶然事件。同产业集聚一样，创新活动空间集聚的形成也是历史偶然事件、循环累积效应等机制共同作用的结果，而历史偶然事件是大多数创新活动集聚区形成的起点。在创新活动集聚的形成过程中，产业集聚、技术变革、创新环境等是较为重要的偶然性事件滋生条件。偶然事件发生后，在一系列关联效应作用下，创新活动的空间集聚发生自我强化或逐步瓦解的多重稳定均衡演化。二是创新活动空间分布演化中的向心力与离心力。知识更易于在区域内部流动，知识在区域之间的流动通常存在一定的衰减效应，这就降低了特定区域的知识创造成本，从而更易激发特定区域企业的创新行为，这个过程被称为知识流动的本地化效应。知识流动的本地化效应是促进创新活动空间集聚的向心力。知识存量的结构性必然引发对旧知识的路径依赖，继而阻碍新知识的产生，这种现象称为知识拥挤效应。知识拥挤效应是一种负外部性，它抑制创新活动高度集中地区的企业创新行为，是促使创新活动空间分散的离心力。三是创新活动空间分布演化过程中的突破点和持续点。在知识流动的本地化效应、知识拥挤效应、产品本地市场效应以及产品市场拥挤效应导致的向心力和离心力的作用下，表征"块状经济"的区域经济系统的空间经济模型呈现同传统"平滑经济"模型完全不同的特征，它表现为"非连续性、非单调性以及突发性，是非线性模型，在某种范围内呈现出线性特征，但是在特定范围内也可能显示出突变特征"。

综上，在产业集聚的基础上，创新活动的空间集聚由知识创造和流动相关的向心力和离心力共同作用决定，向心力和离心力的合力导致创新集聚的形成和演变。科技区域布局要综合考虑创新活动在地理层面向心力和离心力的较量。

（2）基于创新系统的科技布局理论

区域创新系统（Regional Innovation System）概念最早由菲利普·尼古拉斯·库克（Philip Nicholas Cooke）于 1992 年正式提出，他将区域创新系统定义为企业及其他机构经由以根植性为特征的制度环境系统地从事交互学习。此后，库克等（1996）进一步认为区域创新系统主要是由在地理上相互分工与关联的生产企业、研究机构和高等教育机构等构成的区域性组织体系，且这种体系支持并产生创新。区域创新系统一般建立在五个构成元素之上：一是区域，一个行政政治单位，具有某种文化和历史的同质性，并享有某种法定权力；二是创新；三是网络，可理解为基于信任、规范和契约的互惠且可靠的关系；四是学习过程，特别是在制度学习意义上的学习过程；五是相互作用，由正式的与非正式的联系和关系所推动（付淳宇，2015）。

从创新系统的构成要素来看，区域创新系统包括：创新主体要素，主要由企业、高等院校、科研机构、各类中介组织和地方政府五大主体构成；创新资源要素，包括人才、知识、专利、信息、资金等；创新功能要素，创新包括知识产生、扩散和应用等环节，相应地，区域创新系统可以区分为知识创新子系统、技术创新子系统、知识传播子系统和知识应用子系统；创新环境要素，包括体制、基础设施、社会文化心理和保障条件等（周柏翔等，2007）。区域创新系统运行过程中，要素与系统之间、要素与环境之间以及各要素之间进行知识、信息、资金与人员的交换，存在有机的相互联系和相互作用，使系统呈现出单个组成要素所不具备的功能（曲然，2005）。区域创新系统通过推动区域内的知识创新、技术创新、知识传播和知识应用，可以将科技与产业紧密结合起来，实现技术创新对经济增长的内在驱动，因此，区域创新系统可以通过对区域内各创新要素的协同整合，促进区域内产业的有效布局（彭灿，2003）。

综上，区域创新系统承担着把技术创新内化为区域经济增长动力的任务，区域创新系统理论对于理解科技创新活动与产业经济活动之间的互动关系至关重要。在科技区域布局战略中，区域创新系统可以根据区域科技资源特点和区域经济发展的需要选择适合的产业重点布局科技资源，培育形成具有创新优势的产业，从而有助于从系统内部协同和资源配置的角度把握科技区域布局的合理性。

综上，创新网络已经成为区域科技创新的重要组织形式，区域既可以通过创新网络充分挖掘和开发内部创新资源，又可以通过创新网络获取和利用外部资源。区域创新网络的生成与演化是营利部门（主要是企业）的自利行为和区域政策制定者（政府）的调控行为共同驱动的结果，受网络内部和外部机制的双重驱动。因此，政府部门在科技资源区域布局时一定要充分考虑不同区域在创新网络中的位置以及发展阶段，识别不同区域创新网络的驱动机制。

3.1.3 知识产权区域布局的理论启示

通过梳理经济地理学和创新地理学的相关理论文献，从比较优势、区位选择和产业集聚角度回顾了产业布局相关理论的形成与发展，从创新集聚、创新系统和创新网络角度回顾了科技布局相关理论的演化。其中，产业区域布局主要关注有形实体资源的布局，而科技区域布局则同时关注有形和无形资源的布局。知识产权活动作为科技和产业活动的组成部分，知识产权区域布局可以从以上理论中获得一定启示，用来指导区域层面知识产权布局工作的开展，主要包括知识产权空间分布启示、知识产权系统运行启示以及知识产权网络协同启示。

（1）区域知识产权空间分布启示

知识产权区域布局实际就是知识产权资源在区域层面的聚集和分散过程或状态。经济地理学和创新地理学为解释知识产权资源的聚集和分散提供了理论依据，知识产权区域布局受到各区域地理位置、知识生产报酬和规模效应等因素的影响。首先，知识产权资源在区域层面的集聚或分散取决于"向心力"和"离心力"的较量。因此，识别区域知识创造和运用活动中"向心力"和"离心力"的形成和作用结果对于调整和优化知识产权区域布局至关重要。其次，区域专有因素、特色产业集群的不同，使得区域创新体系建设过程是一个各地寻找创新空间和特色的过程。知识产权区域布局同样应该因地制宜，强调区域定位和功能特色。最后，应该把制度因素摆在突出的位置加以考虑，强调制度因素和治理安排对于知识的形成、利用和扩散的重要作用。政府在制度建设方面可以发挥积极的作用，推动合理的知识产权区域布局。

（2）区域知识产权系统运行启示

知识产权的区域布局是为了更好地将知识产权转化为产业发展的现实动力。因此，在知识产权区域布局中一定要从系统的角度关注区域内部科技与产业活动之间的运行关联。经济地理学和创新地理学相关理论都强调地理上的聚集带来的地方优势，是科技和产业区域布局的重要理论机制。已有理论也强调了在科技和产业聚集中发挥政府的作用，通过制定竞争规则和改革体制机制激发创新活力，促进科技集群和产业集群的形成。从区域创新系统角度而言，虽然网络和信息技术的发展对科技力量布局造成了一定影响，可以改变传统的科技布局态势。但是，这种改变并不会削弱科技和产业之间的紧密联系，相反，科技力量聚集与产业聚集在互动发展中将更进一步得到强化。知识产权区域布局同样如此，知识产权资源聚集如何与科技、产业、经济聚集产生互动协同至关重要，一个区域应该在对静态知识产权资源布局的基础上，强化知识产权资源与科技产业经济资源的运行关联，提升知识产权在区域发展中的引领作用。

（3）区域知识产权网络协同启示

创新系统强调了不同创新主体之间的社会交互，构成了创新系统的组织和空间结构，对知识产权创造和运用的空间布局产生重要影响。但与此同时，在网络化和全球化时代，区域创新网络的构建和运行对于知识产权区域布局至关重要。一方面，知识可以区分为显性知识和隐性知识，隐性知识是某个地理空间创新活动的关键决定因素。隐性知识不易清晰化和编码化，难以进行远距离的交换，因此依托于创新网络的社会学习过程对于创新愈发重要。另一方面，知识流动是引发知识产权区域布局的重要力量，知识流动的本地化效应是促进创新活动空间集聚的向心力，知识拥挤效应是促使创新活动空间分散的离心力。知识流动性是影响知识产权区域布局的重要因素。为了更好地从区域间协同视角把握知识产权区域布局，应该从宏观层面关注区域间创新网络的构建和运行，通过加强区域间知识产权活动的分工与合作，促进知识产权创造、运用、保护和管理等环节的跨区域耦合协同。

3.2 知识产权区域布局的空间结构模式

通过回顾知识产权区域布局相关理论，我们从理论上阐述了知识产权区域布局机制及其驱动因素，那么接下来更重要的问题是，知识产权区域布局会呈现什么样的结构，也就是知识产权区域布局的空间结构模式问题，因此，还需要从相关文献中梳理出有关区域空间结构的组成要素、典型模式及演进路径的理论依据。

3.2.1 知识产权区域布局空间结构的组成要素

知识产权区域布局在空间中应该呈现何种结构模式，是学者们和管理层关注的重点问题。已有研究从空间基本要素出发，广泛探讨了一般经济活动的区域空间结构模式。区域空间结构可理解为区域要素按照各自经济区位的要求，而形成的在空间范围内的分布和联结状态。区域经济学中将区域空间结构定义为区域经济要素和经济活动在区域空间内的相互作用和相互关系，以及反映这种关系的区域经济要素和经济活动的空间集聚规模和集聚形态（刘曙华，2012）。

区域空间结构主要由点、线和面三个基本要素组成。各种点、线、面在地理空间中的位置、分布形式和相互关系结合在一起构成点－点、点－线、点－面、线－线、线－面、面－面、点－线－面等不同的组合模式，从而形成区域经济空间结构。因此，区域经济空间结构要素的组合模式是指点、线、面三者相互关系及其组合形式。

点、线、面等空间要素之间的组合如表 3－1 所示。

表 3－1　点、线、面等空间要素之间的组合

要素及其组合	空间子系统	空间组合类型
点－点	节点系统	村镇系统、城市体系
点－线	经济枢纽系统	交通枢纽、工业枢纽
点－面	城市－区域系统	城镇聚集区、城市经济区
线－线	网络设施系统	交通通信网络、电力网络
线－面	产业区域系统	作物带、工矿带
面－面	宏观经济地域系统	基本经济区、经济地带
点－线－面	空间经济一体化系统	等级规模体系

点：指某些经济活动在地理空间上集聚而形成的点状分布形态。点具有明确的区位属性：一种是绝对区位，描述一个要素的点的精确位置，反映点状处于某个地理位置的数理特征；另一种是相对区位，指一个要素点与其他点的空间联系。

线：指某些经济活动在地理空间上集聚所呈现出的线状分布形态。线要素由点状要素组成，在具体空间中具有确定线段的交通线路、动力及水源供应线等都是线状要素，它是空间经济活动的基础和空间经济活动横向拓展的先决条件。

面：是指内部具有某种同质性而在空间上延展的地物，也称域面要素。域面是点和线要素存在的空间基础，具有确定的空间范围。在经济活动中，是指由区域内某些经济活动在地理空间上的集聚所表现出的面状分布状态。

区域经济空间结构在极化效应的作用下，首先表现为节点的集聚，随着聚集程度的不断加强，一些节点逐步成长为区域经济中心，区域经济中心再进一步聚集到一定规模时，扩散效应逐步彰显，经济中心向周边辐射经济能量。这一过程首先发生在交通沿线附近，形成沿着交通线的经济中心区，即形成具有经济意义的轴线。点与线的组合，形成更大的扩散效应，从而产生向面上的扩展效应，最终点、线、面三者交错融合，形成不同的空间结构。知识产权活动作为科技和产业活动的一部分，其区域布局空间结构很大程度上可以借鉴一般经济活动区域经济空间结构演变的规律，因此有必要梳理关于区域空间结构的一般理论模式。

3.2.2 知识产权区域布局空间结构的理论模式

现有经济学和地理学中关于区域布局空间结构模式的理论主要有增长极理论、点轴理论、核心－边缘理论、梯度推移理论以及网络布局理论（韩跃，2014），相应地，主要的布局模式包括增长极布局模式、点轴布局模式、核心－边缘布局模式、梯度推移布局模式以及网络布局模式。

（1）增长极布局模式

增长极理论由弗朗索瓦·佩鲁（Francois Perroux）在 1955 年提出，该理论认为在经济空间中，经济增长在不同产业部门不是均衡发展的，而是会率先出现在一定的部门或区域，即产生增长极。然后，增长极对所在区域具有极化效应和扩散效应。具体而言，在初期阶段，以极化效应为主，增长极吸引周边地区的各类要素向心集中。当增长极发展到一定规模后，扩散效应逐步增强并占据主导地位，将增长极的发展优势扩散到周边地区，推动区域经济由不平衡发展转向平衡发展。根据增长极理论，应该将产业布局在条件较好的空间节点，即把少数区位条件好的地区和少数竞争优势强的产业培育成为经济增长极，相对应的区域空间布局即为增长极布局模式。

（2）点轴布局模式

点轴开发理论是对增长极理论的延伸。"点"是指各级区域经济社会和资源要素的集聚点，也是区域发展的增长极和动力来源；"轴"是指一定方向上不同等级城镇体系沿交通干线形成的相对集聚的经济带，表现出对邻近地区较强的辐射力与吸引力。陆大道（2002）认为点轴开发是指从发达区域不同规模的经济中心（点）沿交通线路向不发达区域纵深推移，在经济发展过程中采取空间线性推进方式。根据点轴理论，产业首先集中在少数条件较好的城市发展，呈点状分布。随着经济的发展，产业点逐渐增多，点和点之间，各种交通道路，动力供应线、水源供应线等就发展起来，形成轴。轴线一经形成，其两侧地区的生产和生活条件就会得到改善，从而吸引其周边地区的人口、产业向轴线两侧集聚，并产生出新的产业点以布局相关产业。

（3）核心-边缘布局模式

核心-边缘理论是由约翰·弗里德曼（John Friedmann）于1966年在《区域发展政策》一书中提出，该理论认为任何空间经济系统均可分解为不同属性的核心区和外围区。创新往往是从核心区向外围地区进行扩散的。核心区是具有较高创新变革能力的地域社会组织子系统，外围区则是根据与核心区所处的依附关系，而由核心区决定的地域社会子系统。核心区与外围区已共同组成完整的空间系统，其中核心区在空间系统中居支配地位。核心-边缘理论试图解释两个区域从孤立无联系状态到依存依赖的过程，阐述了区域产业空间结构变化的集聚与扩散机制。根据核心-边缘理论的观点，经济活动空间结构形态呈现离散型、聚集型、扩散型和均衡型四种基本类型。

（4）梯度推移布局模式

梯度推移理论是由克鲁默（Krumme）和海特尔（Hayor）等学者在产品生命周期理论和区域周期理论的基础上提出。该理论认为，由于经济技术的发展是不平衡的，不同地区客观上存在经济技术发展水平的差异，即经济技术梯度，而产业的空间发展规律是从高梯度地区向低梯度地区推移。高梯度地区的主导部门通常处于创新和发展阶段，随着主导部门创新潜力的逐渐减弱，其逐渐在区域经济中失去主导地位，其所处的高梯度地区就开始逐步向低梯度地区转移（韩跃，2014；刘曙华，2012）。根据梯度推移理论，在进行产业布局时，要从各区域的现实梯度布局出发，优先发展高梯度地区，让有条件的高梯度地区优先发展新技术、新产品和新产业，然后再逐步从高梯度地区向中梯度和低梯度地区推移，从而逐步实现经济发展的相对均衡。

（5）网络布局模式

网络空间结构理论模式由魏后凯（1988）提出。网络是指一定区域内不同规模等级的节点与轴线之间经纬交织形成的区域经济系统。网络空间结构以扩散效应为主，极化效应为辅。当区域经济发展到高级阶段后，点轴系统中点与点之间，轴线与轴线之间的技术经济联系进一步加强，为了满足要素资源跨区域配置和区域市场向外拓展的需求，各点开始与周围的多个点发生联系。相应地，点与点之间纵横交错的多路径发展轴线也相互连接，形成具有不同层次、功能各异的供给网络。网络空间结构作为空间结构的高级形态，网络上的各点通过对周边区域辐射其经济能量，组织和带动整个区域的经济社会发展，从而构成分工合作、功能各异的点线面统一体，是实现空间一体化的必然选择。网络布局空间结构模式既可以提高区域内各节点间、各域面间，特别是节点与域面之间生产要素交流的广度和密度，使整个区域得到有效的开发，又可以通过网络的向外延伸，加强与区域外其他区域经济网络的联系，从而在更大的空间范围内调动更多的生产要素进行优化组合。

3.2.3 知识产权区域布局空间结构的演进路径

知识产权区域布局重点关注的是知识产权资源的空间特征，由于知识产权资源的特殊性，其空间特征主要表现为：知识的空间黏性，即知识特别是隐性知识具有非常强的空间黏性，本地化现象突出；知识的空间扩散效应，即区域边界和物理距离仍然是知识扩散的重要障碍；知识的空间溢出效应，即空间自相关和空间溢出的正外部性效应显著。基于以上特征，考虑到知识产权布局自身的特点，并依据以上区域空间结构理论模式，将知识产权资源的空间布局从时序特征上划分为四个阶段，分别为离散阶段、极化阶段、扩散阶段和成熟阶段，依次对应的布局模式为分散均衡式、中心 – 外围式、多中心组团式和网络式，如图 3 – 1所示。

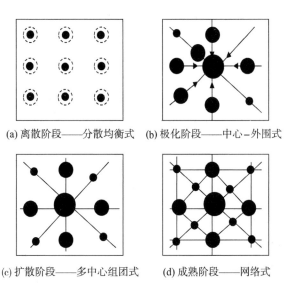

(a) 离散阶段——分散均衡式　(b) 极化阶段——中心–外围式

(c) 扩散阶段——多中心组团式　(d) 成熟阶段——网络式

图 3 – 1　知识产权资源布局发展阶段及布局模式

（1）分散均衡式

这个阶段是知识产权资源布局的发展初期，对应于自给自足、以农业为主导产业的自然经济社会形态。这个阶段科技发展落后，科技应用于生产的能力很低，科技和产业处于分离状态，知识产权也属于自然生成阶段。这种布局模式的表现形式：第一，知识产权资源配置主要受自然资源和地理环境作用，知识产权资源的地理分布差异主要取决于自然环境的适应性，知识产权作为生产的一种独立活动还未出现；第二，科技知识的生产与传播主要以师徒传承形式为主，知识生产能力低、知识的流动性较低，知识产权活动相对孤立；第三，科技聚集规模效益低下，知识产权资源极化机制不明显，相互扩散机制尚未形成。

（2）中心－外围式

随着社会生产的发展，科技在经济发展中的作用日益凸显，科技在空间上的极化作用与扩散力量对比取得了优势，科技开始向某个具有优势的地区或部门聚集，与此同时，知识产权资源也开始呈现聚集的趋势。经历了科技的积累期、快速增长期后，特定地区形成科技的增长极核，即知识产权资源布局的中心－外围模式。中心区域以城市中的科研院所和大学为聚焦点，形成了以核心知识产权布局为主导的产业附属结构模式，这种形式是目前科技资源布局空间形态的主要形式。各种大学产业园的兴起是其产业化作用的典型形式。这方面的研究成果较多，可以用循环累积因果作用效应、外部性和新竞争经济学阐释科技聚集的外部效果。在该时期，特定区域形成知识产权增长极，其他区域附属知识产权增长极而从事知识产权活动。

（3）多中心组团式

科技资源的空间聚集并不是无限制的，其受聚集成本的加大和边际收益递减的影响，因此，知识产权资源的聚集性也受到一定制约。当知识产权聚集边际收益小于聚集边际成本时，将出现聚集的效益递增向效益递减过渡，科技聚核区"饱和"，然后就会出现科技力量的"外溢"。此时，知识产权的扩散机制日渐成熟，并逐步成为区域知识产权资源空间布局的主要推动力。在这种情况下，知识产权资源开始由极核中心向四周地区扩散。新的知识产权活动中心联结原有的知识产权活动中心，知识产权活动由中心向四周扩散，形成知识产权活动的多中心组团式布局形式。

（4）网络式

在高度信息化和网络化的技术条件下，知识产权布局将逐步跨越空间障碍，区域各中心之间相互作用加强，知识产权空间分布向均衡化方向发展，因此，相应的知识产权资源也在空间呈现均衡分布的趋势。在扩散机制的作用下，知识产权资源空间分布完全网络化，呈现布局的高级形态。这时，极化和扩散进入动态平衡阶段，整个区域通过完善发达的节点体系、纵横交织的创新网络带来整个区域的全面发展。科技经济一体化程度达到一个新的高度，区域各中心相互作用增强，知识产权活动均衡化分布。

3.3　知识产权区域布局的调整机制

如何实现知识产权区域布局模式的调整和优化是知识产权区域布局工作关注的重点。知识产权区域布局调整就是要以布局目标为导向，优化知识产权资源在不同区域和产业的配置。其中，最为核心的是知识产权资源配置调整的机制问题，即各区域在不同产业主要是通过直接的政策干预实现知识产权资源配置，还是通过营造良好市场环境，通过制度安排让市场在资源配置中发挥决定作用，实现知识产权区域布局的根本性转变（肖泽磊，2010；孙景翠，2011）。只有识别出不同区域的知识产权资源配置机制，才能确定政府部门出台何种政策优化区域知识产权资源配置，进而识别知识产权资源区域配置优化的政策实现路径。

3.3.1　知识产权区域布局调整的市场机制

知识产权资源区域布局调整的市场机制是指让市场在知识产权资源配置中发挥决定作用，以布局目标为导向，实现知识产权生产、传播、应用和交易的市场化，优化知识产权资源分配与使用效率。

市场机制是指市场的各个要素（包括价格、供求、竞争等）之间互相联系、互相制约、各自发挥功能、又共同发挥功能的有机联系。市场的各种要素通过相互联系和作用统一构成市场机制。具体而言，知识产权资源配置优化的市场机制包括供求机制、价格机制和竞争机制等多种相互作用的机制。多种机制相互作用，校正知识产权活动参与者——生产者、使用者和中介服务机构等的行为，引导知识产权资源配置。通过市场机制调节使知识产权活动不断向合理化方向演进，知识产权资源向价值创造和财富增值最大化的方向流动。

（1）知识产权区域布局调整的供求机制

知识产权区域布局调整或重新配置，是充分运用供求机制实现资源配置效率最大化。供求机制使创新主体知识产权资源的供给情况和企业对不同知识的需求情况得到全面而及时的反映，避免因供求信息不畅造成供求不均衡，即一方面知识产权资源闲置与浪费，另一方面大量知识产权资源需求得不到满足，以用户需求为导向可以对知识产权资源配置进行优化调节。

知识产权区域布局调整必须能够满足区域创新主体对知识产权资源运用的需求状况。从布局优化的结果来看，满足区域创新主体知识产权需求的程度越高，知识产权区域布局的合理化程度就越高；反之，就越低。如果区域创新主体的知识产权需求表现为规模和范围上的满足，那么有效的知识产权资源配置就应该能提供尽可能丰富的知识产权资源以满足经济社会发展的需要。如果区域创新主体的知识产权需求不仅体现在数量上还表现在知识产权的质量和结构上，有效的知识产权资源配置就应当能够提供与区域需求相匹配的质量和结构的知识产权资源。

在知识产权区域布局调整中，人力资源或者人力资本的供给机制是关键。广义上而言，人力资本是最重要的产权化知识，或者说是核心的知识产权；狭义上而言，人力资本是知识产权生产、应用和扩散等区域布局活动的核心驱动因子。从这个意义上而言，知识产权区域布局目标的实现是人才资本的优化配置，基于供需关系的人才资本流动将会主导资金、知识的流向和流量。在知识产权创造和生产密集的科技领域，人力资本供给的数量、结构、产业、区域和学科等方面对知识产权区域布局具有重要影响，同时这种作用机制还将受到国家科技发展政策、经济发展状况、对外关系和产业政策，以及人事制度改革等方面影响。人力资本供给和需求的区域结构是知识产权区域布局调整的主要动力之源。

（2）知识产权区域布局调整的价格机制

价格机制是市场机制的核心。价格机制是指在市场竞争的供求关系中市场价格的形成和运行机制。运用价格机制调整知识产权区域布局，可以有效地引导知识产权资源的流向和流量，使知识产权资源的区域配置更加合理、更有效率。在价格机制的作用下，知识产权资源的利用效率更高，具有资源需求的区域可以利用知识产权资源获取更多的效益，同时也需要支付更高的知识产权资源投入成本。就某一个特定区域而言，教育科研资源投入—知识经济活动产出—知识产权化产品产出—知识产权经济价值实现—教育科研资源再投入是一个循环往复的连续动态变化过程。在知识产权资源动态循环过程中，知识资源会在价格的调节作用下流向效率与效益较高的区域和产业，从而实现知识产权区域布局的调整和优化。

信息是影响价值机制实现的重要因素，信息成本是经济活动中成本价格形成的重要组成部分。信息成本的形成主要由两方面决定：一是信息的不完全。知识产权本身具有新颖性和创造性，知识产权创造和应用主体对其过去、现在、未来，特别是对未来都存在一些不知道、不掌握、不了解的事物或问题，有可能在价格决策中出现错误。二是信息不对称。知识产权创造主体或者应用主体，彼此拥有但对方没有的关于专利或者商标等知识产权相关信息。掌握信息充分的主体或者区域，往往处于比较有利的地位；而掌握信息贫乏的主体或者区域，一般处于不利地位。不对称信息可能导致逆向选择（Adverse Selection）。一般而言，知识产权创造者比应用者拥有更多关于知识产权交易的信息，在价格形成中更具有优势，但反例也可能存在。

（3）知识产权区域布局调整的竞争机制

竞争机制是市场经济活动的重要机制。一般而言，知识以及产生知识的科学研究活动是公共物品，其消费具有非排他性和非竞争性特征。作为公共物品的知识难以有效通过市场机制由企业和个人来提供，主要由政府来提供。然而，知识产权或者产权化的知识已经明确界定了产权，虽然知识的非竞争性和非排他性特征仍然存在，但是产权的私有性已经显现。为此，传统计划经济时代以政府行政指令主导知识产权资源区域配置的方式并不能完全适应市场经济条件的资源配置。有序竞争、遵纪守法和诚信的市场行为有助于提高知识产权资源配置效率。

运用竞争机制调整知识产权区域布局，可以最大化知识产品的创造与应用效益。在有序市场竞争机制下，知识产权拥有者以及知识产权产品生产经营者需要慎重考虑产品的投入产出问题，尽可能地降低各类成本，并主动对知识产权产品进行宣传和营销，以提高销售业绩、增加市场利润。竞争机制有利于加强创新主体的产权化知识消费竞争，可以有效地促进知识产权资源的合理使用和配置效率，满足其对知识增值目标的追求。

（4）知识产权区域布局调整的聚集机制

对于区域布局问题而言，聚集是一种最普遍的现象，同时也是一种高效率的市场机制。随着市场经济体制的不断完善，产业聚集研究逐步成为学术界的特点议题，并扩展到了其他类型的集群和产业发展问题。与此同时，信息通信技术的发展和进步将产业集群扩展到了产业集群活动的地理空间，成为全球化环境中的重要节点。

集群中企业聚集在一起，实现了彼此之间的资产互补，克服了市场壁垒，取得了协作经济效应，分散了创新风险。从知识产权方面而言，企业聚集为彼此之间的创新获得了互补技术，并从知识联盟中获得收益。通过加快企业之间的学习过程，降低交易成本，达到了科技创新领域的合作效应，企业的经济聚集促进了知识产权活动的聚集。同时，知识产权资源在特定区域或者产业的聚集又促进了企业组织之间的聚集，若干大学科技园和高新技术园区就是主要证据。知识生产机构（大学、研究机构和工程设计公司）、中介机构（经纪人和咨询顾问）和客户通过知识流动相互联系而形成网络，丰富了聚集价值链的内涵。

知识产权区域布局调整包括多方面的成本因子，例如科技成果交易成本、知识信息搜寻成本以及科技创新资源流动成本等。聚集的形成，使得各种市场主体集中于某一区域，或者产业价值链的一个环节，同时加快了辅助产业价值链的整合与集成，使得这些主体之间的科技成果转化成本降低和信息成本的减少。产权化科技成果转化成本是目前制约知识产权产业化应用的一个关键因素，在科技成果转化中介环节缺失、效率低下、或者缺乏足够沟通的情况下，聚集使得他们之间的信任感增强，同时基于网络技术的知识联盟通过风险共担，进一步降低了科技创新风险成本。

3.3.2　知识产权区域布局调整的行政机制

市场调节是经济规律自发起作用的过程和表现，市场对资源的配置能及时、灵活地反映市场供求变化，传递供求信息，实现资源合理配置。应该看到，运用市场机制进行知识产权资源区域布局时也存在失灵现象，具体原因就包括信息不对称、外部性等。为了保证知识产权资源配置的有序进行，解决公共资源建设和市场无效的问题，政府必须建立完善的市场秩序和制度环境，通过有效的政府调控来弥补市场失灵，提高知识产权资源配置效率。

（1）知识产权布局调整的行政决策机制

本质上而言，行政决策机制是经济体制运行的关键。各种经济体制都可看成是一个金字塔式的自上而下结构，各个经济单位处在决策的不同层次，处于较高层次的单位拥有比较低层次的单位更大的权力。这就出现了行政决策机制是分权还是集权的划分，分权式的决策机制是较高层次决策单位把决策权授予给其所属的较低层次单位，集权式的决策机制是较高层次决策单位不分权，将决策权集中在金字塔的上端。市场机制属于分散式或者分权决策，各种参与主体根据自身掌握的信息自行决策，而行政决策则是集中式决策，由政府部门根据自身掌握的权力和利益最大化的需求进行决策。

集权式的决策机制对于知识产权区域布局具有一定的现实意义。中央政府作为高层级的决策机构可以集中整个科技、教育和产业范围内的各种资源和信息，对决策结果的成本和收益进行长期估计，可以将各类资源的经济和非经济外部性内部化，集中稀缺资源和力量在关键技术和共性技术领域实现突破，迅速实现知识产权布局的重大转变。同时也应该看到，集权式决策机制也存在一定的风险，政府可以直接干预基础研究和部分科技资源的区域布局，进而影响知识产权创造的区域布局，但是由于信息不完全和市场的高度不确定性，知识产权转化和应用还要依赖市场机制的建立和完善，过度依赖行政机制，难以实现企业等微观主体对于知识产权的需求。

（2）知识产权布局调整的行政激励机制

激励机制包括产权激励、市场激励、政府激励和企业激励四个方面。其中，产权激励和政府激励在属于行政调控的范畴之内。由于知识产权活动正外部性明显，知识产权活动所得到的社会收益会远大于私人收益，极易出现"搭便车"现象，会抑制创新主体的积极性。因此，通过建立有效的产权尤其是知识产权制度，提高各个行为主体的积极性，从而使知识产权资源配置效率得以提高。同时，政府还制定和实施相应的政策，用经济手段对创新者予以激励，例如税收优惠政策、信贷政策以及价格政策等。政府通过产权制度和政策措施来对知识产权资源的配置进行调控，以形成长效的激励机制。

此外，政府还通过法律法规与政策措施来保证主体开展公开、公正、有序的竞争，以及尽量减轻风险对社会所造成的冲击。政府要通过立法来建立市场秩序和规则，完善知识产权保护制度，协调各个配置主体之间的关系。应设定有效的保障机制以分散和化解创新风险，使各个行为主体能积极共享创新资源并进行广泛的合作，以提高知识产权资源的配置效率，实现知识产权资源的优化配置。

（3）知识产权布局调整的行政协调机制

知识产权资源配置各个主体进行合作与资源共享的直接动因即是利益问题，它关系到知识产权活动能否持续进行。随着科技水平的不断提高，知识产权活动单靠某个单一主体已无法顺利进行，这就需要各个领域、多种学科间进行适当的分工与协作。这样的融合与协作一是靠市场激励，二是靠政府协调。市场在资源配置过程可能会出现失灵现象，政府可以运用各种政策措施对资源要素进行利益调节，弥补市场失灵。具体而言，政府可以在知识产权活动各个阶段建立相应的利益协调与补偿机制，以平衡各个行为主体的利益，促使各种知识产权资源在创新主体之间进行高效流动与共享。

除直接的利益关系协调之外，对创新环境与创新机制公共服务的塑造与培育是政府抑制外部的重要举措。一方面，政府应完善各类基础设施建设，进行知识产权资源配置的物力与信息平台建设，加强对知识产权活动各个环节等的投资支持；另一方面，知识产权政策的制定应立足平衡知识产权资源供求之间的关系；知识产权活动各个环节政策应适时调整，以充分发挥政策的宏观引导功能。尤其在培育和发展知识产权活动市场组织上，要充分发挥政府的引导作用，透过市场向知识产权活动主体提供信息、资金及各项服务。

3.3.3 知识产权区域布局调整的制度安排

（1）知识产权区域布局调整的产权制度安排

产权制度安排与知识产权区域布局之间存在相互作用关系。就我国目前状况来看，所有制问题也就是产权问题，依然是经济体制改革的核心问题。在公有制为特征的计划经济条件下，国家可以集中大量人力、物力和财力进行大型科技攻关、重点项目研发和大量基础研究。这在计划经济体制条件下曾发挥了举足轻重的作用。随着科学技术的进步和社会经济的发展,传统的单一产权结构发生了变化,国家集中有限的资源进行基础科学研究,而将大量科技活动推向社会,这也是发达国家的一贯做法。总之,所有制形式同知识产权布局之间并无严格匹配关系,但是科技领域应该随着产权结构变化作出相应调整。其实质就是国家、私人和市场之间的合理定位。

同时,知识产权本质上是一种产权制度,是关于专有权授予或权利确立的一系列法律程序。知识产权制度的核心是专有权的归属问题,即授予权利人对其所取得的发明创造、商标、计算机软件等拥有所有权、实施权和转让权。知识产权专有权归属的界定,限制了权利人以外的任何人未经权利人许可,不得使用或实施其专有权,否则就属于侵犯专有权人权利的行为。这种权利归属是知识产权制度的一般性。

虽然在国家层面上,无论是宏观的以公有制为主体、多种所有制经济共同发展的基本经济制度,还是知识产权领域的统一的产权保护法律和法规,但是各个区域在这两个都存在显著的差异。有些地区公有制经济成分比较高,而有些地区私营经济更发达。在国家整体的知识产权法律框架下,各地区均制定了本地区范围内适用的知识产权制度安排。这些均会在不同程度上影响知识产权区域布局。

(2) 知识产权区域布局调整的开放制度安排

虽然开放本身不是通过一项法律进行确定和安排,但是不可否认,开放是一个国家最根本的制度安排,体现在经济社会生活的方方面面。开放政策的实施、加入世界一体化的历史潮流,不可逆转。在开放的国际国内环境下,知识产权区域布局可能发生翻天覆地的变化。国家的开放战略调整和区域的开放程度变化都将在一定程度上影响知识产权区域布局调整。

第一,在科技经济全球化进程不断加快的背景下,我国加入世界贸易组织（WTO）进一步扩大了国际科技合作和交流的范围，进一步拓展了合作领域，开放的科技和产业发展遇到了前所未有的大好机遇。跨国公司投资的区位选择直接影响或改变着我国知识产权活动的空间分布，我们要充分利用创新资源在全球范围内快速转移这一历史契机，加入跨国公司全球生产和研发体系，通过高端资源的引进，优化我国的知识产权资源布局。开放因素下的知识产权活动主体流动更加广泛，既包括国外科技人员的流入，也包括国内科技人员的流出，这为知识产权布局优化提出了新挑战。

第二，开放因素为发达国家的"以技术换市场"战略提供了机遇，特别是西方一些高新技术企业、大学和科研机构在发展中国家创办技术开发机构，实现企业技术创新活动的资本化和国际化。这种技术流动带来了全球知识产权资源的重新分布。区域知识产权发展需要逐步摆脱单纯技术性取向的知识产权工作部署方式，从追求单项技术成果或者单项技术专利向追求技术集成和整合方向转变，加强本地区相关技术的配套集成与产品创新，以提高战略性产业或产品的国际竞争力。区域知识产权战略需要集中力量选择具有一定优势和潜力、对国民经济和社会发展具有战略影响的领域实现技术跨越。

第三，开放制度的安排使得国家创新体系更加国际化，对于中国这样的发展中国家意义非凡。目前，中国科技发展战略正在逐步从跟踪模仿向自主创新转变，而自主知识产权是自主创新的核心。深化经济科技体制机制改革，推进国家层面的教育、科技和经济资源再配置，是实现自主创新和自主知识产权的重要途径。为此，不仅需要在微观层面上对企业和科研机构进行改革，还需要打破部门和地方的"条""块"界限，从宏观层面上重新架构部门之间、区域之间、科技与产业之间的关系，实现知识产权资源的宏观配置。政府对知识产权的管理需要从微观管理向宏观管理转变，从以计划和项目管理为主转向以政策和营造环境为主，服务自主创新战略实施的大局。

（3）知识产权区域布局调整的网络制度安排

互联网作为一种新的技术、载体、社会形态对于整个社会发展的影响深远。实际上，互联网已经不仅仅是一种新的技术变革，更是一种制度安排。一方面，互联网技术将整个社会网络系统进行了联通，但是社会网络系统之间是否联通不仅仅取决于技术，还取决于网络制度安排，例如滴滴出行等互联网技术实现了车联网和人车联网，但是其合法化是一个制度化的过程；另一方面，互联网技术是实现网络制度安排的有效手段和方法，例如国家对于证券交易市场的制度安排是典型的买卖网络制度安排，互联网技术有效地实现了这种制度安排的效用最大化。

第一，网络制度安排拓展了知识产权区域布局聚集与分散的内涵。传统的知识产权区域布局聚集或者分散通常体现在地理区位、产业部门或者学科领域方面，这种聚集我们可以称为显性聚集或分散，通常可以通过有形的指标来反映。互联网技术和网络制度安排的出现从时间成本、信息成本和交易成本三个方面降低了知识产权资源和活动聚集与分散成本，从而使得聚集与分散超越了空间距离、产业距离和学科差距的限制，使得聚集与分散变得更加隐蔽和无形，同时强化了聚集或者分散程度。

第二，在网络制度安排下可能出现新的知识产权区域布局模式。虚拟社会形态同现实社会的融合，使得知识产权区域布局模式产生了一种新的形态，那就是虚拟网络布局模式。通过网络信息通信设施，将各个高校、研究院所和其他科技资源连接起来，构成一个虚拟的科技资源模式，跨越空间和成本约束，成为一种作用力量大、使用方便的新布局形式。互联网上有极其丰富的科技资源，有最新的文献、数据、图表、计算机软件以及天文观测照片等。网络资源的全球共享，使知识产权活动能够在全球范围内集成，知识产权活动的空间障碍被逐步铲平。知识和技术的交易也已经完全脱离了实体市场，完全依赖于网上市场。

第三，知识产权活动管理平台网络化，使得科技项目申请、科技成果评价、科技成果转化、科技成果交换，以及科技人才的租赁成为可能，从而改变了国家或者区域的科技管理活动，提高了管理效率。通过电子邮件、网络会议、网上聊天等交流方式，科研人员可以在科技活动过程中进行交流、展开讨论，及时获得有用信息以及发布科技活动的进展信息，从而达到科技活动的网上协作和合作研究，各种虚拟网络研究同盟正在科研领域产生深刻影响，"不为所有，但求所用"的新科技发展观，使得科技人才、成果的使用率大大提高，并且降低了科研的技术风险和研发成本，避免了低效的重复建设。虚拟科技孵化网络就是利用网络技术搭建的孵化平台，它突破了实体孵化器物理空间的局限，使城市或区域成为一个大孵化器，知识产权活动的空间组织形式由此发生重大变化。

第四，新的网络制度安排出现也可能存在大量的负向效应。人们对互联网的使用不受时空的制约，有些甚至可能避开国家和地方法律的直接管理和控制，容易被一些人用来进行某些非法活动。互联网上大量信息和服务被任意免费使用也会引起有关知识产权保护问题，要注意尊重别人的智力成果，不可剽窃他人成果。

第 4 章

中国知识产权区域布局问题生成的国际环境

中国知识产权区域布局问题在中国改革开放和全球经济一体化的背景下生成，并成为中国改革开放的重要组成部分和全球经济一体化的推动力量。本章以全球经济一体化为背景，分析全球创新网络形成对知识产权资源流动和活动组织的影响；研究创新驱动发展条件下知识产权区域布局与区域经济治理的关系；从产业跨国转移视角分析中等收入陷阱的生成原因，论述知识产权区域布局优化对后发国家跨越中等收入陷阱的现实意义。

4.1 全球经济一体化条件下的区域发展

20 世纪末以来，以互联网为技术支撑，以跨国公司为组织载体的经济全球化进程不断突破国家的地理边界，深刻冲击着传统的全球经济治理框架和资源配置机制。然而，资源的跨国流动并没有带来创新和财富在全球空间的匀质化分布，与此相反，高端创新资源向特定区域聚集的趋势增强，一些富集了创新资源优势和环境优势的地区培育出特色鲜明的创新集群和产业集群，成为区域经济的新增长点，不仅推动了区域乃至全球产业结构的升级和发展模式的转型，也引领着全球创新分工的形成和经济活动空间格局的重构。

4.1.1　全球经济一体化条件下的创新资源配置

（1）全球经济一体化的发展趋势

全球经济一体化是指以商品、服务、资本和技术的跨国流动为表现形式，以各国的经济运行体制和管理机制相互接轨为驱动的各国经济相互影响、相互依赖的发展过程。各国经济运行体制和规则的接轨是全球经济一体化的原动力。20 世纪中叶以来，后发国家纷纷启动了工业化和城市化进程，越来越多的国家向市场经济体制过渡，从而打破了制约要素跨国流动和资源全球配置的制度藩篱，为各国参与全球经济铺平了道路。从这种意义上说，全球经济一体化是全球经济运行的体制与机制市场化的过程。在全球经济一体化和科学技术进步的双重推动下，国家和区域分工的形式发生了根本性变化。以自然资源为基础的分工逐步发展为以现代工艺和技术为基础的分工，分工的形式也从以垂直分工为主向以水平分工为主发展。区域创新体系、国家创新体系以及创新生态系统等创新组织形式与运行机制出现不仅深化了创新活动的区域分工，更促进了创新资源的跨国流动以及创新组织的融合与互动。

世界范围内科技和产业分工体系的重建，使全球生产网络得以形成，全球创新网络应运而生。各国成为世界生产网络的一部分和创新网络的重要参与者，成为全球价值体系的建设者、共享者。因此，有效嵌入全球生产体系和创新网络是后发国家抓住全球经济一体化的历史机遇，实现跨越发展的重要举措。应该看到，后发国家对全球生产体系和创新网络的嵌入不是一个自然而然的过程，而是一个自我调整、主动适应、融合升级的过程，这其中国内生产力布局和知识产权布局的优化调整是重要一环。因此，对于已经嵌入或准备嵌入全球创新网络的国家和地区来说，系统研究全球经济一体化条件下创新资源流动和分布的规律，顺应全球创新活动组织变革的趋势，建立适应全球化发展需求的创新资源配置机制和组织模式是后发追赶策略设计的核心所在。

（2）全球经济一体化条件下创新资源配置机制变革

全球化条件下创新资源配置变革突出体现在资源配置机制方面。20世纪下半叶以来，受到新技术革命和市场化进程的双重推动，科技和经济资源的配置机制发生了根本性变化。后发国家的经济体制向市场经济体制转型，推动了本国创新资源的市场化配置，也在体制机制层面实现了与发达国家的接轨，对外开放政策的实施则使大量国外的创新资源进入本国，开启了创新活动国际化的进程。随着科学技术活动复杂性的提高以及网络技术在经济社会各个领域的广泛应用，一些新的创新组织形式大量涌现，技术联盟、虚拟研发、创新网络以及创新生态系统等应运而生，使创新活动突破了企业、大学、研究机构等传统组织的刚性界面，得以在区域、国家乃至全球的范围内进行组织和协调，区域和国家成为创新活动的重要组织载体。区域创新体系和国家创新体系的构建、完善和功能实现成为各国和各区域通过技术创新提升竞争力的重要制度安排。

全球经济一体化使发展中国家外部技术获取的渠道得到空前拓展，各发展中国家纷纷加快科技和经济体制改革，试图通过将本国的科技和经济体系与国际对接，有效吸纳外部创新资源，从而实现跨越式发展。应该看到，发展中国家融入全球化的进程并非一帆风顺。部分发展中国家试图通过创新政策的简单移植引导本国的创新体系建设，进而在短期内实现技术追赶乃至技术超越。然而，严峻的发展现实是，在后发国家的创新激励政策越来越接近发达国家的创新激励政策的同时，两者的创新差距不仅没有明显缩小，在有些国家反而出现差距持续拉大的趋势，部分后发国家由此陷入政策模仿"陷阱"。各国的发展实践证明，发达国家的国家创新体系建设和运行是以完善的市场经济体系为条件的，在市场经济体制尚不完善的条件下仅靠政策层面的简单模仿，难以实现后发追赶的预期目标。因此，借鉴国际已有的改革经验，基于本国的具体国情，持续地开展体制机制改革和创新，建立完善的创新资源配置和创新活动组织机制是发展中国家接轨国际，实现技术追赶的关键。

（3）全球经济一体化条件下创新资源空间配置格局重组

全球科技和经济资源配置机制的变革带来创新资源空间配置格局重组。首先，科技和经济资源跨国流动的集成模式发生了重大变化。传统以资本流动带动技术流动和人才流动的模式已经逐步被技术流动、人才流动引导资本流动的模式所取代，以技术和人才为核心载体的创新资源的配置引领全球经济资源的配置方向。其次，那些建立了完备的市场经济体制的地区和国家形成资源"黏性"，不断地吸附和整合高速流动的创新资源，进而为本地经济服务或通过对外辐射带动周边区域乃至全球经济发展，那些资源黏性高的地区成为全球或区域科技创新中心和知识产权中心。最后，随着高端创新资源跨国流动速度的加快，科技要素在全球范围内加速整合与重组，科技和产业的结合愈加紧密，创新活动和高技术产业向少数区域集中的现象与日俱增。全球创新活动越来越集聚在少数地理区位优越、创新环境优良的地区；这些地区在创新地图上犹如"钉子"般高高凸起（The Spiky World of Innovation），成为全球创新网络中的重要节点；而其他广大地区则被置于全球创新网络之外，成为创新活动的边缘区甚至荒漠区。

4.1.2　全球经济一体化条件下的创新组织变革

（1）创新网络的形成与演化

创新网络有广义和狭义之分。广义的创新网络包括技术创新网络、产业集群、技术联盟等。狭义的创新网络主要指技术创新网络。刘兰剑和司春林（2009）从管理过程角度对技术创新网络进行了定义：技术创新网络是由多家企业及相关组织组成的，以产品或工艺创新及其产业化为目标，以知识共享为基础，以现代通信技术为支撑、松散耦合的动态开放系统。党兴华和郑登攀（2011）分析了技术创新网络与产业联盟、技术联盟、产业（企业）集群、虚拟企业等的区别，并探讨了技术创新网络的类型以及形成机理，在此基础上提出技术创新网络的定义方案。技术创新网络是为了应对系统型技术创新中的不确定性和复杂性，由具有互补性资源的参与者通过正式或非正式合作技术创新关系连接形成的网络组织。从知识产权区域布局视角研究创新网络更多的是在广义的框架下使用创新网络的概念。

全球创新网络是在全球经济一体化背景下，企业以及大学、研究机构由封闭式、独立式创新走向开放式、合作式创新的一种新的创新组织模式。全球创新网络的形成有助于企业在全球范围内整合创新资源，组织创新活动，进而提升创新效率，也能有效促进大学、研究机构的科研成果向生产力转化。从区域或国家的角度来看，全球创新网络的形成为特定区域或国家的创新体系（网络）国际化拓展提供了载体和契机。

（2）创新生态系统的出现与发展

进入 21 世纪以来，世界经济进入到第五次长波的下行阶段，技术经济范式开始发生重大转变。在科技进步的动力结构上，交叉融合成为主导因素，体现出技术进化的群落演替和系统涨落特征；在科技推动产业变革上，体现出制造技术的智能化、生产组织的网络化、价值创造的服务化、能源产消的分散化、消费理念的绿色化的趋势，基于技术与服务协同创新之上的共享型经济迅速崛起。创新的系统范式从工程化、机械型走向生态化、有机型（李万等，2014）。创新生态系统作为一种新的创新组织形式得到蓬勃发展。企业创新生态是由平台旗舰级企业、多类型合作伙伴及其生存环境构成的以平台为基础、以创新为中心、以用户为导向的社会系统，例如华为的智能制造和轮值 CEO 制度、比亚迪的新能源技术和平台供应商系统、阿里巴巴的云计算技术和电子商务生态系统等。创新生态系统的组织运行具有跨组织、跨区域乃至跨国家的内涵，为创新资源的区域或全球配置和共享提供了新的机制。创新生态系统的形成和发展不仅加强了企业和企业之间、企业和公共研发机构之间的合作，而且在一定程度上改变了整个价值链的竞争模式。传统的以企业个体为基本竞争单元的市场竞争模式被以企业群落为基本竞争单元的模式所取代。创新活动的治理模式进入一个新的发展阶段。

（3）创新网络及创新生态系统的区域特征

从企业组织到创新网络再到创新生态系统的演化不仅是创新组织机制的深刻变革，其中还伴随创新组织地域特征的进化。地理根植性是区域创新网络和创新生态系统的基本特征。理论研究和实践发展均证明，基于互联网的创新链接并没有取代甚至削弱基于地理邻近的创新链接。地理邻近的创新组织更便于开展面对面的交流，地理邻近是关系邻近、技术邻近的基础，因此，本地创新链接是跨区域的创新网络或创新生态系统形成的基础。尤其是创新资源富集程度高、产业基础好、创新激励政策有效的区域，其创新综合环境优于其他地区，更容易使区域内的创新组织形成创新共识，并开展创新合作，从而形成基于地理邻近的创新网络。硅谷之所以成为全球创新创业的典范，与当地大学有效的人才和知识供给、政府的环境营造和服务提供、社会文化的包容与激励以及基础设施的强有力保障密切相关。

从上述分析可以看出，无论从产业集群形成、创新体系建设，还是从企业联盟建立、创新生态系统演化的角度来看，在特定的文化背景和创新基础条件下形成的本地创新链接是跨区域、跨国链接的基础。任何具有跨国或全球意义的创新网络无不带有其所根植区域的文化印记和精神气质。创新组织根植区域的综合环境条件决定了基于该区域所形成的创新网络的发展质量和成长空间，即它能以多大的影响力和持续力去引领、带动周边地区乃至全球的创新和产业发展。上述发展现实对各国创新活动的区域治理提出全新命题。传统的以区域利益为目标，以政府政策为基本工具的治理模式已经难以适应区域发展的需求。必须在全球创新治理机制变革的背景下，从各种机制多元互补、多主体共同参与、多目标兼容协调的角度探索区域创新治理实现方案。

4.1.3 创新驱动与区域发展转型

（1）创新驱动成为世界各国和区域转型发展的关键举措

20 世纪中叶以来尤其是冷战时代的结束，人类社会进入以和平发展为主题的时代。世界各国在不同的发展起点上积极探索国家现代化的实现路径，形成了三种具有典型意义的路径模式。一是以中东产油国为代表的国家，主要依靠丰富的自然资源实现了国民财富的创造。这类国家虽然顺利跨入了高收入国家的行列，但并没有解决有限的石油资源枯竭后经济可持续发展的动力问题。二是以拉美国家为代表，主要依附发达国家资本、技术的大量进入，凭借自身的劳动力优势，成为发达国家的加工制造基地。由于本国的技术基础没有得到根本改造，产业结构升级面临重重障碍，经济发展大起大落，社会矛盾加剧，最终无一例外地陷入"中等收入陷阱"。三是以美国为代表的发达国家，把科技创新作为经济发展和国家强盛之本，通过区域和国家创新体系建设，打造良好的创新创业环境，培育出引领全球经济发展的创新型企业和企业集群以及特色产业聚集区，不仅推动了本国经济的顺利转型，也带动了世界经济的快速发展。上述国家经济发展的战略选择及其实践效果为中国经济转型发展的路径选择提供了可供借鉴的经验。

我国是一个人均资源占有量低、生态环境脆弱、科技水平不高、区域发展不均衡的发展中国家，加之计划经济体制的长期束缚，市场机制还没有在资源配置中发挥决定性作用，人们的思想观念还未能与市场经济完全接轨，改革开放的诸多举措还未在全社会形成广泛共识。也就是说，中国经济的转型发展面临比其他国家更艰巨的任务和更复杂的环境。目前，我国的经济发展仍处于"要素驱动"和"投资驱动"并存的阶段，转型发展刻不容缓。

魏江等人（2015）的研究表明，伴随国家创新能力的提升，科技进步的作用日趋明显，并对经济增长的贡献呈现出平稳增长的态势。由于科技进步是一个开发、转化、储备的过程，对国家经济增长的贡献具有一定的滞后性。通过分阶段观察我国创新指数与科技进步贡献率指数的变化，可以发现，国家科技进步贡献率指数的增长速度明显滞后于国家创新指数的增长速度。也就是说，国家强劲的创新投入、创新环境建设并没有很好地转化为现实经济价值，科技与经济脱节的问题仍然存在，企业创新动力和转化能力的不足是其中的最大瓶颈，尤其是民营企业创新投入不足，也得不到政府创新资源的公平配置，创新动力无法得到充分的释放。从这种意义上说，我国经济转型发展既面临驱动要素从资源和劳动力向技术的转换，也面临发展机制从计划模式向市场模式的转换。

（2）发达国家区域（城市）发展逆向转型

20 世纪 60 年代起，欧美发达国家先后开启了"去工业化"进程，制造业占 GDP 的比重不断下降，国际服务业占 GDP 的比重快速上升，大大推动了资源流向技术含量高的高技术产业和服务业，在一定程度上提高了资源的本国效率。然而，在"去工业化"过程中金融业的过度膨胀也为其经济发展埋下隐患。2008 年全球金融危机的爆发导致发达国家的经济发展陷入低迷，也严重影响了世界实体经济的健康发展。发达国家在反思"去工业化"负面效应的同时，也以高端制造为切入点启动了"再工业化"进程。应该看到，发达国家的"再工业化"过程不是简单重拾外包出去的传统制造业，而是要推进先进制造业的发展，通过强化其对价值链高端环节的牢牢掌控，保持其全球制造业的链主地位。发达国家的"再工业化"过程无疑会深刻改变全球制造业的竞争格局，重新书写全球科技创新和产业发展的地域版图，也使发展中国家的工业化过程面临更加复杂的国际环境。同时也应该看到，发达国家的"再工业化"过程为发展中国家的产业结构升级提供了可借鉴的经验和教训。在发展中国家的现代化过程中必须妥善处理"工业化"与"去工业化"、"去工业化"与"再工业化"的关系，从而避免产业结构失衡、经济大起大落的悲剧。

从区域和城市转型发展战略的角度来看，发达国家中心城市的发展经验值得发展中国家借鉴。纽约、伦敦等城市在完成工业化积累之后，大都选择了"财富驱动"作为支撑城市后续发展的主要动力，大量的资本从传统行业流向金融、保险和房地产部门，使城市发展高度依赖于所谓的 FIRE 产业，产业空心化问题严重，城市创新能力明显不足。2008 年金融危机和随后的欧盟债务危机、虚拟经济泡沫的破灭，使得曾经支撑纽约、伦敦等城市发展的金融服务和相关产业面临严峻挑战。与之相反，柏林、法兰克福等德国大城市则由于一直以来比较注重以制造业为代表的实体经济的发展，因此成功抵御了 2008 年的金融危机，同时发达的实体经济也成为德国应对欧债危机的"定海神针"。在此背景下，各国纷纷将经济走出低谷寄望于科技创新与产业化，一时间产业结构"再工业化"、经济"再实体化"的呼声高涨。相应地，有关国际城市竞争力的关注点，也从高端金融、总部经济转移到科技创新功能。

（3）发展中国家区域经济发展的顺向转型

发展中国家区域经济发展的顺向转型是指发展中国家通过技术创新和制度变革实现经济发展模式从要素驱动向创新驱动的转型。20 世纪中期，发展中国家先后启动了工业化和现代化进程。部分发展中国家凭借其廉价的劳动力资源和丰富的自然资源优势，通过政策优惠大量吸引外资，实现了国民经济的快速发展和国民收入的大幅提高。应该看到，在对外开放过程中，发展中国家虽然引进了国外的"先进"技术，但并非是核心技术和关键技术，加之发展中国家的消化吸收再创新能力薄弱，难以在引进技术的基础上形成自主创新能力。因此，对于多数发展中国家而言，并没有通过引进消化吸收再创新实现经济发展模式的转型，其经济发展还处于要素驱动或资本驱动的初级阶段，从要素驱动、投资驱动向创新驱动的转换面临诸多不确定性。

20 世纪 80 年代以来，部分发展中国家的经济长期陷入低迷。学者从发展中国家收入分配不公导致的贫富分化、需求结构与产业结构不合理导致中等收入水平锁定、城市化进程失衡影响经济可持续发展等方面分析了发展中国家经济转型发展不能如期实现的成因。实际上，目前中国经济增长面临着诸如劳动力价格上升、能源和环境瓶颈日益凸显、资产泡沫化、投资效率低下和出口受阻等一系列现实约束，转型发展迫在眉睫，转型进程不会一帆风顺。从历史发展的角度来看，中国的改革开放采取了区域差异化推进的策略，改革开放的先行区与后进地区不仅在科技创新和经济发展水平上形成明显差距，在经济发展的体制机制乃至区域发展理念等方面均存在差异。因此，根据中国区域的不同情境，制定适合区域条件的经济转型发展策略对于区域经济的顺利转型至关重要。

4.2　全球价值链形成与创新活动的区域治理

尽管价值链在全球范围内拓展和延伸，然而其价值分布和权力分配却呈现明显的空间非均衡状态。区域聚焦了大量的价值链高端环节，跨国公司掌控全球价值链的治理权。因此，必须系统分析全球价值链的形成和治理机制，阐明其区域特征，以便为中国有效参与全球经济治理的对策设计提供参考。

4.2.1　全球价值链与创新区域分工

（1）经济运行的价值链原理

迈克尔·波特将社会经济发展抽象为价值运动的过程，并提出价值链分析的理论模型。价值链是指一种商品或服务在创造过程中所经历的从原材料到最终产品的各个阶段或者是一些群体共同工作的一系列工艺过程。价值链各个环节（阶段）的高效运行和环节间的有序衔接使社会生产活动不断地创造价值，进而为顾客服务。

第一，价值链原理阐明了社会生产活动各个价值环节间的投入产出关系，即社会生产是从技术研发、产品设计到原材料采购和中间品投入再到市场营销以及最终客户服务的价值增值和价值再循环过程。价值链各个环节的要素结构和密集程度不同。在加工组装环节，劳动力要素密集；在研发和设计环节知识和智力密集；而在销售和服务环节品牌和网络要素密集。由于各价值环节密集要素稀缺程度不同，从而决定了不同价值链环节的价值增值能力不同。价值链两端的研发设计和销售服务环节的价值增值能力高于生产加工环节，因此，其成为价值创造和分配的关键环节或控制环节。

第二，价值链的形成和延展具有丰富的空间内涵。跨国公司主导的国际投资和技术输出是全球价值链形成的主要驱动力。随着国际分工从行业间深化到行业内不同产品，再从行业内不同产品深化到同一产品的不同工序，国际产业转移也相应地从产业的空间变迁到产品的空间变迁，再从产品的空间变迁到同一产品的不同工序的空间变迁。出于成本考虑，发达国家对自身的核心竞争力进行了重新定位，通过其跨国公司生产体系的纵向分离，将重心集中在产品研发设计和营销等高附加值环节，同时将生产制造等低附加值环节转移到发展中国家，从而形成了某一产品的不同工序或环节在空间上分布在不同国家的格局（叶作义等，2015）。因此，价值链的生成和发展是分布于不同地理区位的各价值链环节有序分工、紧密连接、协同运行的过程。

第三，价值链具有丰富的治理内涵。由众多企业参与且分布于不同区域的价值链环节要有序连接并协同运行，必须建立相应的组织体系、运行规则和执行监督机制，由此便产生全球价值链和区域价值链的治理问题。因此，完备的区域治理机制是价值链成长的制度条件。根据汉弗莱（Humphrey）的观点，价值链的治理就是一系列非政府的、非正式的、通过非直接市场关系来协调的经济活动的潜在规则和行为规范。价值链治理就是通过价值关系和价值杠杆来平衡企业间接利益关系，进而实现价值共创、共享的制度安排。价值链治理不仅实现了生产和贸易活动中的企业之间的连接，还把离散性碎片化的区域联系到一起，使分布于全球各地的生产环节链接成网络。

第四，价值链体系中各价值环节的价值含量呈现非均匀分布状态，价值链参与者在价值分配中的话语权呈等级式分布。加里·杰瑞菲（Gary Gereffi）认为，全球领先公司在价值链中掌握权力，扮演治理者的身份。它往往通过制定参数，执行和监督规则、标准的实施来组织、协调价值链各环节的价值创造活动，并控制价值在不同经济行为体中的分配。所以，领先公司对全球价值链的治理，紧密联系着地方产业网络的升级活动（文嫽等，2005）。也就是说，发达国家的跨国公司凭借其所具有的核心技术优势、品牌优势以及全球经营体系，围绕对价值链整体贡献度大、能够决定整个价值链运行的关键环节进行战略布局。对于发展中国家的企业而言，必须依据其自身比较优势，选择性嵌入全球价值链某个或某几个"战略性环节"，并通过改变自身在价值链中嵌入位置和组织方式，提升产品、改变效率，或迈入新的相关产业价值链，从而创造、保持和捕捉更多价值。

（2）价值驱动的创新区域分工

当今世界产品的生产已经进入了一个以某种产品价值链跨国铺展为基础的全球化生产阶段，一国的生产要融入世界生产体系，首先要实现价值链的分工定位，同时努力练好内功从要素技术和分工多维度的变化入手通过以上经济变量的变化带动整条价值链束的位移从而实现价值链攀升到达追赶相对先进于自己的国家（曾铮和张亚斌，2005）。所谓区域分工，就是相互关联的社会生产体系受到一定利益机制支配而在地理空间上发生的分异。从价值链角度来看，区域分工是各个区域专注于一定的价值活动集合而形成的生产地域结构，是一个相互联系的区域价值链网络（李国平和卢明华，2002）。

价值链区域分工是指企业以各增值环节为单位，尽可能根据各增值环节对要素条件的不同偏好，将各增值环节安排在拥有其所需要素条件较好的地区中，以充分利用各地区的比较优势，从而提高企业的竞争力。可见，价值链区域分工正是基于各价值链活动对要素条件的需求差异之上形成的区域分工。必须看到，在价值区域分工体系中，特定区域的自然资源优势所起的作用受到越来越大的冲击，技术创新和学习能力的作用越来越重要。价值链区域分工实际上是以知识和学习为基础的分工，这种分工模式的出现，反映了产品价值活动的可分性和不同价值活动对于知识和学习能力的不同要求（沈体雁，2000）。因此，对于区域而言，掌握核心知识产权是有效参与全球价值分工的重要筹码。

首先，基于本土的创新网络构建和全球创新网络的有效嵌入是区域参与全球经济治理的实现路径。特定区域要全面参与全球经济治理必须在价值链的适当环节嵌入全球创新网络，通过建立更多的网络链接，加速本土创新网络的国际化，为价值链升级提供组织保障。其次，知识产权布局优化是提升区域参与全球经济治理能力的重要环节。全球经济治理既是全球创新网络的组织结构和空间布局整体优化的过程，也是网络权利形成和配置的过程。各个区域要在全球经济治理活动中具有更多的话语权必须优化本土创新网络的布局和结构，以提高全球创新网络区域模块的运行效率，从而在全球价值分配过程中占据更加有利的位置。

（3）创新区域分工与全球经济治理

随着经济全球化向纵深发展，价值链的构建、运行和延伸越来越具有跨国的内涵，企业越来越需要在全球范围内考虑资源的合理配置和生产活动的有序组织，国家现在已经不可能通过自己的行动解决所有问题了，要从新的角度出发，引入新理念、构建新模式、推行新治理（俞可平，2002）。进入21世纪以来，尤其是2008年全球金融危机以来，全球经济治理的理念和解决方案受到各国的广泛关注，并进行了卓有成效的实践探索和理论研究。

首先，全球经济治理参与主体向多元化方向发展。一方面，不仅各国政府是参与全球经济治理的主体单元，公共机构和私营部门也是参与全球经济治理的主体单元；另一方面，从地域单元的角度来看，不仅国家是参与全球经济治理的基本单元，由于创新集群和产业集群的引领带动作用的凸显，区域越来越成为参与全球经济治理的重要地域单元。在全球经济治理实践中，各参与主体通过有序分工形成自主网络，进而发挥治理功能。

其次，各参与主体在全球经济治理实践中的权力分配呈现非均衡状态。各个参与主体（国家、区域、公共机构乃至私营部门）的话语权由其对价值链关键环节的掌控能力所决定。掌握关键技术和研发能力的跨国公司，在价值链中占支配地位，制定和监督规则、标准的实施，并最终获取了价值创造的绝大部分（文嫣和曾刚，2005）。

最后，知识产权是企业或区域参与全球经济治理的技术（资源）基础。高质量的知识产权创造为知识产权的应用和结构优化提供了物质前提，是特定区域嵌入全球价值链，参与全球经济治理的技术条件。核心知识产权掌握及产业化实现是企业或区域抢占价值链高端环节，从而开展价值链全球战略布局的基础。然而，仅仅依靠价值链个别环节的优势还难以实现对整个价值链运行的影响乃至控制。面向全球的研发、生产、营销和服务体系的构建是知识产权资源实现其功能的基本条件。因此，基于核心技术的研发、生产、营销组织活动的区域布局和全球布局是发展中国家价值链战略要考虑的重要议题。

4.2.2　价值链的知识产权分析

在知识经济条件下，可以将价值链的运行抽象为知识产权的创造、转化和价值实现的过程。这里从核心技术研发、标准形成与品牌培育、价值链治理机制三个层面，分析社会经济活动中价值的创造和增值过程，从知识产权作为技术商品和制度安排的双重视角阐明其在价值创造和增值过程中的作用。从技术视角来看，知识产权创造活动表现为新技术、新产品、新工艺的产生。从体制机制视角来看，知识产权又是给发明之火浇注利益之油的社会制度安排。关于知识产权与核心技术研发的关系必须从技术和体制两个层面进行阐述。

(1) 知识产权的创造、转化、运用和价值实现是贯穿整个价值链的一条主线

在知识经济时代，价值链的运行可以抽象为知识产权的创造与运用过程。从价值链构成的角度来看，价值链的前端主要包括核心技术研发和产权形成等环节。核心知识产权的创造和掌握不仅是前端竞争优势形成的基础，也是品牌培育和标准建设的技术支撑。价值链的后端主要包括知名品牌的培育以及行业标准的形成等。各国的发展实践表明，价值链后端的活动不仅是产品和服务的营销和推广活动，其中还包括产品技术内涵的社会扩散、标识性产权的保护、新技术标准的建立和推广等。从这种意义上说，价值链的技术本质是知识产权载体创造、权利生成和价值实现的过程。

(2) 价值链治理是各种知识产权权益主体资源集成、优势互补、价值共享的过程

价值链的生成和运行不仅是一种技术或商业的活动，而且是一个社会网络嵌入、形成以及网络治理机制完善的过程。在网络经济时代，价值链的一系列活动是通过创新生态系统的组织运行实现的。在创新生态系统中，不同知识产权（专利、商标、标准等）的拥有者"围绕以专利为主要形式的知识产权建立谈判协商机制、利益分享机制、信息披露与平台开放机制等优化合作租金的配置"（吴绍波等，2014）。其中包括专利的许可使用、平台的共享、商品标识的使用与共享、技术标准的制定等。也就是说，以创新生态系统为组织运行载体的价值链活动制度本质是以知识产权为核心的社会治理过程。

(3) 以创新为导向的价值链（网络）或生态系统的本质是面向知识产权创造、转化和增值的一种全新知识产权制度安排

知识产权作为一种制度安排最初体现为对发明者和设计者个人权益

的认可和保护，以此激励发明人和设计人的积极性和创造性。在 19 世纪末和 20 世纪初建立起来的法人财产制度，从企业组织的角度为知识产权和管理才能的拥有者提供了更大的发展空间，从而在更大的社会范围内，激励了创新能力拥有者的积极性创造性。上述两方面的激励均属于基本制度建设范畴，尚未涉及创新活动的组织领域。应该看到，创新生态系统的出现和迅速发展，为知识产权的创造、转化和价值实现提供了新的社会组织形式。创新生态系统通过供应商和用户参与，在更大的社会范围内建立了利益相关者的知识产权链接和资源整合机制，形成基于知识产权的社会价值网络。同时创新生态系统的治理，也为知识产权制度创新注入了新的内涵。

4.2.3 区域创新治理的组织与政策机制

创新网络以及创新生态系统是介于企业组织和市场之间的一种新的创新组织形态。由于多数创新网络和创新生态系统根植于特定区域发展起来，由此便产生创新活动的区域治理问题。从某种意义上说，创新网络和创新生态系统形成本身是区域创新治理的结果，同时创新网络和创新生态系统的发展又对区域创新治理方式变革提出需求。各个地区为了有效吸纳高端创新资源，纷纷在区域治理模式方面开展探索创新，并取得可喜成果。

（1）区域创新治理的微观组织机制

从微观层面的组织机制来看，20 世纪 80 年代兴起的区域创新体系强调企业之间或企业、大学和研究机构之间的合作，即所谓的产学研合作网络的构建。区域创新体系着眼于微观主体的创新链接，尤其强调基于地理附近的创新集群的建设。区域创新体系虽然在价值链前端加强了企业和公共研发机构的合作，但并没有改变价值链后端的市场竞争方式。

21 世纪以来，创新生态系统的出现改变了区域创新活动的微观组织模式。企业创新生态与产业创新集群、区域创新体系之间既有共性又有差异。企业创新生态与产业创新集群的共性是众多企业分工合作的经济组织形式，差异在于企业创新生态是以平台旗舰级企业的平台为基础形成的社会系统，具有显著的行业特征和平台网络效应；产业创新集群是以大型企业为中心的"中心－外围"结构或以中小企业为主体的多中心结构组织形态，具有显著的地域依赖性、规模经济和范围经济效应。

企业创新生态与区域创新体系的共性是以产学研作为核心组织建立互动联系形成的社会系统，差异在于企业创新生态是在特定行业内由市场机制自组织形成的生态系统；区域创新体系是在特定区域内在一定程度上由政府创新政策驱动建立组织联系，进而提高创新绩效的创新组织模式。从某种意义上说，创新生态系统的出现和完善是创新治理机制的升级与发展。创新生态系统深化了创新网络的节点分工，改善了参与主体之间的利益机制，提升了系统的"自组织"能力，因此而赋予区域创新治理以全新的内涵。

（2）区域创新治理的宏观政策机制

从宏观政策演化的路径来看，区域创新治理呈现以下发展特征。

一是区域创新治理的政策机制经历了从供给导向的区域创新激励政策向需求导向的区域创新激励政策的转变。在我国区域创新体系发展的早期阶段，各国针对市场失灵的现实，通过政府的深度参与，促进企业、大学和研究机构之间的创新链接。同时，加大政府研发投入力度，引导私营部门增加研发投入。这种创新激励政策着眼于将企业培育成新技术的生产者和拥有者，缺乏对成果转化和市场价值实现的激励。实际上，企业不仅是新技术的生产者，更是新技术的需求者。企业一旦对新技术有强大的需求，就会激励企业自身以及其他研发机构开展创新，并实现其市场价值。因此，从区域创新治理的角度来看，通过合适的政策设计有效引发企业对创新的需求是中国区域创新治理机制变革的重中之重。具体到知识产权区域布局中，政府应该将政策侧重点放在营造良好的市场环境，激励企业从事知识产权创造和运用的内在动力上，从需求端引导不同区域的企业成为知识产权活动的真正主体。

二是区域创新活动的自组织机制逐步完善。由于技术联盟、产业联盟、创新网络、创新生态系统等创新组织形式的出现，以企业为主体、市场为纽带的创新活动的自组织机制得以形成。地方政府在区域创新体系运行中的定位也逐步明晰，政府的主要作用是维护市场秩序，提供创新服务，即通过规范竞争行为，引导企业通过技术创新建立竞争优势，通过开放政府资源、搭建公共平台，促进资源共享。地方政府要深度参与和有效行使其在区域创新生态系统中的功能，必须加快简政放权的步伐，既要减少政策对市场的干预，放松市场准入，建立市场决定的价格形成机制，让企业成为技术创新的决策主体、投入主体、组织实施主体和受益主体。

4.3 知识产权区域布局与中等收入陷阱跨越

"中等收入陷阱"的陷入和跨越不仅是一个科技和产业的概念，也是一个空间布局和制度安排的概念。必须从知识产权创造运用、产业转型发展以及科技和经济活动的空间布局等角度研究中国中等收入陷阱的陷入和跨越问题。知识产权区域布局因此成为中国跨越中等收入陷阱对策设计的重要议题。

4.3.1 中等收入陷阱的内涵与本质分析

（1）中等收入陷阱研究的基本观点

2006 年，世界银行在《东亚的复兴》的报告中首次提出"中等收入陷阱"的概念，主要描述的是当一国人均进入中等收入水平后，由于该国无法顺利转变经济发展方式，导致经济持续增长的动力不足，而处于经济发展停滞的状态。该报告特别指出收入差距扩大的问题在东亚地区普遍存在，影响东亚地区经济发展方式的顺利转变，因此警告要防止东亚经济陷入中等收入陷阱。2006 年以来，国内外学者对中等收入陷阱的内涵、成因及跨越路径等进行了大量的研究，取得了诸多有创见的成果。"统计数据支持中等收入陷阱是一个普遍现象这一基本判断。尤其是自 20 世纪 80 年代以来，中等收入陷阱现象愈加突出，在长达 30 年的时间里，有一半以上进入中低收入区间或者中高收入区间的国家不能进入更高收入阶段，中等收入陷阱并非主观臆想"（张德荣，2013）。

拉美地区和东南亚一些国家是陷入中等收入陷阱的典型代表，上述国家在中等收入水平徘徊不前，社会矛盾加剧。部分学者将其陷入中等收入陷阱的内部因素可以归结为：第一，国内消费需求拉动乏力。由于国民收入长期停留的较低水平，国内的消费需求升级缓慢，难以对经济发展形成强有力的拉动。第二，产业升级急需的核心技术国内供给不足。蔡昉认为，落入中等收入陷阱的过程，一般分为四步：增长减速、经济停滞、社会问题、体制固化。在第一步增长减速过程中，是人口红利消失导致的经济增长减速。

2015 年中国的人均 GDP 达到 8 000 美元，按照世界银行对中等收入陷阱的界定，中国的人均 GDP 正处于中等收入陷阱的"中段"水准，中国是按照拉美和部分东亚国家的路径陷入中等收入陷阱，还是能够像日本、韩国那样顺利跨越中等收入陷阱已成为学术界和管理层共同关注的议题。

（2）中等收入陷阱研究的主要缺欠

首先，有关中等收入陷阱的研究将研究对象主要集中在"陷入"国家的范畴，分析的重点是陷入国家经济停滞特征的描述以及陷入成因的分析。实际上，中等收入陷阱的"陷入"是相对于已经成功跨越中等收入水平的国家而言的，因此，对于中等收入陷阱现象的研究就不能仅仅局限于"陷入"国家，也应该将成功"跨越"的国家作为研究对象。将日本、韩国其至欧美发达国家作为比照对象，分析其跨越中等收入水平的国际环境和国内因素，也许会对发展中国家的中等收入水平陷入问题的解决有所启迪。

其次，多数研究把结构调整（升级）缓慢、技术进步动力不足、城市化进程受阻、社会矛盾凸显等作为中等收入陷阱的成因，没有真正理清现象与成因的逻辑关系。"对陷阱成因的实证分析实际上罗列了所有与经济增长有关的因素，如劳动力与人口结构，资本形成与人力资本积累，教育与研发，产业结构和贸易条件，宏观经济运行与政策，及经济社会制度等。这些因素直接影响经济增长方式的转变"（郭金兴等，2014）。应该看到，目前有关中等收入陷阱分析的成果，大都还属于对中等收入陷阱陷入国家经济发展特征（现象）的描述。现有研究并没有回答，这些陷入国家为什么错失转型机遇？为什么不能破解技术创新瓶颈？为什么没有实现社会财富分配的公平？为什么没有发挥体制改革的促进作用？

最后，中等收入陷阱成因的研究以陷入国家内部因素分析为主，多数研究没有分析中等收入水平陷入国家或超越国家经济社会发展的国际环境。众所周知，在全球化条件下任何开放国家的经济发展都是内外因素共同作用的结果。诸如全球科技革命和产业革命、全球性产业转移、发达国家主导的全球经济治理机制等都对中等收入水平的陷入与跨越产生重要影响。因此，需要综合考虑发展中国家经济发展的内外因素，理清现象和本质的逻辑关系，这样才能深刻揭示成因，找到超越路径。

（3）国际分工与全球治理视角下的中等收入陷阱研究

国内外学者对中等收入陷阱的内涵、成因的认识尚存在分歧，也有些学者对中等收入陷阱这一判断是否成立提出质疑。尽管如此，从产业升级视角分析中等收入陷阱的陷入和跨越仍是研究的重要理论视角。

应该看到，在全球化时代，各国的产业活动已经深深嵌入全球产业分工体系，任何跨越中等收入陷阱或陷入中等收入陷阱的国家其"跨越"或"陷入"都是在全球产业分工的大背景下或全球产业转移的过程中实现。部分跨越中等收入水平的国家（如日本、韩国）在其进入中等收入水平之时，正逢发展中国家现代化的起步之机，发展中国家对国外资金和技术的需求与这些国家迫切需要将落后产业转移出去，以降低产业和经济转型成本的需求吻合。也就是说成功跨越国家的衰退产业向发展中国家转移是其国内产业结构向服务转型的重要推手，与此同时发达国家的服务业向海外的强势拓展是其服务业超常发展的重要市场因素。相比之下，发展中国家的产业结构升级并不具备发达国家或后发追赶国家当时的国际环境。因此，从国际产业分工视角进行分析阐述也许是破解中等收入陷阱问题的可行路径。

中等收入水平的陷入不仅是国际分工体系的必然结果，还与现有的全球经济治理规则密切相关。发达国家一方面依据其掌握关键领域核心技术的优势，主导全球技术标准制定，限制高端技术向发展中国家的输出，进而掌控市场进入和价格形成的主动权，强化其对价值链高端环节的控制；另一方面利用其在全球贸易谈判中的特殊地位，主导贸易规则制定，通过贸易手段制约发展中国家竞争优势的形成，将发展中国家长期锁定在价值链的低端。因此，必须从全球经济治理机制的角度研究中等收入水平陷入问题。

4.3.2　国际分工体系与中等收入水平的陷入与跨越

（1）国际分工与发达国家中等收入水平跨越

欧美发达国家和部分后发国家（日本、韩国）成功跨越中等收入水平与当时的国际经济环境密不可分。日本人均国内生产总值在 1972 年接近 3 000 美元，到 1984 年突破 1 万美元。韩国 1987 年超过 3 000 美元，1995 年达到了 11 469 美元。从中等收入国家跨入高收入国家，日本花了大约 12 年时间，韩国则用了 8 年。应该看到，日本和韩国跨越中等收入水平的时期正是拉美国家现代化和中国改革开放的起步阶段，拉美各国和中国的外资利用和技术引进政策为日、韩衰退产业向国外转移提供了难得的历史契机。通过对外投资和技术出口得到的收益为企业开展核心技术研发和市场拓展提供了强大的资金支持，也大大降低了产业升级的转型成本。与此同时，欧美和日、韩诸国利用 WTO 提供的国际服务贸易自由化的有利条件，积极开拓服务业的国际市场，使金融、物流、研发、设计、高端咨询等服务业迅速向海外扩张，第三产业的比重快速提升，产业结构得到整体优化。也就是说跨越中等收入水平的国家其产业结构升级与产业空间布局调整同时进行且相互促进，如图 4 – 1 所示。

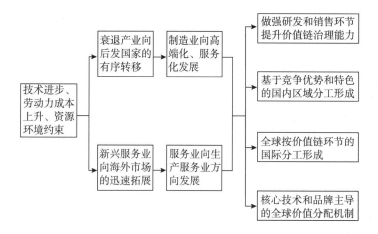

图 4 – 1　发达国家产业升级的结构调整 – 布局优化协同推进路径

面对发达国家以及后发追赶国家跨越中等收入水平的历史经验，吸取中等收入水平陷入国家的沉痛教训，考虑中国经济发展的现实情景，我们必须看到，对于中国来说，跨越中等收入陷阱不仅仅是单纯人均GDP 意义上超过或达到某一水准，而是一个在人均水平、产业结构、空间布局、潜力储备等方面全面提升经济运行质量的综合过程，也是一个全球经济治理话语能力的形成过程。因此，必须从人均水平、结构升级、布局优化协同推进的视角研究知识产权区域布局在中国跨越中等收入陷阱过程中的地位和功能。

（2）后发国家中等收入锁定的内部成因

第一，核心技术内源供给能力不足，制造业升级的技术基础薄弱。

后发国家现代化的起步阶段，本国制造业的研发实力薄弱，只能通过从国外引进技术支撑产业发展。由于本国企业在消化吸收基础上的再创新能力低下，所以没有在引进国外技术的基础上提升核心技术的自主研发能力，进而形成对国外技术的严重依赖。当后发国家进入到中等收入水平后，制造业亟须技术升级，进而带动整体产业结构优化，由于跨国公司对产业核心技术的垄断，此时完全依靠从国外引进技术已无济于事。因此，后发国家只能在产业链的低端苦苦挣扎。

第二，高端服务业发展滞后，劳动力密集型服务业海外拓展空间狭小，难以形成制造业与高端服务业相互促进的发展格局。大力发展高端服务业并带动整体服务业的规模发展是产业结构升级的实现路径之一。然而，受到服务业国际分工和后发国家技术基础薄弱的双重影响，后发国家的服务业大多是面向本土消费者的劳动密集型服务业，一是服务对象决定了其海外拓展空间很小，二是本身的技术含量低，使其难以在国外形成规模化的模仿消费群体。高端服务业的发展滞后成为制约产业结构升级基本因素。

第三，体制改革缓慢，政策模仿难以收到应有实效。20世纪中叶启动的后发国家的现代化进程以经济体制的市场化改革为驱动，以激励利用外资和引进技术的优惠政策为先导。在改革开放过程中后发国家学习和模仿发达国家支持高新技术产业发展和激励创新的做法，如出台建设产业园区、促进产学研合作、培育产业集群的相关政策，形成了大量的政策性区域。然而，上述促进政策大都没有取得预期的结果，其原因是，没有完善的体制机制平台，仅仅在政策层面进行简单模仿，难以收到长期实效。

（3）后发国家中等收入锁定的国际分工成因分析

第一，衰退产业向国外转移的空间狭小。后发追赶国家进入中等收入水平后，淘汰衰退产业，促进产业结构升级的路径选择包括：向国外转移谁退产业、在国内不同发展水平的区域间转移、主动淘汰落后产能。

实践证明，通过自身的去产能、去库存等方式可能为结构升级提供发展
空间，但去产能、去库存的成本高、周期长、风险大；在国内不同发展
水平的区域转移也是一时的权宜之计；唯有向国外转移才能最大限度地
降低本国产业结构升级的成本，既实现了结构升级也可以借此优化空间
布局。然而，后发国家的产业结构升级并不具备欧美发达国家以及日本、
韩国跨越中等收入水平时的国际环境，其衰退产业大规模向国外转移几
乎是不可能的。

　　第二，后发国家第三产业向海外拓展受到竞争力不强的制约。服务
业的海外市场拓展与制造业的海外市场拓展遵循不同的规律。由于相当
一部分制造业属于劳动密集的低端制造类别，发展中国家的企业可以承
接发达国家转移出来的低端制造业形成出口，进而拓展海外市场。应该
看到，在服务业中那些劳动力密集的服务业大都是面向本国消费者的服
务业务，其发展的区域根植特征明显。而真正能够向海外拓展的服务业
是那些知识或智力密集型的服务业，如科技、教育、金融、创意设计、
总部服务等服务业态。这些知识和智力密集的服务业态在后发国家并没
有得到充分发展。加之全球的高端服务业市场已经被跨国公司瓜分，后
发国家服务业向海外拓展面临重重阻力。

　　第三，发达国家主导的全球经济治理秩序。在全球经济治理实践中，
发达国家主要是通过两个层面的运作主导全球经济治理：一是在国际规
则层面，主要是发达国家政府通过主导全球性或区域性投资、贸易和知
识产权谈判和规则制定影响全球价值创造和价值分配；二是在企业层面，
主要是通过跨国公司制定和推行技术标准、建立和执行网络（联盟）规
则、培育品牌和渠道优势等组织协调价值链的运行，控制价值在不同市
场参与者之间的分配。通过以上两个层面的运作发达国家控制全球高端
创新资源的区域配置，掌握技术、资金和商品的定价机制，从而使发展
中国家的企业在全球投资、生产和贸易活动中处于被动的位置，被长期
锁定在价值链的低端，如图 4 - 2 所示。

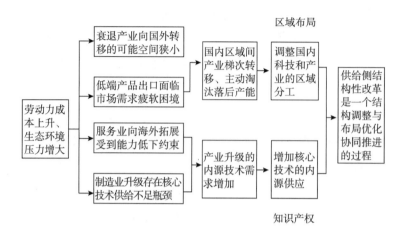

图4-2　中国产业结构升级的约束条件与路径选择

4.3.3　知识产权区域布局与中国中等收入陷阱跨越

由于"大国效应"的存在，中国在单纯的人均 GDP 意义可能顺利跨越中等收入水平。然而，对于中国而言更具有战略意义的是在跨越中等收入水平的过程中经济发展质量是否得到全面改善，结构和布局是否得到整体优化，经济可持续发展的长期潜力是否得到有效富集。因此，需要以发展质量提升为导向，以结构升级-布局优化协同推进为主线，探索中国跨越中等收入陷阱的路径选择。

（1）打造中国跨越中等收入陷阱的产业和创新组织载体

以技术先进的制造业为主体的实体经济是中国跨越中等收入水平的产业载体。长期以来，我国的经济资源大量进入房地产、金融、互联网等领域，相比之下，进入实体经济部门的高端资源较少，制造业技术升级缓慢，难以带动整个国民经济的结构优化。中国要有效跨越中等收入陷阱，必须通过政策创新的机制重建，引导社会资本更多进入实体经济领域，支持制造业的技术创新和结构升级。

技术领先的强大制造业是中国跨越中等收入陷阱的产业基础。首先，制造业是国民经济的装备部门，技术领先的制造业为国民经济的其他部门提供基础装备和技术支撑，是其他经济部门高效运行的物质基础。其次，技术领先的制造业又为生产性服务业提供了强大的市场需求，是拉动服务业向高端化、智能化发展的市场条件。中国制造业的转型发展一是需要有自主知识产权的支撑，二是需要形成合理的制造业的区域分工，形成区域联动发展的格局。

以民营企业为主体的技术创新生态系统是先进制造业发展的组织保障。创新生态系统是以市场为纽带、以企业为主体，通过企业间的合理分工与共享合作形成的创新组织形态。与创新体系相比，创新生态系统更强调基于市场的连接，而行政色彩较少；与创新网络相比，创新生态系统中的企业分工更加精细；资源配置机制和价值分配规则更加明晰。通过国家和区域创新体系建设以及创新网络嵌入，中国在创新组织形式变革方面已经有了较好的基础，因此应在此基础上，大力推进创新生态系统的培育，为跨越中等收入陷阱奠定创新组织基础。

（2）优化知识产权区域布局

从产业布局的动力机制来看，改革开放的前 30 年我国的产业布局具有明显的外资驱动特征。政府政策惠及的区域得到优先发展，先进地区与落后地区的差距拉大。上述布局机制的缺欠在于：第一，由于各个地区争相吸引外资，形成恶性竞争格局，区域间的分工与联动机制缺失；第二，在投资驱动和低端产品出口拉动的经济发展模式下，资金流动引导技术流动，知识产权在资源的区域配置中未能发挥应有的引领作用。

通过产业布局调整为结构升级创造发展环境，引导产业资源在区域间充分流动、合理配置，形成区域间互动发展的良性格局。衰退产业从经济发达地区向欠发达地区的有序转移既是促进发达地区产业结构升级的可选路径，也是欠发达地区加快工业化和城镇化的必由之路。中国的地域特征和市场规模决定了中国的后发追赶存在"大国效应"，主要表现在两个方面：一是经济活动空间布局的选择余地充足，国内布局可以为全球布局提供能力基础，如国内的产业布局和基础设施网络为"一带一路"战略实施提供了坚实基础；二是巨大的市场潜力是产业结构升级的拉动力量，广阔的市场空间是中国跨越中等收入水平的重要战略性资源。

（3）加快推进创新政策转型

激发企业技术创新的内生需求，提升企业的自主创新能力。作为地域广阔、市场潜力巨大的发展中国家，加快产业的技术升级是中国跨越中等收入水平的必由之路，产业技术升级的根本是提升企业的自主创新能力，加强核心技术的内源式供给。长期的发展实践证明，无论是从全球经济竞争还是从国家战略安全的角度来看，中国必须尽快在关键领域形成核心技术的自主研发能力。以往单纯通过资源供给激励企业创新的政策路径已显示出特有的局限，必须通过政策路径转换，激发企业对技术创新的内生需求，进而引导全社会开展自主创新。

加快推进创新政策从供给型向需求－供给协调型的路径转换，通过市场环境建设有效激发企业对新技术、新产品、新工艺的需求，形成强大的需求拉动。供给型创新政策是成果产出导向，难以在创新成果与市场实现之间形成稳定的链接。需求型创新政策是市场价值导向，成果转化内含于创新活动之中，因此能够在成果形成与市场实现之间建立价值通道。在政策调整的同时，必须不失时机地推进经济体制的全面改革，通过政府简政放权、降低行业准入门槛、建设服务型政府、建立市场决定资源配置的运行机制，为中国跨越中等收入陷阱提供制度保障。

第5章

知识产权区域布局与区域相关工作的关系

知识产权区域布局是地方政府科技、经济和知识产权工作的重要组成部分，是在区域层面实现创新驱动发展的重要工作抓手。本章通过理论分析，阐明知识产权区域布局与区域发展战略规划的关系；分析知识产权区域布局与区域发展政策之间的关系；进而揭示知识产权区域布局优化与区域竞争力成长之间的内在联系，为在区域层面将知识产权布局嵌入政府科技和经济工作体系提供理论和政策依据。

5.1 知识产权区域布局与区域发展规划的关系

从实施周期的角度来看，区域层面的布局调整不是在短时间内就能完成并体现成效的工作，需要在较大的时间尺度下进行谋划和组织实施，这样就需要研究知识产权区域布局与区域发展规划的关系。

5.1.1 知识产权区域布局与区域科技发展规划的关系

（1）区域科技发展规划的主要内容和基本功能

区域科技规划是以经济社会发展需求为导向，以资源投入为支撑，以项目为载体，以创新环境建设为保障，以促进区域科技和经济融合发展为目标的关于区域科技活动的总体安排和具体实施方案。在我国，区域科技规划一般以行政区为规划单元，也有以大经济区为规划单元的科技规划（如东北老工业基地科技规划）。从规划周期来看，大都以5年为一个规划周期。

随着我国经济发展模式的转型，区域科技和经济发展规划的内涵乃至规划编制机制也在发生根本性的变化。在传统的粗放式经济发展模式下，区域规划以规模的超常增长为主线，强调经济的外延式发展，科技创新与核心知识产权掌握没有提到应有的地位。在创新驱动发展条件下，提升核心技术研发能力，强化对外部技术的引进、消化、吸收和再创新能力，在区域层面实现科技与区域经济发展的有效对接是区域科技规划的基本目标。加强自主知识产权的创造、运用、保护和管理是区域科技工作的主线，从这种意义上说，区域知识产权工作和科技工作既有职能分工又有紧密联系，从而决定了知识产权区域布局与区域科技和经济发展规划的紧密联系。

编制区域科技规划、制定区域科技政策是地方政府推动区域科技工作的重要手段。一般来说，区域科技规划的内容包括，区域科技发展的指导思想、总体思路、发展目标、重点任务、促进政策、保障措施等。随着政府职能的转换，区域科技规划的重心正逐步从项目安排和经费投入转向机制重建和环境优化，而规划的价值取向也从注重科技成果数量的增长转向注重科技运行质量的提升，促进政策和保障措施也逐步从直接政策工具向间接政策工具转换。

在我国区域科技部门和知识产权部门是通过行政手段赋予其特定的职能，从而划清科技部门和知识产权部门的工作界面。然而，就工作目标以及促进手段而言，区域科技工作和知识产权工作存在一定的交集，其工作的协同和部门间的职能互补对于国家和区域知识产权发展乃至科技和经济发展都至关重要。在我国部分地区，根据地方的具体情况，将科技规划和知识产权规划统一编制、综合实施，收到了良好的实践效果，其经验值得借鉴。

（2）区域科技规划中的区域科技布局

目前，区域科技发展规划以资源投入—项目安排—环境建设为主线开展编制工作，由于区域科技规划越来越强调科技与经济的融合，而科技和产业的合理布局是促进科技与经济融合的重要手段，所以，区域科技发展规划必然要涉及科技资源与活动的空间布局问题。随着我国区域科技分工体系的逐步形成以及区域间科技合作的日益深化，科技资源和活动的空间布局方案在区域科技规划编制中得到越来越多的重视。

长期以来，我国以行政区为主要单元的地方科技工作存在区域分割、条块分割、所有制分割等缺陷，制约科技资源与产业资源的对接，阻碍区域间的资源共享和组织链接，使我国科技创新活动效率偏低，也与开放式创新的国际趋势相悖。因此，打破科技资源区域分割、条块分割的格局，在国家乃至更大的范围内实现科技资源的流动、共享已成为政府科技工作的重要议题，也是区域科技规划必不可少的组成部分。从区域科技布局工作的主要任务来看，主要涉及科技资源在不同区位的配置方案、科技资源重点配置的技术和产业领域、区域内和区域间创新资源的流动以及创新组织的合作与联系，即创新网络的构建和完善、促进区域科技布局优化的政策措施等。

（3）知识产权区域布局与区域科技布局

传统意义上的区域知识产权工作以知识产权的相关法律、法规为依据，以知识财产权利的确认、保护为主线，以区域知识产权活动的激励、规范和保障为主要工作内容，着眼于为区域科技创新提供良好的社会环境，进而展开知识产权规划的编制和实施工作。上述工作机制主要着眼于知识产权的法律属性。然而，知识产权不仅具有法律属性，还具有鲜明的科技和经济属性。在知识经济时代,知识产权工作必须全面体现知识产权的法律、科技和经济属性。这种时代需求决定了无论是区域层面的知识产权工作还是国家层面的知识产权工作都需要科技部门、法律部门和知识产权行政部门通力合作。

如果说区域科技布局规划着眼于科技资源的创新活动的空间关系,从区位调整角度优化科技资源和科技活动的空间关系的话,那么,知识产权区域布局更强调在区域内部推进知识产权资源与产业资源、教育资源、市场资源的匹配,在区域之间推进创新资源的流动、创新活动的高效链接。也就是说,知识产权区域布局强调从运行机制角度解决区域知识产权资源的合理配置问题,它与区域科技规划编制形成功能互补的工作格局。

在区域层面深化科技与产业的融合,促进知识产权工作与科技工作的融合是我国创新驱动发展战略实施的必然要求。从这种意义上说,知识产权区域布局又是加强中央政府知识产权行政部门与地方知识产权行政部门的沟通,促进地方政府相关职能部门协同的工作纽带。已经全面启动的我国知识产权区域布局试点工作是以地方政府的名义下发文件,由知识产权部门协同发改、科技、工信、工商、国资、教育等部门统筹实施的综合性工作。这其中,国家知识产权局发挥了重要的指导、协调、咨询服务等职能。由此可见,知识产权区域布局工作是促进政府职能向服务转型的重要工作抓手。

5.1.2 知识产权区域布局与区域产业发展规划的关系

(1) 区域产业发展规划的知识产权内涵分析

区域产业发展规划是特定区域考虑产业发展的国内外环境,根据国家产业发展的总体要求,结合区域发展实际,从目标定位、产业体系、空间布局、技术进步、保障措施等方面对区域产业发展作出的总体谋划和安排。从规划周期来看,由于我国的国民经济和社会发展规划一般以 5 年为一个规划期,所以区域产业规划也大都以 5 年为规划周期。产业是区域经济发展的物质基础和基本组织形式,因此,产业规划是区域经济和社会发展规划的基础。同时，随着科学技术进步的加快，技术创新在产业发展中的作用日益突出，产业规划的科技和知识产权内涵越来越丰富。

长期以来，在投资驱动和出口导向的经济发展模式下，我国的产业发展主要依靠资金和劳动力投入，产业附加值低、结构升级缓慢，国际竞争力不强。随着我国经济发展的资源环境约束的增强和劳动力成本的上升，传统的经济发展模式已难以为继，产业发展必须转换到依靠科技进步的轨道上来。从产业规划的角度来看，粗放发展模式下的产业发展规划注重产业规模壮大和发展速度提升，产业长期发展潜力的富集，自主知识产权的创造、转化、运用没有摆在首位。应该看到，我国经济发展方式的转变，就是要把科学技术进步放到经济发展的核心地位，用技术创新引领产业发展，进而促进结构升级乃至空间布局的优化。产业结构升级的实质是产业技术基础的变革，也是产业关联方式的转换。因此，创新驱动发展战略条件下的产业发展规划必须以自主知识产权的创造、转化、运用、保护和管理为主线，进行全面的谋划和布局。

（2）区域产业发展规划的布局内涵分析

产业发展在一定的地域内实现。特定地域提供的区位条件、配套产业、技术环境、资源供给以及市场需求等决定产业成长路径和发展空间。20 世纪 90 年代以来，创新集群和产业集群的发展有力地带动了所在区域的技术进步和产业升级，培育创新集群和产业集群成为区域经济治理的重要议题。各国的实践证明，创新集群和产业集群的形成和发展与区域的产业布局和产业环境建设密不可分，合理的区位选择以及相关企业、大学和研究机构的面对面的交流，不仅节约了交易成本，还能产生大量的创意和新的合作意向，从而提升区域技术创新的整体效能。因此，有关区域产业发展的规划应将布局安排放在十分重要的地位。

将空间布局放在区域产业规划的重要地位不仅是顺应国家战略和全球产业发展趋势的必然要求，也是基于我国区域产业发展现状，尤其是区域产业布局存在的问题所作出的应对。改革开放以来，我国的各个区域建设了大量的经济技术开发区、高新技术产业园区、自主创新示范区、大学科技园区等。这些不同的政策区域独立规划、封闭运行，产业结构雷同、技术基础薄弱，园区之间的联动效应缺失，其规划编制和实际执行没有在区域层面或国家层面进行综合布局和协调。因此，面向未来的区域产业发展规划必须直面区域产业发展中的现实问题，从提升产业技术关联并通过技术关联促进产业运行的整体关联的视角，对产业活动的空间布局进行综合的思考和设计。

（3）知识产权区域布局在区域产业规划制定与实施中的作用

在创新驱动战略实施条件下，区域产业发展的知识产权内涵的日益丰富决定了知识产权区域布局在区域产业规划中作用的提升。知识产权区域布局着眼于区域内知识产权活动与产业活动的融合，强调区域间知识产权的合作与交流，主要目标是通过增加产业的知识产权含量，促进知识产权向生产力转化。

知识产权区域布局基于对全球产业发展趋势和区域知识产权基础的分析，提出引导区域产业发展的知识产权目录，引导知识产权资源在区域内和区域间的流动，深化区域知识产权活动的整合，加强知识产权活动与产业活动的匹配，进而促进区域内知识产权与产业发展的融合。

知识产权区域布局科学理顺国内区域间的知识产权分工，并在科学分工的基础上建立区域间知识产权合作网络。区域间知识产权合作网络的建立有利于知识产权资源区域间的流动和重组，进而带动区域间的产业互动与整合，形成跨区域的创新价值链。

知识产权区域布局通过加强区域内和跨区域的知识产权网络建设，形成了区域内和区域间的创新合力，强化了区域知识产权网络的竞争实力，有利于我国的知识产权网络有效嵌入全球创新网络，进而提升中国网络在全球创新网络中的地位和作用。

5.1.3 知识产权区域布局与政策示范（试验）区发展的关系

改革开放以来，我国通过政策优惠建立了多种形式的先导区、开发区和示范区，以其为载体利用外资，引进国外先进技术，培育区域经济的新增长极。多年的发展实践证明，这些园区的建设带动了地方经济的发展，促进了区域产业结构升级。但也应该看到，随着我国经济发展由投资驱动向创新驱动的转换，各种政策区由于政策优惠带来的发展优势已成为过去，多数政策示范区面临通过自主创新实现内生增长的现实课题。

（1）政策示范（试验）区发展的科技支撑分析

从产业结构和技术特征来看，我国各种政策示范区多数定位于通过体制机制创新引进新的产业要素，在政策探索方面成为体制机制创新的先试先行区，在经济发展方面成为国家或区域经济发展的增长极或创新活动的示范区。在这种发展定位指导下，多数政策示范区以发展高新技术产业为主。然而，由于发展高新技术产业的国内技术供给不足，只能依靠从国外引进核心技术。然而，进入我国政策示范区的跨国公司大都把高新技术产业的低端环节安排在中国，因此，虽然从产业结构上看，政策示范区的产业明显属于高新技术产业范畴，但其真正的技术含量并不高，也难以通过技术关联或技术外溢对所在区域产生创新引领作用。同时，由于各个区域在政策园区建设过程中以利用外资规模作为核心价值导向，导致重复引进，造成产业高端、价值链环节低端，引领示范效应不强的发展结果。

在我国转换经济发展方式过程中，各种政策区普遍面临发展路径的转换问题。其中主要涉及两方面的转换：一是从外资驱动向自主创新驱动的转换，即如何提升政策示范区企业的自主创新能力，通过内源技术的开发和转化实现从价值链的低端环节向高端环节的提升；二是封闭式发展模式向开放式发展模式的转换，即如何通过融入地方经济和建立全球创新链接，更好地发挥开放创新、引领区域发展的示范功能。这其中通过知识产权资源的合理布局以及知识产权活动的有效协同，提升自主知识产权的创造、运用、管理和保护能力至关重要。

（2）政策示范（试验）区转型发展路径分析

应该看到，作为我国改革开放的先导区和试验区以及区域经济发展的增长极，各种政策区在我国经济社会发展中肩负特殊使命，在改革开放的前 30 年的改革和发展实践中，各种政策区发挥了应有的示范和带动作用。在我国经济发展方式从投资驱动向创新驱动转型的过程中，各种政策示范区仍需要发挥其应有的引领和示范作用。要在新的历史条件下发挥政策区的应有功能，各种政策区自身要率先实现从投资驱动、引进技术驱动向创新驱动、自主研发驱动的转型。

我国各种政策示范区的转型发展是涉及功能定位、发展理念、运行模式和空间布局等方面的全方位的转型。从功能定位的角度来看，我国的多数政策示范区面临从产业发展示范向创新引领示范的转型。在改革开放的前 30 年发展中，各种政策示范区引进了数量可观的产业项目，随着城市发展空间局限性的凸显，产业活动需逐步从政策示范区搬离出来，政策示范区将从生产加工型向研发服务型转换。从运行机制的角度来看，政策示范区面临从政府政策引导向市场需求引导的转型。各种政策示范区的起步都是以政府的相关优惠政策为契机，吸引国外的资金和技术大量进入，实现了政策示范区规模的迅速扩张。随着我国区域间政策差异的缩小，各种政策示范区享受的特殊优惠已经成为过去，市场需求成为政策示范区发展的主要驱动力。从知识产权工作价值取向的角度来看，政策示范区面临从注重知识产权数量增长向数量与质量并重的转型。在传统的政绩考核体系下，知识产权数量（如专利的申请量、授权量）是核心指标，这种价值取向的负面效应是各个政策示范区为了专利而专利，没有将专利成果向生产力转化和市场价值实现作为工作的重心，从而背离知识产权工作的真正价值所在。因此，知识产权工作价值取向从注重数量增长向数量与质量并重转变势在必行。

（3）知识产权区域布局在政策示范（试验）区规划中的作用

政策示范区知识产权工作价值取向和工作模式的转变涉及诸多方面，其中优化知识产权区域布局是重要一环。在各种政策示范区从生产加工型向研发服务型转变的过程中，必然要涉及核心技术研发重点领域的选择、区域内研发机构的布局调整、区域间研发合作网络的建立等布局问题，通过上述知识产权布局的全面优化能够大大促进区域从加工制造向研发服务的顺利转型。从区域知识产权与产业发展匹配的角度来看，选择合适的技术领域开展研究和技术服务能够使政策示范区的知识产权工作与依托区域的产业发展更好融合，进而更好地发挥其引领和带动作用。从对外开放与合作的角度来看，以政策示范区为先导，建立区域与其他区域的知识产权合作网络是特定区域嵌入全球创新网络的基础性工作。

开展知识产权区域布局工作是知识产权工作机制转换的重要切入点。在投资导向和数量增长优先的政策示范区发展机制下，知识产权工作只是装点工作业绩的饰品。部分政策示范区的管理者将专利申请量和授权量作为政策示范区科技内涵的表征，实际上，政策示范区真正的科技内涵更多体现在核心技术的研发和价值实现上，体现在面向市场需求的技术创新运行机制的建立和完善上。知识产权区域布局着眼于知识产权与区域产业发展的融合，注重区域间知识产权合作网络的建立，上述工作机制从根本上摆脱了知识产权工作仅仅着眼于专利的申请与授权的传统模式，实现了管理重心从资源管理向价值管理、管理方式从结果的统计分析向发展趋势的预测和研判的转换。从这种意义上说，知识产权区域布局工作又为政策示范区的规划编制提供了知识产权基础。

5.2　知识产权区域布局与区域发展政策关系分析

区域政策是指政策主体在某种特定的区域秩序和空间结构的基础上，采用各种政策手段，去实现某种政策目标的行动或行动方案（杨龙，2014）。知识产权区域布局是国家区域政策的重要组成部分，也可以说是创新驱动发展条件下区域政策转型的重要切入点。因此，有必要研究知识产权区域布局在国家区域政策整体中的作用。

5.2.1　我国区域发展政策演化路径分析

（1）我国区域发展政策演化阶段及价值取向分析

刘可文等整理了 1978～2010 年的国家级区域政策、经济特区与综合配套改革试验区相关政策、国家级经济技术开发区和高新技术产业区成立的相关资料，据此将我国的区域发展政策演化分为四个不同的历史时期：区域平衡战略时期（1949～1977年）、区域不均衡战略时期（1978～1999年）、区域协调战略时期（2000～2007年）、区域优化协调战略时期（2008年至今）。通过对每一战略时期区域政策内容的分析发现，在区域平衡发展战略时期，国家安全是区域政策优先考虑的目标，区域政策注重区域间的利益平衡发展；在区域不平衡发展战略时期，使发展基础好的地区先富起来，带动全国经济增长，提高人民生活水平是优先考虑的政策目标，区域政策注重效率的提升；在区域协调战略时期，促进区域间的协调发展是区域政策优先考虑的目标，区域政策强调区域间的分工与协同；在区域优化协调战略时期，区域政策目标呈现向多元化发展的特征，从宏观的普适性区域政策转向小尺度且更有针对性的精准型区域政策，区域政策赋予不同区域不同的战略目标（刘可文等，2012）。

通过上述区域政策演化阶段及各个阶段政策目标的分析可以看出，在不同区域各自的发展特色越来越鲜明，区域间的分工合作体系初始孕育的条件下，尤其是由于区域创新网络和生态系统的建立，区域间的科技和产业活动分工日益得到重视，协同创新已经成为共识，共融共享是各个区域的共同诉求，公平和效率已经不再是二者只能选择其一的对立因素。区域管理者必须面对全新的发展实践，作出具有创造性的政策回应。

（2）我国区域发展政策工具运用演化分析

在改革开放初期，我国区域政策的目标是通过试验区、示范区建设使部分区域率先发展起来。这个时期的区域政策呈现以税收政策为主体，以开放政策、投资政策等为支撑的结构特征，主要是通过税收优惠和简化审批程序引导外资和国外技术进入。20世纪90年代，随着浦东大开发、西部大开发战略等的实施，我国的区域政策逐步由单一政策或简单的政策组合，向综合性政策体系制定转变。综合性政策体系将税收、金融、投资、科技、产业等方面的政策一并考虑，统筹实施，区域政策制定与实施的组合效应得到体现。

进入到 21 世纪以来，尤其是 2008 年以来，我国的区域政策综合特征没有根本性转变，但在政策的组合模式及实践效应方面却有很大变化。一是在区域政策体系中创新政策的地位和作用越来越突出。通过自主创新战略、知识产权强国战略、创新驱动发展战略及其相关政策的制定与落地，区域政策的创新导向、知识产权导向特征日益显露，并逐步向形成以知识产权政策为主体的区域经济发展政策体系的方向演变。二是政策工具运用逐步从以直接政策工具为主向以间接政策工具为主的方向转变。政府政策已不再主要依靠税收、投资等直接调整工具，而是更多地依靠市场建设、服务模式转型等间接调整工具。

（3）我国区域发展政策演化趋势分析

第一，区域政策从普适性的政策向区别对待、分类指导的方向发展。20 世纪 90 年代以来，我国的区域政策大都以大经济区作为政策实施的地域单元，"这些政策都主要采取区域普惠制的办法，没有较好体现区别对待、分类指导的思想，其实施效果不太理想，而且也容易诱发不公平问题"（魏后凯，2008）。因此，未来的区域政策应从宏观的普适性区域政策转向小尺度且更有针对性的"精准"型区域政策转变。

第二，从以特殊区域的鼓励政策向促进区域分工和区际间协调发展的方向转变。改革开放以来，以先导区、试验区、示范区等为代表的各种特殊区域得到相关政策的"关照"，然而各种区域的功能定位和发展协调问题始终没有得到解决。不仅各种特殊区域发展政策呈现碎片化实施的特征，由此也带来特殊区域发展的碎片化。一方面是特殊区域成为依托区域发展中的"孤岛"，其引领、示范效应不明显；另一方面不同区域中的先导区、示范区、试验区的功能不能有效整合，国家政策的统筹协调效应没有得到真正体现。因此，必须着眼于有序分工基础上的统筹协调、发挥区域政策的中央协调功能，促进分工基础上的协调发展。

第三，从注重经济总量的快速增长向注重内含质量的可持续增长的方向转变。长期以来，区域政策的着力点是提升区域经济的发展速度。这种政策导向下，各个行政区之间开展的是一场不惜成本和代价的地方GDP 总量和人均 GDP 的恶性竞争。这种竞争不仅付出了资源枯竭和环境恶化的代价，也在相当大程度上切断了区域间的联系与互动。区域间的协调和共享带来的国家整体利益的最大化没有得到充分体现，同时还使科技创新和知识产权推动经济发展成为一个装点区域政策的饰品。因此，必须在创新驱动发展战略的总体要求下，切实实现区域政策从追求数量规模向追求质量和效益的方向转变。

第四，从中央政府主导、地方政府照办落实向中央政府引导下更充分地发挥地方政府主动性的方向转变。以往的区域政策以中共中央、国务院或中央政府各部门下发的文件为主，地方政府及基层部门的政策为辅。从内容上看，地方政府的政策以全面落实中央政府的政策为主，区域间政策雷同的现象较为普遍。实际上，我国经济社会发展的区域差异性决定了区域发展政策需求的不同，为此必须充分发挥地方政府的积极性、主动性和创造性，制定出符合地方实际的区域发展政策并能对中央政府的区域政策制定有参考。然而，目前地方政府出台的区域政策还基本停留在原样落实中央政策或简单模仿其他区域政策的层面，具有创新性的特色区域政策还较少见。因此，必须充分发挥地方政府的积极性和主动性，制定特色鲜明的区域发展政策。从政策制定的路线来看，不能仅仅习惯于自上而下，即中央政府、省区市政府、市县政府的已有路线，也应考虑采取自下而上的政策制定路线，即地方政府首先开展政策实践，再通过中央政府的指导和完善，因地制宜地实施。

5.2.2 我国区域发展政策的布局功能分析

（1）我国区域发展政策布局功能内涵

特殊功能区政策主要是通过在投资和技术引进方面的政策优惠，引导经济资源的流向和流量，发挥资源的产业和空间配置功能。特殊功能区的代表性区域是高新技术产业园区、大学科技园区、自主创新示范区等。从知识产权区域布局的角度来看，上述特殊功能区政策的功能主要体现在：第一，资源聚集功能。这些特殊功能区通过税收、融资等方面的政策优惠，吸引外部知识产权资源进入，成为区域知识产权密集区。第二，知识产权转化功能。特殊功能区通过科技成果转化平台建设以及促进转化的政策实施，使区域内外创造的知识产权能在区域内向生产力转化，从而加强了知识产权创造环节和转化环节的联系。

面向大经济区的区域政策的布局功能主要体现于，在国家尺度和大经济区尺度上优化资源配置，实现大尺度空间下的区域协调发展。例如，浦东大开发政策、京津冀一体化政策的主旨在于更好地发挥上海和北京对全国科技创新和经济发展的引领作用。通过此类政策实施，不仅使上海、北京的科技和经济得到跨越式发展，也有力带动了全国科技和经济的发展。西部大开发政策、东北地区等老工业基地振兴政策，旨在向经济发展相对落后的地区注入新的生产要素和创新活力，盘活存量资源，再造发展机制，形成新的经济增长点，从而实现大尺度空间下的区域协调发展。

主体功能区政策的主旨是推进资源、环境与经济发展的协调。主体功能区规划强调的是经济发展的资源和环境效率。主体功能区划分以现有的技术条件为基础，分析区域资源环境的承载力，在此基础上明确区域的功能定位。应该看到，主体功能区划分还没有充分考虑科学技术进步对资源环境因素约束具有缓解乃至突破作用。由于科学技术的巨大进步，能相当大程度上改变资源、环境、经济发展三者之间的关系。也就是说，技术创新能够将更多的自然物纳入人类生产和生活的现实领域，从而拓展社会生产所能够利用的资源。同时技术创新又能够大大提升人类社会对现有资源的利用方式和利用程度，进而提高资源效率。从这种意义上说，主体功能区规划应是一个能随着科学技术的进步而进行动态调整的方案。因此，有必要在主体功能区、人口功能区划分的基础上，引入知识产权因素进一步明确区域的功能定位和发展路径，促进经济发展与国土资源开发以及环境改善的匹配。

（2）我国区域发展政策布局功能实现路径及其缺欠分析

在改革开放的前30年的发展中，中央和地方政府的区域政策以"优惠"为主要手段，按着以投资为先导、以项目为载体、以规模增长为核心价值取向的路径展开。上述政策与地方政府追求地方政府GDP和财政收入超常增长的地方利益契合，则各地纷纷以建设政策"洼地"为抓手，开展吸引外资的竞争。各地方对利用外资条件的相互"比拼"与资本的逐利本性契合，其结果不仅使我国利用外资和引进国外技术缺乏合理的区域分工与协调，形成多个区域封闭发展，整体呈现"碎片化"分布的趋势，而且使跨国公司从中国赚取了大量的"超常利润"。

从空间实现路径的角度来看，我国区域政策大都按照从特殊区域（先导区、实验区、示范区）到一般区域，从经济发达区域再到落后区域，从沿海、沿边到内地的路径展开。在这种路径模式下，往往是一般区域和落后地区简单模仿特殊区域和发达地区，没有充分考虑区域自身条件。一方面是区域政策实施效果不佳，区域间低端重复发展，资源效率不高；另一方面则造成落后区域对发达区域经验的依赖，简单模仿成为落后地区的习惯"动作"，从而失去创新的主动性和积极性。同质化发展模式下区域间没有形成明确的分工，区域间的互补和协同效应缺失。

（3）我国区域发展政策布局功能实现条件分析

第一，市场经济体制是区域政策实施的制度保障。我国经济体制改革的目的是要建立市场决定资源配置的机制。在完善的市场机制下，市场竞争不断地向市场主体传递需求和供给信息，市场活动主体通过理性决策作出应对，进而决定资源配置的流向和流量。在市场充分发挥基础作用的情况下，政府的宏观调控政策才能发挥其应有作用。

第二，企业是区域政策实施的微观基础。从某种意义上说，区域经济政策的核心是为企业的发育和成长服务的，而具有市场主体地位的企业又是区域政策落地的微观基础。由于我国企业还没有真正成为技术创新的主体，知识产权布局政策的作用还不能通过企业的活动得到全面落实。因此，从完善社会治理和企业治理的双重角度，加快企业技术创新主体地位建设对于更好地发挥知识产权政策的布局功能至关重要。

第三，经济社会发展理念转换是区域发展政策布局功能实现的思想基础。长期以来，盲目追求数量和规模增长的观念主导我国的经济发展规划的制定和实施，其结果是经济社会可持续发展的潜力受到破坏。我国要全面实施创新驱动发展战略，必须尽快实现发展理念的转换，彻底摒弃追求数量的粗放式发展理念，树立开放运行、效益优先、质量主导、包容共享的经济发展观，以便统一社会认知，形成行动合力。

5.2.3　知识产权布局的区域政策调整需求分析

（1）知识产权布局对区域发展政策价值导向调整需求

传统的区域政策在聚集和分散、公平和效率之间摇摆，时而把公平放在首位，时而坚持效率优先、兼顾公平，似乎公平实现必以效率牺牲为代价。上述政策取向的思想基础是公平与效率是两个自然的对立物。上述区域政策理念以工业时代的实体经济为实践基础，社会进入知识经济和网络时代区域政策理念受到冲击和挑战。实际上，在移动互联网时代，实体经济和虚拟经济成为全球经济发展的两大支柱，越来越多的科技和经济资源可以通过网络进行配置，进而实现企业间乃至区域间的共享，价值链的分工和价值分配越来越取决于核心知识产权的创造和运用能力。从区域间的有序分工和运行协调的角度来看，某些资源向特定区域的聚集和其他资源向另一些区域的聚集是分工的体现，分工是聚集与分散统一的过程。从创新生态系统运行的角度来看，不同层级企业的分工必然带来价值分配的不均衡，其结果是整体效率的提升。而生态系统内部不同参与者的价值共享是在价值共同创造基础上实现的"公平"，没有价值创造意义上的公平是没有现实意义的。因此，必须在全球化、网络化、生态化的背景下，重新审视区域发展的价值理念，并进行新的理论建构，以指导区域政策实践，从而逐步适应和有效推动快速发展的社会实践。

（2）知识产权布局对区域发展政策制定机制调整需求

第一，进一步界定中央政府和地方政府在区域政策制定和实施中的职能，充分发挥中央和地方两个积极性。目前，在区域发展政策制定过程中，中央和地方的协同还存在两方面问题：一是地方性的区域政策大都以原样落实或具体环节细化中央政策为主线，地方政府在区域政策制定中的主动性和创造性发挥不够；二是中央政府的区域政策的针对性需要进一步提升，以大的经济区块为实施对象的区域政策不能充分考虑大经济区块的内部差异。因此，面向大经济区块的政策往往因"普遍适用"而有失"精准"。这样就要在区域政策制定中建立新型的中央政府和地方政府协同机制。

第二，知识产权部门应在政策主体合作网络中发挥更大的作用。我国要将创新驱动发展战略真正落到实处，并如期实现建设世界科技强国的战略目标，必须构建以知识产权制度为核心构造的基本经济制度，以有效激发民间的创新活力。在基本经济制度建设的基础上，形成以知识产权为核心的国家经济发展战略体系，以便有效引导全社会资源的配置。在此过程中，中央和地方知识产权部门肩负重大的历史责任。因此，在未来的区域发展政策制定中知识产权部门将发挥越来越重要的作用。一是更多地参与综合性区域政策的制定；二是更多地主导区域性发展政策的制定。在以往的区域政策制定中，知识产权部门往往以专业性职能部门的角色参与部分专门性政策的制定，在综合性、全局性政策制定过程中的参与度不高。创新驱动发展战略的实施将知识产权置于国家发展战略的核心位置，知识产权成为国家总体性、综合性政策制定的关键环节。因此，在未来的总体性、综合性战略及政策制定过程中，无论是国家层面的战略及政策制定，还是区域层面的战略及政策制定，知识产权部门不仅要深度参与，还要适当发挥主导功能。

第三，加强区域政策前端的制定方案咨询和后端的实施效果评估。由于知识产权政策作用时间的长期性和影响范围的广泛性，知识产权政策的制定和实施应坚持动态调整原则。在前端的政策制定环节，要充分发挥计算实验、科学预测等在政策制定中的咨询论证功能。近年来发展起来的大数据科学能够在新的数据概念框架下对科技政策的运行进行案例研发计算实验，分析各种政策方案的实施后果，其结果对政策制定具有重要启示意义。在政策实施过程中要定期开展政策绩效评价，及时发现问题，以便适当进行调整。由于社会经济发展和知识产权工作越来越具有不确定性，在政策实施过程中可能出现诸多始料未及的情况，为了保证政策实施的针对性和有效性，有必要通过政策评估和反馈为政策调整提供依据。

（3）知识产权区域布局对区域发展政策工具运用需求

第一，更多使用间接政策工具，并应充分发挥政策工具组合的作用。目前的区域发展政策以直接的调控工具为主，主要是通过财政政策引导资金投入。应该看到，企业在自主创新需求不足的条件下，仅仅通过资源注入手段推动企业创新，只能使企业的创新活动停留在知识产权创造阶段，而后续的转化和增值环节由于无明确的需求引导而难以产生实效。这样，必须建立公平竞争的市场环境，使市场竞争压力真正成为自主创新的原动力，在此基础上，完善企业的治理机制，使企业面对外部的市场竞争能作出理性的应对。知识产权区域布局的优化是市场机制和宏观政策共同作用的结果，其中许多宏观政策需要通过市场机制完善这一中介来实现。因此，知识产权区域布局更多的是需要运用间接的政策工具，并尽量减少政府直接的干预。

第二，区域政策应更多地着眼于创新环境建设。通过区域投资和创新环境建设，完善市场决定资源配置的经济运行机制。这其中，放宽市场准入条件，减少政府对产品和服务的价格管制，完善产品和服务价格的市场形成机制、加强知识产权的保护是市场环境建设的重中之重。企业的知识产权创造、转化和应用需求来自市场竞争。自由竞争的市场环境使企业面临生存压力和发展动力，因此而内生出创新需求。目前，我国的市场环境建设面临的主要问题是有相当一部分市场没有对民营企业开放，市场准入限制过度，市场决定的价格形成机制尚不完善。政府过度的价格管制，扭曲了企业的市场行为，企业没有通过技术创新改变产品和服务的内在需求。

第三，将宏观调控政策设计与经济体制机制改革协同推进。政府政策发挥作用的前提条件是社会建立了完善的市场经济体制，企业是市场经济的真正主体。就国家的情况来看，我国的市场经济体制尚有诸多不完善之处，企业还没有真正成为市场主体和技术创新主体，因此，需要大力推进体制机制改革，如政府职能转变，通过向服务转型，更好地发挥政策的创新服务职能；深化国有企业改革，削减国有企业的行政职能，强化其市场属性，使其真正成为市场经济主体和技术创新主体，为政策实施提供良好的体制机制平台。

5.3 知识产权区域布局与区域创新竞争力的关系分析

5.3.1 区域创新竞争力的资源基础与形成机制

（1）区域创新竞争力的资源基础

首先，以经费、人员、组织、专利等为代表的创新资源是区域创新竞争力形成的物质基础。资源的数量（规模）是创新竞争力形成的前提条件，区域创新资源只有达到一定规模才可能通过不同功能的资源的优化组合产生结构效应。同时功能各异的创新资源同区域外部的知识建立多种形式的创新链接，有利于吸纳更多的外部知识和创新资源进入，进而产生创新合力。实际上，知识产权区域布局就是知识产权资源在不同区位上的合理配置，区域知识产权资源只有达到一定规模，才可能将其在不同的区位进行合理配置，进而产生布局优化效应。知识产权区域布局通过优化区域知识产权工作环境，促进区域对知识产权资源的创造和吸纳能力，从而拓展区域知识产权资源的规模。

其次，区域创新竞争力还与知识产权资源的质量密切的相关。知识产权资源的质量主要表现在其技术的新颖性、商业价值的高低和向生产力转化的可行性。我国经济发展的方式从粗放到集约的转型必然要求知识产权工作也相应实现从数量导向质量导向、从申请授权导向向转化应用导向的转变。从这种意义上说，在稳定数量增长的基础上，全面提升知识产权资源的质量是我国知识产权工作的中心任务。知识产权区域布局通过知识产权与产业活动的对接，强化了知识产权创造的需求引导，使知识产权具备更丰富的商业内涵，是提升区域知识产权质量的重要举措。

（2）区域创新竞争力形成的结构机制

区域知识产权工作是一个复杂的社会系统，系统的结构状况决定其功能。第一，从知识产权资源组合角度来看，不同技术门类、不同水准、不同所有属性的知识产权，只有按其功能进行合适比例的搭配，才能形成功能最大化的内部结构。因此，资源比例的合理性是创新竞争力形成的必然要求。第二，从知识产权活动组织的角度来看，不同的组织形式（企业、大学、研究机构）的知识产权功能不同，同种形式的组织，其知识产权的创造运用能力也有所差异，这样在区域知识产权的整体运行中就需建立合理的组织连接。区域知识产权合作网络的规模、密度、结构稳定性等结构性变量都是影响网络功能的重要变量。区域知识产权政策落脚点之一就是通过政策实施，优化区域知识产权网络的结构，进而提升其功能。第三，从物质资源与组织资源匹配的角度来看，具有创造潜力的知识产权组织只有获得足够的资源支撑，才能实现知识产权成果的创造，从这种意义说，区域知识产权资源要尽可能配置到使用效率高的组织和区位上。

（3）区域创新竞争力形成的组织机制

区域知识产权工作不仅仅是知识产权资源的创造和聚集，更重要的是知识产权成果向生产力的转化。从某种意义上说，知识产权的创造环节仅仅是区域知识产权潜力的形成，而知识产权向生产力的转化才是知识产权显性能力的表现，是知识产权价值的实现。因此，转化能力是区域创新竞争力实现的重要表征。知识产权向生产力转化既是知识产权价值链末端的一个环节，也是将市场需求向整个知识产权价值链传递的连接器，通过对市场需求信息的收集、过滤和筛选，识别出有效需求，并将其传递到整个知识产权系统。而市场需求信息向知识产权价值链多个环节的传递，也将价值链各个环节的活动链接为一个整体，从而提升了区域创新竞争力。

5.3.2 知识产权区域布局的创新资源结构优化功能

（1）不同资源的匹配功能

比例关系的合理化是创新资源结构优化的基础性环节。问题的关键是要明确资源配置的地理空间，即在哪个空间范围内的资源，由此便引申出特定区域内部创新资源比例关系的合理化问题。考虑到我国创新活动的现实，一般以省级行政区为资源配置和评价单元，统筹创新资源的比例关系。知识产权区域布局的实现路径之一是知识产权的有序流动，即通过市场机制引导知识产权在区域内和区域间流动和重组。知识产权资源的流动和重组改善了不同知识产权资源的比例关系，形成更加合理的资源比例关系，比例关系的匹配能够更好地发挥创新资源的协同效应，从而促进区域创新竞争力提升。

（2）技术（产业）领域结构优化功能

随着科学技术革命向纵深发展，技术创新的综合特征日益明显，学科之间、技术领域之间的交叉渗透成为趋势，不同技术领域的协同攻关是核心技术研发的通用模式。这样就需要优化技术领域的结构，加强技术领域间的合作。在粗放式发展模式下，各区域的知识产权流动呈现同质化的发展格局，技术领域缺少合理的分工，资源效率低下。从发达国家创新活动区域分工的历史经验来看，越是科技创新领先的区域，其特色和优势技术领域越鲜明。这些特色优势区域的崛起，大大推进了区域间的创新分工。我国的知识产权区域布局就是要有效引导各个区域优先发展有特色和优势的技术和产业领域，形成区域间优势互补的发展格局。

（3）技术与产业的对接融合功能

知识产权区域布局工作将知识产权与产业的深度融合作为基本落脚点。在区域层面上，知识产权与产业的对接主要通过两条路径实现：一是前端核心技术研发和产业发展在区域内匹配，通过加强价值链各个环节的连接，实现科技与产业的对接；二是前端的核心技术研发和后端产业发展在区域内尚不匹配的领域，可通过区域间的研发合作、产业合作或创新成果的异地转化实现。在区域内主要是通过提升前端核心技术研发能力和破除转化障碍，打通价值链来实现。在区域间主要是通过深化区域间的分工，促进知识产权资源在区域间流动和共享，加强区域间的科技和产业合作来实现。

5.3.3　知识产权区域布局的创新组织链接功能

（1）促进企业技术创新主体地位确立

培育技术创新主体是加强创新组织链接的基础。企业作为技术创新主体的内涵十分丰富。作为技术创新主体，首先，企业要有创新的内在需求，即在社会治理机制和企业内部治理机制的共同作用下，企业"自生"出技术创新需求。其次，企业要有技术创新能力，即能够根据市场变化开发出新技术、新产品、新工艺，以满足需求或创造需求。目前，我国创新驱动发展的微观基础尚显薄弱，企业创新动力不足、能力不强成为主要制约因素。知识产权区域布局的重点工作之一是培育区域技术创新的龙头企业和骨干企业，通过龙头企业和骨干企业的培育，夯实区域自主创新的微观基础，为区域技术创新网络的构建提供组织保障。实际上，特色和优势技术领域培育是以企业成长为载体的，知识产权区域布局将特色和优势技术领域培育作为重点工作，就是要加快企业创新主体地位建设。

（2）促进微观创新组织的链接

知识产权区域布局要通过创新组织的紧密连接加强创新合作，促进成果转化。长期以来，我国的企业、大学以及研究机构之间的创新活动还没有完全建立起有效链接，创新资源在区域层面的整合效率不高。其症结在于企业的创新需求不足，不能全面引致企业自身的创新，并有效引导大学和研究机构的创新活动。这样就需要完善企业技术创新需求的形成机制，即通过市场环境（市场准入、价格形成等）建设，引致企业创新需求，从而加强企业、大学和科研机构间的创新链接，推动区域创新竞争力提升。知识产权区域布局通过在区域层面深化知识产权活动与产业发展的互动，明确区域产业发展的需求，同时通过完善市场配置创新资源的机制，并通过政策创新促进市场的自由竞争，进而加强创新组织间的链接。

（3）促进我国创新组织的全球创新网络嵌入

在全球化、网络化时代，嵌入乃至影响全球创新网络运行是各国应对全球竞争的通行做法。知识产权区域布局的功能之一是进一步促进区域创新的开放性和国际化。通过知识产权区域布局提升我国区域创新网络的竞争力，有利于中国创新网络嵌入全球创新网络。全球创新网络具有明显的区域特征，不同竞争力的区域创新网络在全球创新网络中的地位和角色不同，其价值分配的话语权不同。开放创新的结果是增加了区域创新组织的外部链接，加强了区域创新网络与国家创新网络乃至全球创新网络的链接，深化了技术创新网络与产业网络的链接，从而使区域创新活动能够更好地吸纳和利用全球创新资源，并面向全球进行科技成果转化，其结果必然带来区域创新竞争力提升。

（4）促进创新组织与政府的链接

政府是区域创新活动的重要参与者，是区域发展政策的制定者。在全球化、网络化、市场化时代，政府在创新活动中的角色正在发生变化。政府逐步由区域创新活动的规制者、管理者向服务提供者和间接调控者转变。政府可以运用自己掌握的大量信息资源向市场提供内容广泛的服务；也可以利用自身与创新组织的复杂链接，发挥创新组织之间联系的纽带功能；还可以通过共性创新平台、转化平台建设的参与提供基础性的创新服务。知识产权区域布局就是要在上述几个方面充分发挥中央政府和地方政府的信息资源优势、关系网络优势，向创新主体提供高效能的服务。在知识产权区域布局的实践中，中央政府和地方政府的相关职能部门与企业、大学、研究机构等紧密合作，建立区域知识产权工作的全新组织机制。同时，通过政府政策制定，促进创新组织间的创新互动，改善政府与创新组织间的关系，从而提升区域创新竞争力。

第6章

中国知识产权区域布局的理论模型

本章运用区域竞争力理论以及系统科学理论与方法，结合我国创新驱动发展战略实施，提出知识产权资源区域布局的概念模型，建立知识产权资源区域布局质量评价指标体系，在此基础上，根据知识产权区域布局的目的，提出知识产权资源区域布局质量分析标准及方法组合。

6.1　中国知识产权区域布局的概念模型

6.1.1　知识产权区域布局的五能力要素模型

知识产权区域布局涉及知识产权资源在区域内或区域间的流动（配置），也涉及知识产权活动在区域层面或跨区域层面的组织，还涉及知识产权保护和管理区域政策的制定和协同。这样，要在区域层面对知识产权的布局、结构等进行分析和评价，就必须提出一个能涵盖知识产权资源状况、活动组织等内容的概念模型。为此，本研究提出知识产权能力的概念，建立知识产权区域布局的五能力要素模型，以便为进一步的分析评价提供概念基础。

　　人们在讨论区域竞争力时，往往强调其外在表现和有形要素，一定程度上忽略了无形资产转化而成的知识产权。实际上，知识产权能力的概念在国内科技创新和知识产权管理业界已经广泛应用。例如，2016 年 6 月 10 日国务院办公厅发布的《加强非公有制企业知识产权能力建设》文件指出，根据《国务院关于鼓励支持和引导个体私营等非公有制经济发展的若干意见》（国发〔2005〕3 号）的要求，知识产权局要以提高非公有制企业运用知识产权制度的能力和水平为重点，积极采取一系列有关加强企业知识产权能力建设的措施，支持非公有制企业发展。

　　在理论上，核心能力理论、知识管理理论等早期的成熟理论已经蕴含着知识产权能力理论的萌芽。在学术研究广泛应用的同时，知识产权能力的概念也已经逐渐被理论界所接受。通过研究企业知识资产的管理战略，Teece（2000）指出企业的竞争力或者核心能力源于企业运用知识产权工具保护知识资产的能力。从区域的角度而言，知识产权能力是一个整体系统，具体包括知识产权能力主体（包括政府、司法机关、企业、中介）、知识产权能力要素（包括专利、商标、版权、商业秘密及其他）、知识产权能力表现（包括创造、利用、保护）等。

　　国家是知识产权能力分析的基本单元，涵盖国家内部的企业、大学、科研机构、政府、司法机关、中介等知识产权相关主体，而企业是核心主体，区域是国家知识产权能力的地域载体。根据知识产权活动自身涉及的环节，以及知识产权活动与其他科技、产业、经济、社会活动的关系，构建知识产权区域布局概念模型。该概念模型包括五个基本要素模块以及五组耦合关系，如图 6 - 1 所示。

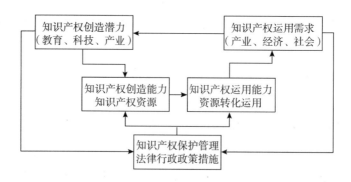

图 6-1　知识产权区域布局五能力要素模型

　　该概念模型主要包括五个基本模块和五组耦合关系，其中：五个基本能力要素模块是：知识产权创造潜力、知识产权创造能力、知识产权运用能力、知识产权保护管理、知识产权运用需求。五组耦合关系分别是：知识产权创造潜力与知识产权创造能力，知识产权创造能力与知识产权运用能力，知识产权创造能力、运用能力与知识产权保护管理，知识产权运用能力与知识产权运用需求，知识产权运用需求与知识产权创造潜力。

6.1.2　知识产权的创造潜力和创造能力

　　知识产权创造能力是指创造知识并将其产权化的能力，具体包括新知识创造能力、知识产权化能力等。从国家整体而言，知识产权创造能力不仅体现在数量上，而且体现在质量与结构上，知识产权创造能力强是数量多、质量高和结构合理的组合。《国家知识产权战略纲要》（国发〔2008〕18 号）指出知识产权能力的发展目标是："自主知识产权水平大幅度提高，拥有量进一步增加。本国申请人发明专利年度授权量进入世界前列，对外专利申请大幅度增加。培育一批国际知名品牌。核心版权产业产值占国内生产总值的比重明显提高。拥有一批优良植物新品种和高水平集成电路布图设计。商业秘密、地理标志、遗传资源、传统知识和民间文艺等得到有效保护与合理利用。"《深入实施国家知识产权战略行动计划（2014—2020 年）》（国办发〔2014〕64 号）进一步指出："知识产权创造水平显著提高。知识产权拥有量进一步提高，结构明显优化，核心专利、知名品牌、版权精品和优良植物新品种大幅增加。形成一批拥有国外专利布局和全球知名品牌的知识产权优势企业。"

知识产权创造能力很大程度上取决于知识产权创造的潜力，即一个国家的教育、科技和产业基础。换句话说，知识产权创造潜力就是能够创造知识产权的潜在能力。需要指出的是：第一，知识产权创造潜力不等于知识产权创造能力，如果潜力不能得到足够的释放，并不能很好地放映在现实能力上。例如，有些区域高等院校、科研院所和科技型企业均比较密集，但是知识产权创造能力却比较弱，没有形成知识产权密集区域。第二，知识产权创造能力也不完全依赖于创造潜力，因为知识是无形的可再生资源，空间流动性强。例如，在改革开放初期，深圳的高校、科研院所和企业资源均比较弱，知识产权创造潜力并不突出，但是通过以企业为主体的创新体系建设，逐渐富集了全国最好的知识产权资源。为此，《国家知识产权战略纲要》提出："充分发挥高等学校、科研院所在知识产权创造中的重要作用。选择若干重点技术领域，形成一批核心自主知识产权和技术标准。鼓励群众性发明创造和文化创新。促进优秀文化产品的创作。"也就是要提升知识产权的创造潜力。

6.1.3　知识产权的运用能力和运用需求

所谓知识产权运用能力是指将产权化的知识转化应用到经济社会发展中去，实现知识产权的经济价值，让产权化的技术、品牌等成为产业转型升级、经济增长方式转变的核心驱动力。具体包括，促进组织研究与开发成果或新知识的产权化、商品化、产业化，引导企业采取知识产权应用、许可、质押和转让等方式实现知识产权的市场价值。《深入实施国家知识产权战略行动计划（2014—2020 年）》进一步提出强国战略的发展目标是："知识产权运用效果显著增强。市场主体运用知识产权参与市场竞争的能力明显提升，知识产权投融资额明显增加，知识产权市场价值充分显现。知识产权密集型产业增加值占国内生产总值的比重显著提高，知识产权服务业快速发展，服务能力基本满足市场需要，对产业结构优化升级的支撑作用明显提高。"

知识产权运用能力很大程度上取决于市场需求或者知识产权创造的市场需求，也就是运用需求。所谓知识产权运用需求是指市场对于知识产权创造提出的有效需求。知识产权运用需求不完全反映在知识产权运用能力上，关键在于两者的结构是否匹配。有些区域具有某些产业的知识产权运用能力，但是并没有相关的产业需求，而另外一些区域可能相反。知识产权运用需求的主体是企业，为此首先需要鼓励建立知识或者技术密集型的商业模式，建立研究开发与知识产权管理部门，建立和完善知识产权价值评估、统计和财务核算制度，制定知识产权信息检索和重大事项预警等制度，完善对外合作知识产权管理制度。这些体制机制的建立，有利于企业产生和识别自身的知识产权运用需求，更好地与知识产权市场对接，提升高等学校、科研院所的创新成果和知识产权向企业转移的运用能力。

6.1.4　知识产权的保护和管理能力

知识产权的保护和管理能力是知识产权工作的制度和管理基础，是政府的制度和行政资源供给。知识产权保护能力是保护知识产权不受侵害的能力。目前，我国知识产权保护体系包括知识产权立法保护、行政保护、司法保护、海关保护等几个方面。所谓立法保护是指通过制定法律法规等制度安排确定知识产权的合法权益。就国内立法体系而言，《专利法》《商标法》《著作权法》和《反不正当竞争法》的通过，标志着我国知识产权立法已经基本完成。所谓行政保护是指知识产权行政管理机构运用行政手段制裁侵权行为、调解产权纠纷等，是我国知识产权领域广泛采取的保护方式，但不是司法保护必需的前置程序。

所谓司法保护是指通过民事诉讼程序对产权进行保护的行为，目前我国已经在一些中高级法院中设立了知识产权审判庭，还在一些地区设立了专门的知识产权法院。所谓知识产权海关保护是指通过边境保护相关立法由海关部门保护跨境贸易中的知识产权。知识产权边境保护相关立法如《知识产权海关保护条例》，主要适用于与进出境货物有关并受我国有关知识产权法律管理的知识产权，如商标权、专利权、著作权等。知识产权保护能力的显著提升包括，逐步完善知识产权整体保护体系，充分发挥司法保护主导作用，明显提升行政执法效能和市场监管水平。特别是要有力震慑知识产权犯罪，有效制裁反复侵权、群体侵权、恶意侵权等行为，保障知识产权权利人的合法权益，进一步提高知识产权保护的社会满意度。

知识产权管理能力是指推动国家、区域、企业等强化对知识产权的有效创造、保护、运用而对知识产权进行的计划、组织、指挥、协调、控制等活动（冯晓青，2015）。为了提升知识产权创造、运用和保护能力，需要充分发挥知识产权制度和管理活动在国家、区域、企业发展中的重要作用，促进企业自主创新和形成自主知识产权。知识产权管理具有显著的层次性，国家和区域层面的知识产权行政管理与企业等组织层面的知识产权管理存在一定的差异。在宏观层面的要求是，知识产权制度设计合理，行政管理水平明显提高，审查能力达到国际先进水平，强化知识产权在经济、文化和社会政策中的导向作用；在微观层面的要求是，重点院校和科研院所普遍重视知识产权开发活动、建立知识产权管理制度，企业知识产权管理水平大幅提升。

6.2　中国知识产权区域布局资源分析体系

知识产权区域布局工作的基础是要摸清我国不同区域知识产权发展的资源基础和社会经济条件。这就需要科学确定衡量知识产权资源及布局情况的指标体系，通过综合分析不同区域的知识产权资源布局情况，揭示知识产权资源与教育、科技、产业、经济及社会发展的匹配关系，为知识产权区域布局调整及导向目录制定提供扎实可靠的科学基础和基本依据。知识产权区域布局分析在内容上包括知识产权创造潜力、知识产权创造能力、知识产权运用能力、知识产权运用需求以及知识产权保护管理五类指标。

综合相关指标的客观性以及数据可获取性，选取 16 个辅助指标对五类主要指标进行衡量，从而设计了知识产权区域布局指标体系，如表6－1所示。其中，知识产权创造潜力通过教育资源、科技资源及产业资源三类指标衡量；知识产权创造能力通过专利产出、商标注册、版权登记及其他知识产权创造四类指标衡量；知识产权运用能力通过专利权运用、商标权运用、版权运用及其他知识产权运用四类指标衡量；知识产权运用需求通过产业需求、经济需求及社会需求三类指标衡量；知识产权保护管理通过知识产权保护和知识产权管理两类指标衡量。

表 6－1　知识产权区域布局分析指标体系设计

目标	一级指标（5）	二级指标（16）
知识产权 区域布局 分析评价	知识产权创造潜力	教育资源、科技资源、产业资源
	知识产权创造能力	专利产出、商标注册、版权登记、其他知识产权创造
	知识产权运用能力	专利权运用、商标权运用、版权运用、其他知识产权运用
	知识产权运用需求	产业需求、经济需求、社会需求
	知识产权保护管理	知识产权保护、知识产权管理

同时，针对以上16个辅助指标，分别从总量规模和结构质量两个维度选择相关基础指标，既能反映一个地区知识产权资源的存量多少，又能考察一个地区知识产权资源的结构分布和质量高低，从而更全面地对知识产权区域布局进行综合分析评价。在此基础上，充分考虑数据的可获得性，得到如表6－1所示的知识产权区域布局分析指标体系。

6.2.1　知识产权创造潜力分析基础数据

知识产权创造潜力反映不同区域知识产权创造的资源基础和条件，主要从知识产权创造载体、人员及经费等方面考察。

（1）教育资源

高等学校是大学、专门学院、高等职业技术学院、高等专科学校的统称。按照教育部发展规划司的分类和统计标准划分为两类，包括普通高等学校和成人高等学校。截至 2016 年 5 月 30 日，全国共有高等学校 2879 所，其中：普通高等学校 2595 所（含独立学院 266 所）、成人高等学校 284 所。这里主要统计普通高等学校资源。

普通高校数、高校在校生人数、研究生人数来源于教育部发展规划司网站各年教育统计数据；高校教学与科研人员、研究与发展人员概念界定和数据均来源于教育部科学技术司各年《高等学校科技统计资料汇编》；985、211 高校数，高校一级硕士点，一级博士点数，国家重点学科数据来源于中国学位与研究生教育信息网数据中心。

（2）科技资源

研究与试验发展（R&D）人员全时当量、R&D 经费内部支出、R&D 经费内部支出占 GDP 比例、研究与开发机构概念界定及数据均来源于各年度《中国科技统计年鉴》。

R&D 按活动类型可以分为基础研究、应用研究和试验发展，这里通过试验发展人员占 R&D 人员全时当量比重、试验发展经费内部支出占 R&D 内部支出比重反映 R&D 的活动类型结构；R&D 按活动主体可以分为工业企业、高等学校和研究与开发机构三种，这里通过工业企业 R&D 人员占 R&D 人员全时当量比重、工业企业 R&D 经费内部支出所占比重、工业企业研发机构数占比反映 R&D 的活动主体结构。同时，研究与开发机构可以按隶属关系分为中央属和地方属，这里通过中央部门属研发机构数占比反映研究与开发机构的数量分布。以上相关数据也均来源于各年度《中国科技统计年鉴》。

国家重点实验室数据来源于科技部国家科技基础条件平台中国科技资源共享网,国家工程技术研究中心数据来源于国家工程技术研究中心信息网,以及科技部基础研究司国家重点实验室和国家工程技术研究中心年度报告。

(3)产业资源

规模以上工业企业、高技术产业企业、有 R&D 活动工业企业、有研发机构的工业企业数据均来源于《中国科技统计年鉴》;国家级企业技术中心数据来源于国家发展和改革委员会网站国家认定企业技术中心名单;国家高新技术产业开发区数据来源于科技部《中国火炬统计年鉴》;国家经济技术开发区数据来源于商务部网站。

6.2.2 知识产权创造能力分析基础数据

知识产权创造能力主要体现为不同类型知识产权创造产出的数量、质量和结构,包括专利产出、商标注册、版权登记及其他知识产权创造等。

(1)专利产出

专利申请受理量(发明专利申请量、企业发明专利申请量)、专利申请授权量(发明专利授权量、企业发明专利授权量)、有效专利(有效发明专利量、企业有效发明专利量)数据均来源于《中国科技统计年鉴》;海外专利申请数据来源于国家知识产权局专利统计年报。

(2)商标注册

商标申请、核准注册、有效注册量、马德里商标国际注册数据均来源于国家工商行政管理总局商标局《中国商标战略年度发展报告》、国家知识产权局《中国知识产权年鉴》以及《中国科技统计年鉴》。

(3)版权登记

版权合同登记数据来源于国家版权局各年度《全国版权统计》,包括图书、期刊、音像制品、电子出版物、软件、电影电视节目等。计算机软件著作权登记数据来源于国家新闻出版广电总局直属事业单位中国版权保护中心，需要调查获得。

（4）其他知识产权创造

集成电路布图设计登记申请和发证数据均来源于《中国科技统计年鉴》；农业植物新品种权申请与授权量数据来源于《中国科技统计年鉴》；林业植物新品种权申请与授权数据来源于国家林业局植物新品种保护办公室（http：//www.cnpvp.net/），需要通过统计和调查结合的方式获得；地理标志注册和初步审定量数据来源于国家工商行政管理总局商标局《中国商标战略年度发展报告》。

6.2.3　知识产权运用能力分析基础数据

知识产权运用能力主要体现在不同类型知识产权在经济社会发展中的运用情况，包括专利权、商标权、版权及其他知识产权的商业化、转让、许可及质押等。

（1）专利权运用

专利申请权与专利权转让数、专利实施许可数、专利质押数均来源于国家知识产权局中国专利公布公告系统（http：//epub.sipo.gov. cn/flzt.jsp），但相关数据需要自行检索整理获得，而专利申请权与专利权转让、专利实施许可、专利质押合同金额数据则需要通过调查获得。

（2）商标权运用

商标权转让、使用许可及质权合同及其金额数据来源于国家工商行政管理总局商标局，但商标局仅公布了商标质权数，其他数据均需要通过调查获得。

（3）版权运用

版权输出品种数是指当年向海外版权输出的版权产品（包括图书、音像制品、电子出版物、计算机软件、电影、电视节目等）品种数，反映版权产品运用情况及市场竞争力，数据来源于国家版权局各年度《全国版权统计》；著作权质权登记、计算机软件转让与专有许可合同登记反映当年备案登记的版权运用情况，数据来源于国家新闻出版广电总局直属事业单位中国版权保护中心，但没有公开公布，均需要调查获得。

（4）其他知识产权运用

集成电路布图设计专有权的登记申请、转让及许可均由国家知识产权局受理，因此，集成电路布图设计专有权转让与许可合同数及金额数据需要从国家知识产权局调查获得；农业植物新品种权转让合同数及金额数据需要通过农业部植物新品种保护办公室调查获得；林业植物新品种权转让合同数及金额数据需要通过国家林业局植物新品种保护办公室调查获得。

6.2.4 知识产权运用需求分析基础数据

知识产权运用需求主要体现为产业、经济、社会发展对以知识产权为核心的科技创新活动的现实需求，包括产业需求、经济需求和社会需求。

（1）产业需求

地区高技术产业产值增长率规划目标反映了一个地区未来对高技术产业总体或某类具体产业发展的预期性或约束性目标，这类目标往往是经过当地政府统一规划达成一致意见，具体体现在地区经济或产业发展规划中，如各地区（各产业）"十三五"规划纲要、科学和技术发展"十三五"规划等，是引致各地区产业发展对知识产权运用需求的重要因素。这类数据需要从各地区各类规划纲要中整理获得，需要将统计和调查相结合。

工业企业主营业务收入、高技术产业主营业务收入（新产品收入、出口交货值、新产品出口）、工业企业技术引进经费、工业企业消化吸收经费、工业企业购买国内技术经费、各地区技术市场技术流向合同数及金额等数据均来源于《中国科技统计年鉴》。

（2）经济需求

经济发展指标主要反映一个地区所处的经济发展阶段，不同的经济发展阶段对于知识产权的运用需求也有所不同，一般认为，经济发展水平较高的地区对于知识产权创造和运用的需求更高。各地区人均 GDP、第三产业增加值、文化服务业营业收入、城镇居民人均可支配收入、农村居民人均纯收入等数据均来源于《中国统计年鉴》。

（3）社会需求

社会发展对以知识产权为核心的科技创新活动的需求，主要体现为地区发展的约束性指标上，如能耗、水耗、二氧化碳排放、污染物排放等，对这些社会发展指标的限制会刺激地区的经济和社会发展向创新驱动转型，从而加强对知识产权创造和运用的需求。这些指标包括万元地区生产总值能耗降低规划目标、万元地区生产总值二氧化碳排放降低规划目标、单位工业增加值用水量降低规划目标、主要污染物排放减少规划目标等。其中，主要污染物排放减少目标为氨氮排放、二氧化硫排放、氮氧化物排放、化学需氧量排放减少目标的平均比例。以上数据分别来源于《国务院关于印发"十二五"节能减排综合性工作方案的通知》《国务院办公厅关于印发实行最严格水资源管理制度考核办法的通知》《国务院关于印发"十二五"控制温室气体排放工作方案的通知》等附件中对各地区的要求，以及各地区在"十二五"规划纲要中提及的降低目标。这部分数据需要统计和调查相结合来获取。

6.2.5　知识产权的保护管理分析基础数据

知识产权保护管理主要体现为各区域对知识产权的保护程度以及管理和服务水平。

（1）知识产权保护

知识产权保护相关指标参考国家知识产权局知识产权发展研究中心编制的《全国知识产权发展状况报告》。

知识产权法规规章战略规划量是指截至当年年末，各省区市政府发布的现行有效的知识产权（专利、商标、版权等）法规、规章、战略规划数量，表征地区政策法规环境建设情况，数据均来源于北大法宝法律法规信息检索系统，需要自行检索搜集。

知识产权司法保护强度是指当年各地区法院新收知识产权一审案件量、法院审结知识产权一审案件量、检察机关批准逮捕涉及侵犯知识产权犯罪案件数、提起公诉的涉及侵犯知识产权犯罪案件数四项指标加总后，再利用标准化得到。法院案件数据来源于最高人民法院案件信息以及中国知识产权案件网（http：//reexam.souips.com/），检察机关批捕和提起公诉数据来源于国家知识产权局《中国知识产权年鉴》，但是以上数据均需要自行搜集整理。

专利行政保护强度是指当年各地区专利侵权纠纷结案数量、专利其他纠纷结案数量和查处假冒专利案件量三项指标加总后，再利用标准化得到。专利执法数据来源于国家知识产权局专利统计年报。

商标行政保护强度是指当年各地区查处商标一般违法与侵权假冒案件量、查处商标违法案件罚款金额这两项指标去量纲化后等权重加总，再利用标准化得到。商标违法与侵权假冒案件数据来源于《中国商标战略年度发展报告》。

版权行政保护强度是指当年各地区版权行政处罚数量、版权案件移送数量、收缴盗版品数量三项指标去量纲化后等权重加总，再利用标准化得到。版权查处案件数据来源于国家版权局《全国版权统计》。

海关行政保护强度是指当年各地区海关查处侵权商品批次、海关查获侵权商品数量两项项指标去量纲化后等权重加总，再利用标准化得到。海关查处侵权商品相关数据来源于各年度《中国海关知识产权保护状况及备案名录》，需要自行整理得到。

（2）知识产权管理

专利代理机构、专利代理申请数量（职务专利申请代理、发明专利申请代理）、专利代理人员数据来源于国家知识产权局专利统计年报；专利申请代理率表征地区获得专利服务的情况（无论在本地还是异地取得代理服务的，都计入申请人所在地的代理率），参照《全国专利实力状况报告》采用当年专利申请受理量中专利代理量所占比例衡量。商标代理机构数据来源于国家工商行政管理总局商标局官方网站"备案代理机构总名单"，但需要搜索整理。

专利公共服务机构人员指标参考国家知识产权局《全国知识产权发展状况报告》，表征地区专利公共服务能力，主要考察各地区内地级市以上知识产权局设立的下属专利服务机构（含有关社会团体）数量及人员数量。专利公共服务机构及人员包括省级知识产权局下属专利服务机构数量及所属人员数量，地级知识产权局下属专利服务机构数量及所属人员数量。归口科技厅的知识产权局尽管无下属机构，但代管该知识产权局的科技厅下属提供专利服务的机构列入专利公共服务机构；科技厅下属情报所等机构提供专利服务，则可列入专利公共服务机构；其他厅局或单位下属的提供专利公共服务的机构可列入专利公共服务机构，但必须确保人员数量准确（根据掌握情况，可不完全统计）；国家知识产权局等部门在地方设立的专利服务机构，不列入专利公共服务机构；人员数量只计算专职从事知识产权服务的人员的数量。

知识产权培训人次指标参考国家知识产权局《全国知识产权发展状况报告》，表征地区各类主体获得知识产权培训服务的情况，包括党政企事业单位领导干部培训、企事业工作人员培训、中介服务人员培训、本系统工作人员业务培训等现场培训的人次以及由知识产权局主导的远程教育培训人数等。需要注意：此处的知识产权培训为当年知识产权局系统（或联合其他部门）组织的相关培训，不包括其他部门单独组织的培训；在计算监测值时，按照远程培训人员 20 人折算现场培训 1 人次处理。

6.3 知识产权区域布局的静态分析模型

静态分析是根据提出的知识产权区域布局工作的指标体系，选择综合评价工具、空间分析方法和可视化表达技术方案，对知识产权资源的存在状态进行分析，如图6-2所示。

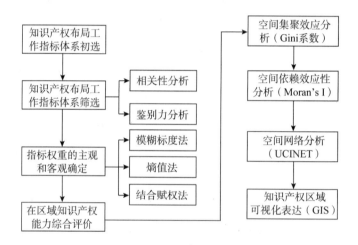

图6-2 知识产权空间布局的静态分析技术路线

6.3.1 区域知识产权能力的评价模型

知识产权区域布局分析的基础是资源分析，即各区域的知识产权创造潜力、创造能力、运用能力、运用需求和保护管理能力情况。为此，就需要对区域知识产权五能力要素进行评价。

（1）区域知识产权能力评价指标筛选

建立测度指标体系是知识产权五能力要素评价的关键环节。虽然根据五能力要素概念模型和相关研究、实践需要，本章第6.2节已经初步建立了一个初步的指标体系，但是各指标之间的数量关系并不清晰。应该看到，能力评价指标体系构建不能根据测度主体的主观臆断，必须遵循科学研究的基本规范，按照从具体到抽象，再从抽象到具体的推理逻辑，建立知识产权五能力要素测度指标体系筛选的基本流程，并以其为指导展开评价实践。根据上述分析，知识产权五能力要素评价指标体系的构建将归纳逻辑和演绎逻辑有机结合，基本流程如图 6 - 3 所示。

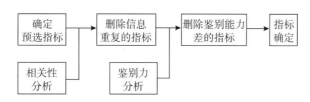

图 6 - 3　知识产权能力评价五能力要素指标筛选

相关性分析：在根据理论建立的测度指标体系或者预选的指标体系中，部分指标之间可能存在一定的相关性，这种相关性会导致被测度对象信息的重复提取和使用，无形中拉大了测量单元之间的差距，降低测度结果的科学性和合理性。相关性分析的目的是通过测度指标的相关性分析，剔除一些隶属度偏低、与其他指标高度相关的指标，消除或降低测度指标重复反映测度信息所带来的负面影响，从而形成知识产权五能力要素评价第二轮测度指标。一般而言，由于测度指标的单位或量纲不一样，需要对原始数据进行无量纲处理，减少不同计量单位测度指标对分析结果的影响。

鉴别力分析：测度指标的鉴别力是指通过测度指标区分测度对象特征差异的能力。知识产权能力测度指标的鉴别力是指测度指标区分和鉴别不同区域知识产权能力强弱的能力。举例而言，如果所有被测度区域在某项测度指标上一致地呈现高（或低）得分，那么可以认为该项测度指标几乎没有鉴别力，不能诊断和识别不同区域知识产权能力的强弱。相反，如果所有被测度区域在某个指标上的得分出现明显的不同，则表明这个测度指标具有较高的鉴别力，能够诊断和识别不同区域知识产权能力的强弱。在测度指标反映理论（Index Response Theory）中，指标特征曲线斜率是衡量测度指标鉴别力的重要参数，斜率越大表明测度指标的鉴别力越高。

（2）区域知识产权能力评价指标权重确定

在确定了指标体系后，需要进一步计算各项区域知识产权能力。由于能力是由指标体系中的多项指标综合确定的，因此需要首先确定各个指标的重要程度，即各个指标在模型中的权重。而权重的确定是一个受经验影响而难以完全用定量方法来解决的问题，为了尽量将权重确定的过程进行量化，可以使用模糊层次分析法、熵值法、主层次分析法和综合赋权法等方法。

模糊层次分析法是将测量对象划分为不同的组成要素，按照各要素之间的相互作用和隶属关系将其分层聚类组合形成层次结构，然后由领域专家根据客观含义对每一层组成要素两两之间的相对重要性进行主观判断，再依据主观判断给予定量判断，最后用数学方法确定每一层次全部要素的权重。

熵值法是根据熵理论进行指标权重赋值方法。熵理论原则是如果测量对象某项指标的值相差越大，得出的熵值就越小，该指标的权重就较大，在综合测度体系中所起的作用就越大；反之，该指标的权重就越小，在综合测度体系中所起的作用就越小。因此，熵值法是一种基于样本数据、不考虑指标内涵的赋权法。

主层次分析法是一种将原来具有一定相关性的众多指标线性组合成一组新的互相无关的综合指标来代替原来的指标的方法。新的指标的权重取决于其方差，因此该方法也是一种不考虑指标具体含义而仅通过样本进行赋权的方法，且更适用于指标众多且具有相关性的指标体系。

综合赋权法是综合专家判断与基于样本的计算方法相进行赋权的方法，目的是降低人为判断因素中的主观影响，同时避免不考虑指标客观含义、权重随样本数据的变化而变化的情况。

对于专利创造潜力、创造能力、运用能力、保护管理以及运用需求指标体系来说，其中各个指标具有明确、具体、客观的特定含义，且随着社会的发展，各年度、各地区的样本相差较大，因此不适宜选择基于样本的赋权方法，应更为优先选择模糊层次分析法作为权重确定方法。

6.3.2　区域知识产权能力的空间分布

知识产权能力的空间分布是知识产权区域布局的呈现，具体包括空间分布可视化和空间集中/分散，揭示知识产权能力空间分布的数量演变特点、几何性状特点、集中分散特性等。

（1）知识产权能力空间分布可视化

知识产权能力空间分布可视化是将区域的知识产权能力要素通过可视化技术在地理空间上呈现出来。

从可视化技术而言，可以采用 ArcGIS 软件进行空间分布图谱绘制。GIS 主要优势是能够将地理位置与各种空间有关数据整合在一起，从而可以从空间角度出发表达、分析各种数据。实际上，传统的统计并不考虑统计单元的空间关系，地理单元被认为和一般的统计单元一样；在空间统计中，需要充分考虑统计单元的空间关系。GIS 提供了一种理解各空间单元或者区域之间动态交互作用、相互依赖、相互影响的方法。因此，在 GIS 软件中利用区域属性数据的空间特性，在分析空间关系基础上进行数值相关性分析，可以更准确地揭示知识产权区域分布的演变规律。

从可视化单元来看，区域并不是一个可以清晰界定的概念，在能力空间可视化分析之前，首先需要明确分布的区域对象是什么。一般而言，可以从三个层面上进行考察。一是省区市层面。省、自治区、直辖市是我国行政区划的第一层次，并且掌握着大量的知识产权行政权，是进行知识产权能力建设的重要载体。二是城市层面。就目前的情况而言，城市是经济社会发展的载体，也是提供各种社会服务的主体，当然也是知识产权能力建设的载体和主体，各类知识产权创造和应用主体均与城市紧密结合。三是组织层面，即企业、大学、研究机构以及知识知识产权中介机构等微观组织。

从国家层面来看，政策制定者主要关注省区市层面和城市层面知识产权能力的布局情况，而对于某一个省区市或者城市的政策制定者而言，企业、大学和研究机构等组织才是需要关切的单元。组织在省区市或者城市内如何分布，分布在各类园区内还是园区外，集中在大学研究机构还是集中在企业等。

显然，不同层面的空间分布具有不同的特点，省区市层面主要以面数据为主，呈现空间分布的块状结构；而城市层面主要以点数据为主，呈现空间分布的点线结构。组织层面的空间分布适合在省区市或者城市范围内进行分析，不适宜在全国范围进行分析。

（2）知识产权能力空间分布集中/分散

经济活动空间分布是集中还是分散一直都是区域经济学和经济地理学研究中的焦点问题，知识产权作为一种重要的经济资源，其空间分布的集中还是分散问题同样非常重要。

新古典经济学首先提出均衡说，认为经济要素配置可以实现帕累托最优，即使短期内出现偏离，长期也会回到均衡位置。在新古典经济学均衡分析的框架中，空间或区域和地理因素一直没有得到充分考虑，实际上空间要素是发展经济学的核心之一。1950 年，法国经济学家弗朗索瓦·佩鲁首次提出的增长极理论认为：一个国家实现均衡发展只是一种理想的状态，实际上经济增长是从一个或数个"增长中心"逐渐向其他部门或地区传导的过程。增长极理论是西方区域经济学中区域经济发展理念的基石，不平衡发展理论的主要依据之一。以增长极理论为基础，知识产权能力空间分布也应该呈现集中化态势，少数城市和少数企业是知识产权创造和运用的增长极。

增长极理论的生命力在于对知识产权活动发展过程的描述更加真实。正如佩鲁所主张，经济运行是一种非对称性的支配关系，一旦偏离初始的均衡状态，就会继续沿着偏离的方向运动，没有外部反方向的作用力很难回到原来的均衡位置，这与地区发展的客观差异非常吻合。知识产权的区域增长极能够主导知识创造和应用，推动以知识为基础的产业发展和经济发展。知识增长极具有相对比较优势，具有一定的吸引力和向心力，将周边地区的资金和劳动力等互补性要素转移到核心地区，这在一定程度上扩大了周边区域与核心区域之间的知识活动差距，形成了"中心－外围"发展模式。

知识产权能力空间分布的集中或者分散，本质上是知识产权能力的区域差异。对于这种差异，有几种不同的观点。第一种观点认为，知识产权区域差异是各区域知识产权创造能力上的差异，体现在专利申请授权量、商标与驰名商标数量等方面；第二种观点认为，知识产权区域差异是各区域知识产权能力及其增长速度方面的差异，不仅需要研究某一时间区间知识产权发展状态，还需要研究这种状态的变化过程；第三种观点认为，知识产权区域差异应该体现在知识产权增长总量、增长速度、人均指标，以及知识产权能力结构、质量和耦合等方面，这种观点企图全面反映区域在知识产权各个方面的差异。

必须承认，区域知识产权之间的差异客观存在，不以政策制定者的意志为转移。从系统的角度而言，我们认为第三种观点更能够反映区域知识产权发展的客观情况，知识产权的区域差异不仅是能力的差异，更重要的是能力结构、质量和耦合关系的系统性差异。

6.3.3　区域知识产权能力的空间关联

知识产权能力的区域间差异客观存在，不可避免。知识产权区域差异形成的势差已经成为区域间知识、信息、资本和人才等要素流动的原动力，进而形成了空间关联。增长极理论是解释空间关联的基础，知识产权资源集聚的地区作为知识经济发展的新力量，不仅自身具有强大的规模经济效应和知识溢出效应，同时对周边经济区也会产生支配效应、

乘数效应和极化 – 扩散效应。

① 支配效应。在知识产权实践活动中，区域间由于知识产权实力差异而产生不对称影响、形成不均衡关系，其中一些区域处于支配地位，而另一些区域处于被支配地位。一般来说，知识产权活动增长极区域都在一定程度上具有支配效应，能够通过知识产权前后向供求关系对处于被支配地位的区域产生支配影响。

② 乘数效应。知识产权密集区中的知识产权发展能力与其他力量之间的多元复合关联，包括前向关联、后向关联、旁侧关联。知识产权密集区五种能力的核心力量通过各种关联促使其他相关力量发生变化，进而在知识产权整体数量、结构和质量上出现乘数效应。例如，有些地区知识产权创造能力比较强，可能会后向推动知识产权运用能力提升，进而拉动知识产权运用需求，从而实现区域整体知识产权能力的改善。知识产权聚集区的这种效应可有效地改变一个区域知识产权整体实力弱、驱动经济发展力不强的状况。

③ 极化 – 扩散效应。知识产权极化效应首先表现在知识产权及相关资源的聚集，然后在地理空间上形成知识产权增长极，从而获得各种规模经济中的溢出效应。知识产权及相关资源的规模经济会进一步增强知识产权活动聚集区的极化效应，加快聚集区的速度增长和范围扩大。极化效应会导致知识产权密集地区的资源越来越密集，周边地区越来滞后，区域不平衡加剧，甚至会出现显著的"中心 – 外围"二元结构局面。扩散效应是指知识产权密集区由于聚集成本已经高于聚集收益，通过一系列关联机制不断向周围地区流动和溢出的过程。扩散效应带动知识产权及各种相关要素从核心聚集区向周边区域扩散，通过建立核心聚集区与周边落后地区的联系，加快周边区域知识产权创造和运用能力迅速发展，从而逐步缩小与聚集区的差距。在知识产权区域布局发展的过程中，初级阶段以极化效应为主，当核心集聚区发展到一定程度后，极化效应开始削弱，扩散效应显著加强。

区域知识产权的空间关联可以通过空间分析和计量等方法在经验上实现。空间自相关作为一种空间统计方法，可以呈现知识产权在不同空间单元的相关性。如果知识产权能力的相似性在空间上集聚，说明存在正的空间相关性；如果知识产权能力的差异性在空间上集聚，则表现为负的空间相关性；如果数值排列难以识别出清晰的模式，则表明知识产权空间分布具有相对独立性或随机性。空间自相关测度指标包括全局空间自相关和局部空间自相关。全局空间自相关表示知识产权的整体分布情况，识别区域内是否存在空间集聚性特征；局部空间自相关表示局部空间集聚性并呈现集聚的位置，识别空间异质性。空间自相关测度工具包括 GeoDa 软件、ArcGIS 软件等。

网络分析方法是动态观测知识产权空间流动的有效手段。网络分析方法将空间单元作为基本节点，空间单元之间的知识产权关联作为连接，建立知识产权空间网络。随着专利数据及分析技术的不断完善，专利合作、专利引用和专利许可等被广泛应用于衡量国家间或者地区间的知识产权流动问题。例如，随着我国技术市场交易的日益活跃，不同地区间的技术市场成交合同成为衡量区域间知识产权流动的指标。以省区市作为网络节点，省际技术市场成交额作为网络联系，基于省区市间的双边技术市场成交合同，可以构建知识产权区域间流动网络。

6.4　知识产权区域布局的动态耦合模型

知识产权区域布局的动态耦合分析主要是指知识产权创造与知识产权运用之间的耦合，以及知识产权创造能力与创造潜力、知识产权运用能力与运用需求之间的耦合，如图 6-4 所示。大体而言，可以分为知识产权区域布局的区域内耦合、产业内耦合和跨国耦合。

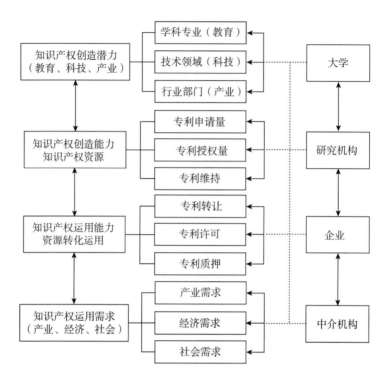

图6-4　知识产权区域布局的动态耦合分析技术路线

6.4.1　知识产权区域布局的区域内耦合

知识产权区域布局的区域内耦合是指一个区域内部知识产权创造潜力、创造能力、运用能力、运用需求和保护管理能力之间的耦合关系。知识产权五能力要素区域内耦合是区域知识产权运行效率提升，支撑地区经济社会发展和竞争力提升的重要基础。区域单元可以是一个省区市，也可以是一个城市区域。从地方政府的区域发展战略和行政管理目标而言，如何实现创新驱动发展已经成为迫切需要的现实问题，而知识产权是创新驱动发展的中心环节。

在区域知识产权系统内部，创造、创新和学习能力是从创造潜力跃迁为创造能力的主导机制。组织通过不断开展研究开发和技术发明活动，形成创新成果并以此申请专利，而后通过知识产权运营抢占市场，带来高额回报，知识产权创造和运用能力在技术创新过程中得到充分彰显，其中企业知识产权创造既包括发明创造又包括将发明创造成果产权化的过程。一般而言，企业对新技术、新产品的研发投入与知识产权创造成正比，但是技术创新不仅包括技术研发和创造，还涉及市场拓展，所以技术创新的内涵与知识产权创造和运用紧密相连，两者相辅相成（池仁勇和潘李鹏，2016）。此外，从知识产权相关资源投入到实现知识产权创造离不开学习能力，学习是获取新知识、利用新知识、更新知识的重要工具，学习比创新更快速、更经济。

区域产业基础和市场化环境是从知识产权创造能力跃迁为运用能力以及形成运用需求的主导机制。知识产权创造的资源投入和创造过程可能包括了大学、研究机构和企业等多种组织主体，但是运用能力和运用需求主要依赖于企业。区域知识产权运用是指企业将已有知识产权产品化、市场化的过程，这也是企业将创新成果转化的重要组成。企业知识产权运用能力是技术创新能力的重要构成，在企业新产品开发与管理中起到重要作用（池仁勇和潘李鹏，2016）。企业知识产权活动的活跃程度是知识产权运用能力和运用需求的基础，而知识产权活跃程度依赖于地区的产业基础和市场化程度。产业基础决定了企业的技术能力和技术需求，以知识为基础的产业发展是知识产权运用需求的根本驱动力。但是，仅有产业基础是不够的，还需要市场化的环境。以东北地区为例，虽然装备制造业等产业的基础雄厚，但是市场化程度比较低，企业知识产权活动基本上处于冬眠期。知识产权是严重依赖于市场而存在的私权，如果没有良好的市场环境，就不会有活跃的知识产权活动。

显然，企业在通过知识产权创造和运用获取和维持竞争优势时，不可避免地会受到区域知识产权保护管理能力的影响。虽然在国家层面上，各地区的知识产权保护强度保持一致，但是各区域的地方立法和执法标准并不一致。陈琳和孙玉涛（2007）从不同侧面对六个城市专利条例进行分析的结果表明：武汉的专利条例制定最早，同时比较完善；广州和上海的专利条例在有些方面比较宏观；宁波在职务发明创造激励方面的力度较大；长春和苏州在政府管理措施方面规定比较全面，同时政府管理的力度较大；苏州在条例制定的宗旨和任务方面前瞻性较强。因此，不同的区域根据其自身的特点，制定了具有地方特色的知识产权保护和管理办法。我国科学技术处于追赶阶段，地区之间经济和科技发展不平衡，企业之间、地域之间存在博弈，一方面，地区知识产权保护强度过低会造成该地区整体知识产权意识低下，挫伤企业创新积极性，从而不利于企业知识产权能力的提高；另一方面，过高的知识产权保护强度不利于企业所在地区知识溢出，从而增加了企业知识产权创造和运用难度，也不利于企业知识产权能力提升。

总之，区域内耦合是通过区域知识产权系统的有效运行，提升区域知识产权能力和竞争力，在特定的技术生命周期内，知识产权等无形资源的积累效率与其积累水平是成正相关的，学习能力的高低将直接影响到创新知识的积累和应用，最终影响知识产权的创造和应用。但是，应该看到，并不是每一个区域知识产权各项能力都均衡发展，并且彼此之间相互促进、动态耦合，形成良性循环。实际上，知识产权五能力要素在区域内实现动态耦合的可能性并不大，尽管这是地方政府追求的目标。比如，有些地区知识产权创造潜力巨大，但是难以充分释放；有些地区知识产权运用需求旺盛，但是技术难以自给；有些地区知识产权创造能力强，但是难以转化和运用。为此，突破地域边界，在产业内耦合的可能性更大。

6.4.2　知识产权区域布局的产业内耦合

知识产权区域布局的产业内耦合是指一个国家产业内部知识产权创造潜力、创造能力、运用能力、运用需求和保护管理能力之间的耦合关系。知识产权五种能力的产业内耦合，一是突破了区域的边界，在一个国家内部整合知识产权资源，让每一个区域知识产权资源价值最大化，实现其在产业价值链上的最优定位；二是以产业竞争力提升作为目标，运用不同区域知识产权的各项能力支撑产业价值链提升和实现；三是知识产权活动具有非常显著的产业特征，不同产业知识产权的创造潜力、创造、运用、运用需求和保护管理存在较大的差异。

在国家层面上分析特定产业知识产权不同能力之间的耦合关系，对于区域和企业寻找价值链定位和合作伙伴具有重要的现实意义。以汽车产业为例，可以以市级行政区作为基本分析单元，分析交通运输、汽车工程、能源动力等相关学科的布局地图，分析汽车相关技术领域的 R&D 经费和人员布局地图，分析企业相关技术领域的专利布局地图，分析汽车生产制造的产业布局地图；建立学科领域、R&D 资源、技术专利、产业发展布局地图之间的匹配关系。在国家层面上，提出我国汽车产业知识产权布局地图和资源配置导向目录，通过行政指导和市场激励手段引导相关资源在地理上实现匹配；在区域层面上，提出省级行政区汽车产业以知识产权为核心的资源配置导向目录，明确区域在汽车产业发展上的定位，引导教育、研发和产业资源匹配集聚。

应该看到，对于像中国这样的发展中国家，即使在国家层面进行统筹，仍然难以实现各项能力之间的耦合。例如，国家正在进行大飞机设计和制造工作，中国商用飞机有限责任公司迫切需要飞机发动机方面的技术和知识产权，但是这项技术在国内很长一段时间内缺乏知识产权创造，只能从国外引进。这就决定了产业内耦合可能难以形成完整的知识产权五种能力的循环，有些产业发展必须依赖国外的知识产权，而有些国家则主要依靠知识产权创造和交易占据价值链的高端环节。

6.4.3　知识产权区域布局的跨国耦合

知识产权区域布局的跨国耦合是指全球范围内特定产业的知识产权创造潜力、创造能力、运用能力、运用需求和保护管理能力之间的耦合关系。在研发国际化和经济全球化不断深化的背景下，很难有一个开放国家的知识产权活动可以独善其身，因为人员、技术和产品的流动已经全球化。知识产权能力跨国耦合的内涵十分丰富，具体涉及以下内容。

一是突破国家边界，在全球范围内整合知识产权资源，各个区域广泛参与全球创新网络和知识产权价值链治理，所有地区的知识产权资源价值最大化，实现其在全球产业价值链上的利益最大化。

二是知识产权能力跨国耦合不仅仅是跨国知识产权创造和运用之间的对接，而是区域内耦合和产业内耦合的补充。显然，如果一个国家的产业可以从内部获得知识产权支撑，那么从国外引进的概率就会降低。反之则会出现不一样的情形，如果一个国家具有某些产业发展所需要的知识产权，该国可能会首选自己运用到生产和市场中去，当知识产权进入生命周期的衰退阶段时，开始许可给其他国家运用，而对于有些关键和敏感技术则严格禁止出口；当然，也有一些国家在某些产业可能并不会自己运用这些知识产权进行生产，而是仅仅依靠知识产权销售获得利润。

三是一个国家在特定产业知识产权能力中的分布，决定了其在全球价值链中的位置。产业价值链就像一张笑脸，两端是高附加值的研发知识产权和品牌市场，中间是低附加值的制造。如果一个国家知识产权创造和运用能力很强，就有可能在全球产业价值链中居于核心位置，而如果只有知识产权运用需求，而难以创造出相应的知识产权，那只能处于被动的低附加值环节。知识产权区域布局的跨国耦合是要将区域置于全球发展的版图中，进而支撑国家的产业和经济社会发展，实现知识产权强国。

第7章

知识产权区域布局的分析方法

运用现代科学方法和技术手段分析中国知识产权区域布局现状是提出知识产权区域布局优化对策的基础，本章依据空间经济学、社会网络理论、GIS 方法以及文本挖掘等方法，建立知识产权区域布局分析方法体系，阐明各种方法的基本特征、适用条件以及实证检验对数据的要求，为中国知识产权区域布局现状分析提供方法论基础。

7.1 静态分布分析方法

知识产权静态分析是将知识产权作为一种资源，从总量（规模）、结构、空间属性等角度分析其存在形式。静态分布分析以知识产权的空间属性和关系为重点，研究其分布态势，以便为动态分析和布局政策设计提供依据。

7.1.1 指标赋权评价法

顾名思义，指标赋权评价法是对指标体系中的不同指标赋予不同的权重，进而对整个工作体系作出评价的方法，权重的大小则体现了各指标的重要性。目前，赋权评价方法可分为两类：一类是主观赋权法，信息来自专家咨询，根据咨询评分确定指标权重，典型方法有模糊综合评价法、层次分析法等；另一类是客观赋权法，信息来自统计数据本身，根据指标之间的相关关系或指标值的差异确定各指标权重，典型方法包括熵权法和主成分分析法等（刘凤朝和马荣康，2016）。本书分别以层次分析法与熵权法为例作详细说明。

（1）层次分析法

层次分析法是主观赋权法的代表，它的基本思想就是将复杂问题分解成若干个有序的层次，一般包括目标层、准则层和方案层，每层次各要素之间概念地位大致相同，层次之间存在隶属关系，从而将多个元素权重的整体判断转变为对这些元素进行"两两比较"，建立相应层次的判断矩阵，然后再转为对这些元素的整体权重进行排序判断，最后确立各元素的权重，如图7-1所示。可采用 DPS 数据处理系统处理。

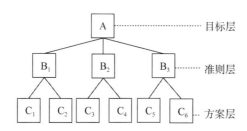

图7-1　层次分析法模型

层次分析法的具体流程如图7-2所示。

层次分析法作为一种系统性的分析方法，它将研究对象看作一个完整的系统，按照分解、比较判断、综合的方式进行决策，各个因素以及权重的设置都会影响到最终的结果。层次分析法也是一种定性与定量有机结合的方法，它将人们的思维过程数学化、系统化，方法简单，易于掌握，而且所需定量数据信息较少，赋权过程只需人为确定指标间的相

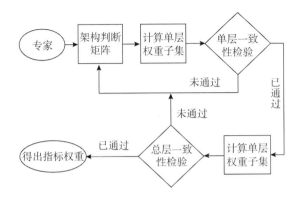

图 7 - 2　层次分析法的具体流程

对重要性即可，故这种方法广泛运用于对无结构特性的系统评价以及多目标、多准则、多时期等的系统评价。然而层次分析法需要依靠专家的知识和经验，且受决策者的意向和偏好的影响，主观随意性较大，评价结果往往不易令人信服。

（2）熵权法

熵权法（熵值法）是一种典型的客观赋权法，在具体使用中，熵权法根据指标的变异程度，通俗来说就是根据指标的离散趋势，通过信息熵计算出各指标的熵权，再基于熵权对各指标的权重进行修正，从而得出客观的指标权重。

具体赋权步骤如下：

设有 m 个待评单位，n 个评价指标，对各指标原始数据标准化后得到标准化的指标数据矩阵 $R = (r_{ij})_{m \times n}$，那么对于某个指标 r_j 而言，其信息熵可表示为：

$$e_j = -1/\ln m \sum_{i=1}^{m} p_{ij} \ln p_{ij} \qquad (7-1)$$

其中

$$p_{ij} = r_{ij} / \sum_{i=1}^{m} r_{ij} \qquad (7-2)$$

则第 j 项指标的权重为：

$$w_j = (1 - e_j) / \sum_{j=1}^{n} (1 - e_j) \qquad (7-3)$$

第 i 个待评单位的综合评价值为：

$$V_i = \sum_{j=1}^{n} w_j p_{ij} \qquad (7-4)$$

一般而言，某个指标的信息熵越小，表明该指标值的变异程度越大，提供的信息量越多，在综合评价中所能起到的作用也越大，其权重也就越大；反之，某个指标的信息熵越大，其权重也就越小。

熵权法很好地避免了主观赋权法单凭评价者的主观看法决定评价指标重要性的弊端，只需待评个体各个指标的具体数据即可完成，适应性强，且精度更高，客观性更强，能更好地解释得到的结果并得到公众的认可，但运算过程往往比较复杂。Execl、Stata、Matlab 软件均可测算。除此以外，普通熵权法只能就单一维度上的待评单位进行评价比较，本章第 7.3.1 节中，在介绍全局耦合协调度分析方法时详细介绍了全局熵权法，用于跨维度的评价比较。

7.1.2 空间相关性分析

位置和距离是知识产权活动分析的重要前提，通过对知识产权活动的位置及发生位置之间距离进行相关性分析，一方面可以通过空间集聚分析看出知识产权活动的空间分布规律；另一方面也可以通过空间依赖性分析从地理邻近性角度透析其分布规律的生成机理。

（1）空间集聚分析

空间集聚分析可以基于知识产权活动的分布位置考察特定知识产权活动空间集聚和分散程度。目前，空间集聚分析已被广泛应用到产业分析中，测度方法主要有两类，一类是基于分地区、分行业数据进行的测算，如 Hoover 地方化系数、空间基尼系数、区位商等，另一类则是基于企业层面的数据，例如 *EG* 指数、*DO* 指数和 *M* 函数（文东伟和冼星国，2014）。

以空间基尼系数为例，其计算公式如下：

$$G = \sum_i (s_i - x_i)^2 \qquad (7-5)$$

其中，G 为基尼系数，s_i 是 i 地区某产业产值占全国该产业总产值的比重，x_i 是该地区全部产业产值占全国总产值的比重。

该方法的优点是简便直观，空间基尼系数数值越高（最大值为 1），表明集聚程度越大，产业在地理上也就愈加集中，并且所需数据也较易收集，只需各产业在各地区产值即可。但是因为空间基尼系数没有将企业规模的差异考虑在内，其值大于零并不能表明一定存在集群现象。也就是说，如果某个地区存在一个规模很大的企业，就有可能造成该地区在该产业上有较高的基尼系数，但实际上并未出现明显的集群现象。这就很容易造成利用空间基尼系数来比较不同产业的集聚程度时，会因各产业中企业规模或地理区域大小的差异而产生跨产业比较上的误差。

另一类方法我们以 *EG* 集聚指数为例，该指数的计算公式为：

$$EG_i = \frac{G_i - \left[1 - \sum_r (x_r)^2\right] H_i}{\left[1 - \sum_r (x_r)^2\right](1 - H_i)} \qquad (7-6)$$

其中，r 和 i 分别表示地区和行业；$x_r = (E_r/E)$ 是地区 r 产业总产值占全国产业总产值的比重，反映全国产业总产值在各地区分布；G_i 为空间基尼系数，反映行业 i 产值在各地区的分布；H_i 是行业 i 的 Herfindal 指数，反映行业 i 的竞争程度，计算公式为：

$$H_i = \sum_f (z_i^f)^2 \qquad (7-7)$$

其中，$z_i^f = (E_i^f/E_i)$ 为行业 i 中的企业 f 的产值占行业 i 总产值的份额，反映行业 i 中企业规模的分布情况。

EG 集聚系数研究更细致，且更贴近经济活动的现实，结果也更为准确，但由于该方法除了需要收集各产业在各地区的产值之外，企业层面

的产值数据也要求明确，操作起来难度更大。

知识产权活动与产业经济活动具有一定的相似性和关联性，只需要明确各区域及各区域内各组织知识产权活动的数量或参与人员数量等信息，就可将产业空间集聚分析的方法运用到知识产权区域活动的空间集聚性的分析上。

（2）空间依赖性分析

众所周知，知识产权资源配置和组织运行可能会受到空间因素影响，从而使相邻区域的组织运行相关联或配置格局上相似，或存在地域差异和地理空间上的依赖性，即某个区域的知识产权活动会受到其他区域尤其是邻近区域的影响。空间集聚分析一般只关注知识产权资源的空间位置，空间依赖性分析则在此基础上将知识产权活动发生位置之间的距离考虑在内，不同于传统的统计和计量理论以独立观测值假设为基础，空间自相关考虑了空间依赖性的影响，考察不同属性空间的相关性。如果某一属性的相似性在空间上集聚，说明存在正的空间相关性；如果某一属性的差异性在空间上集聚，则表现为负的空间相关性；如果数值排列没有表现出明显的模式，则为独立的或随机的。

空间自相关的测度方法包括全局空间自相关和局部空间自相关（王远飞，2007），全局空间自相关描述某一属性在某一观测时期的整体分布情况，使用单一值来反映某区域的自相关程度，判定区域内是否存在空间集聚性特征，局部空间自相关计算局部空间集聚性并指出集聚的位置，探测空间异质性。由于空间自相关主要关注的是空间依赖性的影响，因此除了各区域对应的属性值外，还需要明确各区域地理位置上的相邻关系或距离远近，并对其进行合理量化，具体操作则可以通过 GeoDa 软件、ArcGIS 软件进行处理。

1）全局空间自相关

目前，衡量全局空间自相关的指标有全局 Moran's I 指数、全局 G 系数和 Geary's C 系数以及 Ordstatistic 等国内统计界鲜少使用的指标，全局

Moran's I 指数和全局 G 系数是国内学者使用频率最高的衡量全局空间自相关的方法。

全局 Moran's I 指数反映空间邻接或空间邻近区域单元属性值的相似程度，其计算公式为：

$$I = \frac{n \sum\limits_{i=1}^{n} \sum\limits_{j=1}^{n} c_{ij}(x_i - \bar{x})(x_j - \bar{x})}{\sum\limits_{i=1}^{n} \sum\limits_{j=1}^{n} c_{ij} \sum\limits_{i=1}^{n}(x_i - \bar{x})^2} \qquad (7-8)$$

其中，x_i 为区域 i 的属性值，c_{ij} 代表空间单元 i 和 j 之间的邻近程度，$\bar{x} = \frac{1}{n} \sum\limits_{i=1}^{n} x_i$。

空间自相关分析的关键在于构建适当的空间权重矩阵 C 来量化各地区间的空间关系，空间矩阵的基本形式为：

$$C = \frac{C^*}{C_0} = \begin{pmatrix} 0 & c_{12} & \cdots & c_{1n} \\ c_{21} & 0 & \cdots & c_{2n} \\ \vdots & \vdots & \ddots & \vdots \\ c_{n1} & c_{n2} & \cdots & 0 \end{pmatrix} \qquad (7-9)$$

其中，C^* 是邻近性矩阵，需要进一步标准化才能得到权重矩阵，即将 C^* 除以 C_0，$C_0 = \sum\limits_{i=0} \sum\limits_{j=0} c_{ij}^*$，$c_{ij}$ 反映 i 和 j 之间的相邻程度或某一指标的相近程度，如果地区 i 和 j 之间存在联系，则 $c_{ij} > 0$，否则 $c_{ij} = 0$。

Moran's I 的取值范围在 $[-1, 1]$ 内，且绝对值越大表明空间相关性越强，Moran's I 大于 0，表示各地区间空间正相关，越接近 1 说明空间邻接或邻近地区单元之间相似性越强；Moran's I 小于 0，表示各地区间空间负相关，越接近 -1 说明空间邻接或邻近地区单元之间的差异性越强；Moran's I 等于 0，表示各地区的属性分布不存在相关性。此外，可以进一步用标准化统计量 $Z(I)$ 来检验空间自相关的显著性水平：

$$Z(I) = \frac{I - E(I)}{\sqrt{Var(I)}} \qquad (7-10)$$

Var（I）为 Moran's I 指数的理论方差，对于正态分布假设：

$$Var（I）= \frac{n^2 w_1 - n w_2 + 3 w_0^2}{w_0^2（n^2 - 1）} \qquad (7-11)$$

对于随机分布假设：

$$Var（I）= \frac{\left[\begin{array}{c} n((n^2 - 3n + 3)w_1 - \\ nw_2 + 3w_0^2) \end{array}\right] - \left[\begin{array}{c} k_2((n^2 - n)w_1 - \\ 2nw_2 + 6w_0^2) \end{array}\right]}{w_0^2（n-1）（n-2）（n-3）} - E（I）^2 \qquad (7-12)$$

其中，$w_0 = \sum_{i=1}^{n} \sum_{j=1}^{n} c_{ij}$，$w_1 = \frac{1}{2} \sum_{i=1}^{n} \sum_{j=1}^{n}（c_{ij} + c_{ji}）^2$，$w_2 = \sum_{i=1}^{n}（c_{i.} + c_{.i}）^2$，$c_{i.}$ 为第 i 行的权重之和，$c_{.i}$ 是第 i 列的权重之和；$E（I）= -1/（n-1）$ 为 Moran's I 的理论期望，参照正态分布表，当 Z 大于临界值时，说明相关关系显著，具体如下：

$|Z| \geq 2.58$，$p \leq 0.01$，非常显著；

$|Z| \geq 1.96$，$p \leq 0.05$，一般显著；

$|Z| < 1.96$，$p > 0.05$，不显著。

需要注意的是，全局 Moran's I 指数只能检验是否存在空间集聚现象，但不能反映其是高值集聚还是低值集聚，需要我们从原指标数据分析得出。

Getis 和 Ord 于 1992 年提出了全局 G 系数，G 系数一般采用距离权，即两区域之间距离小于 d 时，权重 $c_{ij}（d）= 1$，否则 $c_{ij}（d）= 0$，其计算公式如下：

$$G(d) = \frac{\sum \sum c_{ij}(d) x_i x_j}{\sum \sum x_i x_j} \qquad (7-13)$$

显然，G 的取值范围为（0，1]，当邻近的数值变大时，G 值将变大，反之，当邻近的数值变小时，G 值将变小。但对于 G 系数更为详细的解释依赖于标准化后的变量 Z 值。

$$Z（I）= \frac{G - E（G）}{\sqrt{Var（G）}} \qquad (7-14)$$

$$E(G) = \frac{\sum\limits_{i=1}^{n}\sum\limits_{j=1}^{n}c_{ij}}{n(n-1)} \qquad (7-15)$$

$$Var(G) = E[G^2] - E[G]^2 \qquad (7-16)$$

Z 得分值为正数，则观测的全局 G 系数会比期望的 G 系数要大一些，表明研究区域中存在高值集聚。如果 Z 得分值为负数，则观测的全局 G 系数会比期望的 G 系数要小一些，表明研究区域中存在低值集聚。

与全局 Moran's I 指数相比，全局 G 系数可以区分空间集聚现象是属于高值集聚还是低值集聚，但全局 Moran's I 指数在判断空间内部是否存在集聚，尤其是集聚区域位于待测空间的边缘地带时，准确率更高。

2）局部空间自相关

当需要进一步考虑观测值是否存在局部空间集聚，哪个区域对全局空间自相关的贡献大以及全局空间自相关评价在多大程度上掩盖了局部不稳定性时，就需要应用局部空间自相关分析，以此反映一个区域单元上的某一属性值与邻近单元上同一属性值的相关程度。

局部 Moran's I 是衡量局部空间自相关性较为常用的指标，该指标是将全局 Moran's I 分解到各个区域单元，称为空间联系局部指标，计算方法如下：

$$I_i = \frac{x_i - \bar{x}}{S_i^2} \sum_{j=1,j\neq i}^{n} c_{ij}(x_j - \bar{x}) \qquad (7-17)$$

其中

$$S_i^2 = \frac{\sum\limits_{j=1,j\neq i}^{n}(x_j - \bar{x})^2}{n-1} - \bar{x}^2 \qquad (7-18)$$

I_i 值越大，空间相关性越强，且其值主要用于各区域之间相互比较。

7.1.3 空间分布可视化分析

传统的 GIS 分析方法可以利用 ArcGIS 软件进行空间分布图谱绘制，将各种与空间有关的数据与地理位置链接在一起，直观表达知识产权活动的空间分布，从而可以从空间角度出发表达、分析各种数据，反映活动分布规律。尽管如此，传统的空间分布图谱并没有将地理要素分布的空间关系考虑在内，在空间统计中，要素的空间关系是分析中需要探讨的，处于十分重要的地位。利用探索性空间数据分析（ESDA）系列方法可以在相关性分析的基础上，进一步将分析结果可视化。所有相关性分析及可视化过程均可借助 ArcGIS 软件完成。

（1）聚类及异常值分析

Moran 散点图是用散点图的形式，描述变量 y_i 与其空间滞后向量 C_y（该区域观测值周围区域的加权平均）的相关关系，横坐标对应 y_i，纵坐标对应 C_y。Moran 散点图的四个象限分别对应于区域单元与其相邻单元之间四种类型的局部空间联系形式：

第一象限代表的空间联系形式是高观测值的区域单元被同样是高值的区域包围；

第二象限代表的空间联系形式是低观测值的区域单元被高值的区域所包围；

第三象限代表的空间联系形式是低观测值的区域单元被同样是低值的区域包围；

第四象限代表的空间联系形式是高观测值的区域单元被低值的区域所包围。

与局部 Moran 指数相比，Moran 散点图的优势在于后者能够进一步具体地区分区域单元和其相邻区域之间的空间联系形式属于高值和高值、低值和低值、高值和低值、低值和高值集聚之中的哪一种。高值被低值围绕及低值被高值围绕的点就是所谓的空间异常值。但 Moran 散点图不能直观反映区域活动的空间集聚程度，因此需要将 Moran 散点图和空间联系的局部指标（Local Indicators of Spatial Association，LISA）相结合来分析局部空间自相关性，即 LISA 显著性水平图。LISA 集聚图在地图中显示出显著的 LISA 区域，并将对应于 Moran 散点图中不同象限的相应区域进行分别标识。

（2）热点分析

空间冷热点图是空间可视化分析一种重要方式，目的是要识别高值集聚区域及低值集聚区域，除了 Moran 散点图可以达到这一目的外，Getis – Ord Gi 是空间热点分析中最常用的方法。该统计量产生两个值：每个区域的 Z 得分和显著性 P 值。

$$G_i^* = \frac{\sum_{j=1}^{n} c_{ij} x_j - \bar{x} \sum_{j=1}^{n} c_{ij}}{S \times \sqrt{\dfrac{n \sum_{j=1}^{n} c_{ij}^2 - (\sum_{j=1}^{n} c_{ij})^2}{(n-1)}}} \qquad (7-19)$$

其中，x_j 为区域 j 的属性值，c_{ij} 为区域 i 和 j 之间的邻近程度，

$$\bar{x} = \frac{1}{n} \sum_{i=1}^{n} x_i \qquad (7-20)$$

$$S = \sqrt{\frac{\sum_{j=1}^{n} x_j^2}{n} - (\bar{x})^2} \qquad (7-21)$$

每个要素返回的 G_i^* 统计就是 Z 得分，当 Z 得分大于 2 倍标准差（标准差为 1），表示该区域为空间热点区域；当 Z 得分小于 –2 倍标准差，表示该区域为空间冷点区域；当 Z 得分介于 1 倍与 2 倍标准差之间、–2 倍与 –1倍标准差之间，均表示可能出现一定的热冷点分布，但不能否定随机分布的可能；当 Z 得分介于 –1 倍与 1 倍标准差之间，则表示随机分布空间模式的可能性极大。其中，热点区域表示要素高值被高值包围，而冷点表示要素低值被低值包围。

知识产权静态分布分析能够清晰刻画知识产权在不同区域的聚集状况，以及区域知识产权资源分布模式间的相似或关联，通过可视化技术可将静态分布分析结果予以直观化表述。如果能有长时段的历史数据支撑，还可通过不同历史时段的比较，发现特定区域知识产权资源分布模

式的变化，以及区域间知识产权流动的规律。

静态分布分析的局限性是它不能反映知识产权活动的区域特征，知识产权管理不仅是对资源的管理，也是对知识产权活动和知识产权价值链的管理，因此，需要在静态分布分析的基础上，引入社会网络分析、价值链分析等方法，对区域知识产权进行动态分析。

7.2 社会网络方法分析

知识产权作为具有巨大商业价值的经济资源只有借助市场进行交易才能充分实现其商业价值，而市场主体的交易行为便构成复杂的知识产权交易网络，市场交易主体又具有较强的地域属性，因此可通过社会网络分析研究知识产权区域活动的规律。从知识产权创造和利用的角度来看，知识产权又是一种主体间相互引用与合作的社会网络，这种网络的形成和发展与主体间的地理邻近性密切相关，因此，运用社会网络分析方法可以研究区域间知识产权活动的关联性。

随着我国技术市场交易的活跃，技术市场成交合同成为直接衡量区域间技术转移的指标。基于我国省区市间的双边技术市场成交合同，以省区市为网络节点，以省际技术市场成交额为节点联系，联系的方向表示技术输出或技术吸纳，可以构建区域间技术转移网络。类似地，我们可以建立技术引用网络和合作网络。在构建知识产权区域布局网络时，若只关注活动主体间是否存在交易、引用或合作行为，可构建无向二值网络；若在此基础上需要对技术交易、引用与合作关系的方向作区分，则应建立有向二值网络；同时还可根据活动主体间活动频率划分关系强度等级，构建相应的无向多值网络或有向多值网络。

借助社会网络分析方法，我们不但可以透过网络规模及网络密度等整体指标明确网络交易关系、引用关系及合作关系的规模和密集程度，还可以进一步通过网络中心度分析、子群分析和网络位置及角色分析更加清晰地知晓知识产权活动的内部结构以及各地区在整个知识产权网络中的地位及作用。

7.2.1　网络中心度分析

中心性是社会网络分析的重点之一，网络节点中心度的分析可以反映出某省区市在技术转移、引用和合作网络中居于怎样的中心地位，反映节点的相对重要性。网络中心势的衡量则反映出整个网络所具有的中心趋势，也就是在关系网络中所有关系都指向某个位置或从某个位置发出来。根据测量方法的不同，常用的中心性分析有以下三种：度数中心性、中间中心性和接近中心性（刘军，2009）。

（1）度数中心性

最简单也是最直观地反映地区中心性的是绝对度数中心度。点 A 的绝对度数中心度就是与 A 点直接相连的其他点的个数，点的度数中心度越高，也就是它与其他点的连接越多，该点拥有的影响他人的"权力"就越大，如果某点在网络中具有最高的中心度，则成该点居于中心。在有向图中，每个点的度数可以分为点入度和点出度。但是，绝对度数中心度只能比较同一网络中各网络节点中心性的大小，当网络的规模不同的时候，不同网络中的点的中心度不可比较，相对度数中心度则可以弥补这个缺陷。相对度数中心度是点的绝对中心度与该点在网络中最大可能的中心度之比。在一个有 n 个节点的网络中，任意节点的最大可能中心度均为 $n-1$。

网络中心势指数的计算步骤如下：

① 找到网络中中心度最大的节点；

② 计算该节点的中心度与其他节点中心度的差值；

③ 将第②步计算得到的 $n-1$ 个差值加总；

④ 用第③步的总和除以理论上各个差值总和的最大可能值。

网络中心势指数的计算公式如下：

$$C = \frac{\sum_{i=1}^{n}(C_{\max} - C_i)}{\max\left[\sum_{i=1}^{n}(C_{\max} - C_i)\right]} \qquad (7-22)$$

在具体计算过程中，我们既可以利用绝对度数中心度 C_{AD} 也可以利用相对度数中心度 C_{RD} 来计算，且只有当网络是星形网络时，分母才能取到最大值。

$$C_D = \frac{\sum_{i=1}^{n}(C_{ADmax} - C_{ADi})}{n^2 - 3n + 2} = \frac{\sum_{i=1}^{n}(C_{RDmax} - C_{RDi})}{n-2} \qquad (7-23)$$

（2）中间中心性

中间中心度是另外一种测度网络节点中心度的方法，它测量的是一个节点在多大程度上位于网络中其他点的中间，反映该点在多大程度上能控制别人的联系。假设节点 B 和节点 C 之间存在 n 条捷径（最短路径），经过节点 A 连接节点 B 和节点 C 的捷径数与 n 的比值称为节点 A 相对于节点 B 和 C 的中间中心度，把节点 A 相对于网络中所有节点对的中心度加在一起，就得到节点 A 的绝对中间中心度。将绝对中间中心度标准化，得到相对中间中心度。当网络构成星形网时，图中节点中心度可能达到最大值 $(n^2 - 3n + 2)/2$。因此点 A 的相对中间中心度是绝对中间中心度与最大可能中心度的比值，其取值范围为 $[0，1]$，当中间中心度等于 0 时，说明该节点不在连接任何其他两节点的最短路径上，不能控制任何其他节点的联系，当中间中心度为 1 时，则说明连接任何其他两节点的最短路径都经过该节点，该点具有很大的"权力"。

此时，网络中心势的计算步骤与度数中心势的步骤一致，计算公式如下：

$$C_{\mathrm{B}} = \frac{2\sum_{i=1}^{n}(C_{\mathrm{ABmax}} - C_{\mathrm{AB}i})}{n^3 - 4n^2 + 5n - 2} = \frac{\sum_{i=1}^{n}(C_{\mathrm{RBmax}} - C_{\mathrm{RB}i})}{n-1} \qquad (7-24)$$

其中，C_{AB} 是绝对中间中心度，C_{RB} 是相对中间中心度。

（3）接近中心性

除了上面介绍的度数中心度和中间中心度外，还有一种经常用来计算中心性的方法——接近中心度。当一个节点与其他节点都很"接近"时，说明该节点对其他节点的依赖性较低。网络中节点 A 的接近中心度是由 A 点与网络中所有其他节点的最短路径距离之和。与其他中心度不同的是，接近中心度的值越小，节点 A 的依赖性越低，越有可能居于网络的核心。相对接近中心度则是 n 节点网络中绝对接近中心度最小可能值$(n-1)$除以节点的绝对接近中心度得到。注意，相对接近中心度取值范围为（0，1］，相对接近中心度值越大，节点 A 的依赖性越低，越有可能居于网络的核心。

网络的接近中心势计算公式如下：

$$C_c = \frac{\sum_{i=1}^{n}(C_{\mathrm{RCmax}} - C_{\mathrm{RC}i})}{(n-2)(n-1)}(2n-3) \qquad (7-25)$$

其中，$C_{\mathrm{RC}i}$ 为 i 节点的相对接近中心度。

一般情况下，上述三种中心度是相关的，但又有区别，在实际操作过程中要根据需要选择测度方法。度数中心度测度的是节点自身的联系能力，没有考虑到对其他节点的控制能力，多用来关注知识产权活动本身；中间中心度主要反映的是节点对其他节点的控制能力；接近中心度则反映节点在多大程度上不受其他节点的控制。此外，中心性指标只适用于二值网络的测量，二值网络仅仅根据两两节点之间有没有直接联系建立网络，不涉及关系的强度。具体到知识产权活动中，若两个区域间存在直接的技术交易、引用或合作关系，则二者之间关系为 1，否则为 0。

7.2.2 网络子群分析

社会网络的子群分析是一种社会结构分析，在这里实际上是对各地区之间以专利合作和技术转移为基础的关系模式分析。透过技术转移网络子群分析，我们可以发现彼此间技术交易、引用或合作频繁的区域群体，并对群体与大环境、群体与群体及群体内部区域间关系作更深入全面的分析。

凝聚子群是具有较强的、直接的、紧密的或者积极的关系的一个行动者集合。社会网络子群分析就是以群体成员间某种特定关系属性为基础，通过子群体成员的总体凝聚性对子群进行形式化定义。总体而言，我们可以从四个角度来划分凝聚子群：

① 成员关系的互惠性，在无向网络中表现为邻接，在有向网络中则体现为成员间相互"选择"。

② 子群成员间的接近性或可达性，这里关注的是成员之间是否存在可达的路径，不要求邻接。

③ 子群内部成员之间关系的频次，切入点是子群成员与其他成员间的关系频次。

④ 子群内部成员之间的关系密度相对于内、外部成员间的关系密度，关注子群内部成员间是否更加紧密。

（1）派系

派系是建立在互惠关系上的凝聚子群。在不同性质的网络中，派系的定义也有差别。在无向二值关系网络中，派系是指网络中至少包括三个节点的最大完备子网络，派系中任意两个节点之间的距离都为1，且派系外不存在与派系中的节点都邻接的节点。在有向二值关系网络中，派系的定义则变得更加严格，当两两节点之间的邻接关系是相互的时候，我们称之为强派系，而当两两节点之间皆存在邻接关系，但非任意两节点的关系都是相互的情况下，我们称为弱派系。除了二值关系网络外，实际生活中关系常常不只是"0"和"1"这样的二值数据，而是被划分为多个等级，因此也就形成了多值关系网络。针对无向多值网络的凝聚子群的研究，学者提出了 c 层次派系的概念。一个网络的 c 层派系是整体网络中具有以下特征的子群：该子群中任何一对节点的关系强度都不小于 c。c 值越大，所发现的子群的凝聚力就越强。

利用派系概念进行凝聚子群分析适用于关系紧密的小网络分析，但是派系的概念也具有一些缺点：①派系的概念很严格，一旦去掉一个关系，派系便不再成立；②派系成员间没有分化，无法进一步关注子群内部结构差异；③派系的规模受到节点度数限制，如果节点只能拥有 k 个关系，那派系中最多包含 $k+1$ 个节点；④派系常常规模不大，且重叠很多。

（2） n – 派系

由于派系的概念太过严格，有学者从可达性的角度对派系进行了推广，提出了 n – 派系的概念。n – 派系是建立在可达性基础上的凝聚子群，要求节点与节点之间的距离不能太大。

与派系一样，在不同性质的网络中，n – 派系的概念也有所差异。在无向二值关系网络中，n – 派系是指任意两节点在整体网络中的最短距离不超过 n 的子网络。n 是派系成员间最短距离的最大值，n 值越大，对派系成员的限制条件就越松散。当 $n=1$ 时，1 – 派系就是上文提到的"派系"，当 $n=2$ 时，则 2 – 派系中的节点两两之间或邻接或通过一个共同邻点而连接在一起。

在有向网络中，n – 派系的概念就复杂很多。首先我们要明确"半途径"和"关联度"的概念。在有向网络中，从节点 A 到节点 B 的"途径"是指从节点 A 出发指向节点 B 的一系列方向相同的点和线，"半途径"则是不考虑方向的连接节点 A 和节点 B 的一系列点和线。如此，连接节点 A 和 B 的长度为 n 的途径可分为以下 4 类：n – 弱关联性是指节点 A 和节点 B 之间通过长度不超过 n 的半途径相连；单项 n – 关联性是指存

在一条长度不超过 n 的途径从 A 指向 B 或从 B 指向 A；n - 强关联性是指存在一条从节点 A 指向节点 B 的长度不超过 n 的途径，且存在一条从节点 B 指向节点 A 的长度不超过 n 的途径，且两条途径经过的点不完全重合；n - 递归关联性是指当节点 A 和 B 是 n - 强关联的，且两条途径经过的点完全重合，只是线的方向相反。

相应地，有向网络中的 n - 派系也分为以下四类：

① 弱关联的 n - 派系：子群中的所有节点均为 n - 弱关联的，且不存在子群外的节点与子群内的所有节点具有 n - 弱关联性。

② 单项关联的 n - 派系：子群中的所有节点均为 n - 单项关联的，且不存在子群外的节点与子群内的所有节点具有 n - 单项关联性。

③ 强关联的 n - 派系：子群中的所有节点均为 n - 强关联的，且不存在子群外的节点与子群内的所有节点具有 n - 强关联性。

④ 递归关联的 n - 派系：子群中的所有节点均为 n - 递归关联的，且不存在子群外的节点与子群内的所有节点具有 n - 递归关联性。

多值网络中的 n - 派系还要考虑到子群节点间途径的值。c 层次途径是指途径上的每两两节点间的关系值均不小于 c。相应的无向多值网络中 c 层次的 n - 派系则需要满足子群中所有节点对之间的距离（途径上的线数）均不大于 n 且途径上的任意两节点间的关系均不小于 c。

n - 派系的概念相对于派系没那么严格，规模可能更大一些，但要注意，n - 派系虽然要求任意两点间存在小于等于 n 的路径，但这些路径并不一定都能被保留在子群中，而且 n - 派系可能是一个不关联图。

n - 宗派是和 n - 派系同属一类的凝聚子群分析方法，前者定义稍严格，它要求子群中任意两节点在子群内部存在距离不超过 n 的最短路径。

（3）k - 丛

k - 丛是基于节点度数，通过限制子群中节点的邻接点的个数得到的。

无向网络中的 k - 丛需满足以下条件：若整体网络中存在规模为 n 的

凝聚子群，则子群中的任意节点都至少与（$n-k$）个节点直接相连。当 $k=1$ 时，$k-$丛就是一个派系，当 $k=2$ 时，$2-$丛中的所有节点都至少与 $n-2$ 个其他节点邻接，以此类推。需要注意的是，k 值的确定是 $k-$丛分析的一个重要环节，随着 k 值的增大子群的凝聚力逐渐减小，当 k 值较大而 $k-$丛规模较小时，结果意义不大，因此 k 值的确定需要与子群的规模相匹配。一般情况下，学者们认为 $k-$丛的最小规模为（$2k-1$）。

在多值网络中，需要考虑邻接节点的关系强度。c 层次的 $k-$丛是指规模为 n 的子群中任意节点与至少 $n-k$ 个节点间的关系取值均不小于 c。$k-$丛的概念比 $n-$派系更能体现凝聚力思想，尤其是 n 大于 2 的时候。

$k-$核与 $k-$丛异曲同工，要求子群中的全部节点都至少与该子群中的 k 个其他点邻接。

（4）λ 集合

λ 集合是建立在"子群内外关系"基础上的凝聚子群，而这种关系体现在边关联度上。"边关联度"是指为了保证节点 A 和节点 B 之间不存在可达的路径而需要从总体网络中去掉的线的最小数目，记为 λ（A，B）。λ 值越大，两节点间的关系就越稳健。λ 集合是满足子群内任意一对节点间的边关联度都比子群内一节点与子群外一节点的边关联度大的子群。λ 集合使得子群具有较强的稳健性，不会因从中拿走几条线而变成不关联图，但节点之间不一定邻接，距离可能较远。

（5）成分

成分是另一种建立在"子群内外关系"基础上的凝聚子群。一个网络可以分成多个部分，每个部分的内部节点之间存在关联，而各部分之间相互独立，这些部分就是成分。

在分析凝聚子群时一般按照先分析定义比较严格的凝聚子群，然后分析定义较为松散的凝聚子群的步骤来进行。可以先分析派系，若不存在派系，则进一步选择分析 $n-$宗派、$n-$派系、$k-$丛、$k-$核、λ 集合、成分等凝聚子群。并根据这些子群的自身属性对凝聚子群进行相应的解

释和说明。UCINET 是常用的社会网络分析的软件，以上分析均可利用
UCINET 完成。

7.2.3 社会网络的位置和角色分析

透过关系网络对节点在社会网络中占据的位置和扮演的角色进行分
析，可以更有针对性地了解各地区在知识产权活动网络中的属性及特点。
除了通过测度节点的中心度反映节点的重要性外，是否占据较多的结构
洞也是反映节点是否处于核心地位的重要指标，中间人分析则可以更具
体地反映各节点与子群的关系。

（1）结构洞

Burt（2009）用"结构洞"来表示非冗余联系。具体而言，如
图 7-3 所示，A 与 B、C 两节点就构成一个结构洞，若 A 要把信息传递
给 B 和 C，则 A 需要分别通知，而在图 7-4 中，A′只要把信息传递给
B′，C′就可以获得信息。这样，A 与 B 及 A 与 C 的关系就是非冗余的，
而 A′与 B′及 A′与 C′的关系是冗余的，A 就占据了结构洞的位置。Burt 认
为，结构洞的占据者有机会获取"信息利益"和"控制利益"，从而具有
更大的竞争优势。但只从关系缺失的角度并不能完全说明结构洞，应从
凝聚性和对等性上来判断结构洞。仍然以 A、B、C 三者来说，若 A 与 B、
C 有关系，B、C 间若存在直接关系，则凝聚力加大，冗余性增强，这便
是凝聚性。对等性则用来描述两个节点分别与网络中的同一群节点具有
相同的关系。

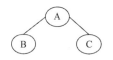

图 7-3 信息流动网（一）

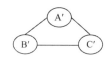

图 7-4 信息流动网（二）

　　结构洞的计算比较复杂，刘军（2007）将其计算指标分为两类：第
一类为结构洞指数，第二类为中间中心度指数。

　　结构洞指数指标要考虑以下四个方面：

　　① 有效规模：一个节点的有效规模等于该节点的个体网络（包括目
标节点和与目标节点直接相连的节点以及彼此之间联系构成的网络）规
模减去网络冗余度。

　　② 效率：一个节点的有效规模与实际规模之比。

　　③ 限制度：指某个节点在自己的个体网络中运用结构洞的能力。

　　④ 等级度：指限制性在多大程度上集中在一个节点上。

　　这类指标测量的是个体在网络中的受限制度，其中最重要的指标是
限制度，节点 i 受与之有关联的节点 j 的限制度的计算公式为：

$$C_{ij} = \left(p_{ij} + \sum_q p_{iq} p_{qj} \right)^2 \qquad (7-26)$$

其中，p_{ij} 是节点 i 投入节点 j 的关系占节点 i 投入的所有关系的比例，也
就是说若节点 i 与 n 个节点直接相连，则 $p_{ij} = 1/n$，q 是不同于 i 和 j 的任
意第三个节点。那么，节点 i 受到的总限制度计算方法为：

$$C_i = \sum_{j \neq i} C_{ij} \qquad (7-27)$$

　　中间中心度指数不同于结构洞指数，它从另一个思考角度来测度结
构洞：如果一个节点在网络中处于很多节点对中间，就说这个节点占据
较多的结构洞。整体网中节点的中间中心度的计算方法在第 6 章第
6.3.1 节中已经提及，此处不再赘述。在个体网中，只需要计算核心节
点的中间中心度即可。标准化的中间中心度取值范围为 ［0，1］，其值
越大，说明对应的节点越是中间人，结构洞越多，越居于网络的核心。
此外还有一些中间中心度的推广形式，将关系强度、方向及关系的多元
度等因素考虑在内。

　　无论是个体网还是整体网的分析，都可以采用结构洞指数和中间中
心度指标，且中间中心度与有效规模是正相关的，与网络限制度之间存

在负相关性关系。可以想见，一个节点越是居于网络的核心，其占据的结构洞可能越多，受到的网络限制度就越小，且中间中心度越大，等级度越小。二者的适用范围有所差别，结构洞指数只适用于二值无向网络，中间中心度指标的适用范围则更广，它可以用来分析无向网、有向网、二值网、多值网、多元网等。具体分析时，可根据实际情况选用合适的指标。

（2）中间人

刘军（2009）通过总结前人研究指出"中间人"就是处于中间位置的人。具体而言，若 A 有一个指向 B 的关系，且 B 有一个指向 C 的关系，而 A 没有指向 C 的关系，那么 B 就是 A、C 的中间人。由于中间人占据独特位置，往往掌握多个个体的秘密，从而具有一定优势。但是，中间人又因其具体位置的不同而有所差异，中间人可能存在于网络内部，也可能是在不同网络之间，因此根据中间人的位置，我们可以将中间人分为以下五类：

协调人：如图 7-5（a）所示，若 B 是 A 和 C 的中间人，且 A、B、C 处于同一个群体中，则称 B 为协调人或局部中介。

顾问：如图 7-5（b）所示，如果 A、C 处于同一个群体中，而 B 虽为中间人却处于另一个群体，这时称 B 为顾问。

守门人：如图 7-5（c）所示，若 B 是中间人，B、C 处于同一群体，而关系的发起者 A 在另一个群体，则称 B 为守门人。

代理人：如图 7-5（d）所示，若 B 是中间人，A、B 处于同一群体，而 C 处于另一群体，这时候称 B 为代理人。

联络人：如图 7-5（e）所示，A、B、C 均处于相异群体中，作为中间人的 B 则被称为联络人。

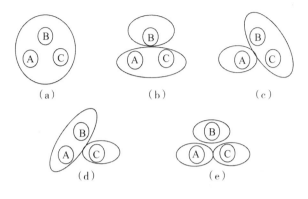

图 7 - 5　中间人的五种类型

在 UCINET 中有相应的指令可以计算出每个节点分别作为五类中间人的次数。需要注意的是，中间人分析针对的是有向图，必须明确关系的方向，且整个网络事先被分成了多个已知的群体。进行中间人分析可以得出在整个网络中，不同节点在不同群体中扮演怎样的中间人角色，从而深入了解节点的关系属性。

社会网络将知识产权作为社会活动，从活动主体的交易、合作和引用行为入手，研究知识产权活动中的社会关系。由于统计数据可以给出知识产权活动主体的空间信息，因此，可以把交易、引用和合作网络投影到地理空间，进而研究社会网络的区域特征。

社会网络分析虽然能够刻画知识产权活动的地域特征，但是难以刻画知识产权活动的区域分工，尤其是不能深刻阐明知识产权价值链的区域分工，因此，需要在网络分析的基础上，引入价值链分析、关联分析和协同分析等，分析区域产权活动的区域分工和联系。

7.3　运行关联分析方法

知识产权不仅是一种资源，更是一种经济、管理和法律活动。通过知识产权活动实现知识产权的价值增值。运行关联分析将知识产权活动与价值链环节匹配，研究知识产权价值链不同环节之间的关系，以便为知识产权的经营和管理提供科学依据。

7.3.1 灰色关联分析

我国学者邓聚龙（1982）提出灰色系统的概念，并建立了灰色系统理论。灰色系统理论的研究对象是部分信息已知、部分信息未知的"小样本""贫信息"不确定性系统，通过对部分信息的生成和开发，提取有用信息，达到对系统运行行为、演化规律的正确描述和有效监控的目的。

灰色关联分析是灰色系统理论的重要组成部分，其基本任务是以因子序列的微观或宏观的几何接近为基础，分析和确定因子对主行为的贡献程度或因子间的相互影响程度。基本思路是通过线性插值的方法将系统因素的离散行为观测动态序列值转化为分段连续的几何曲线，进而根据曲线的几何特征相似性测度关联程度，几何曲线形状越相似，表明变化趋势越接近，彼此之间的关联度就越大，反之关联度就越小。

灰色关联分析常被用来量化各因素间关联度大小，从而找出影响系统发展态势的重要因素。其主要步骤为：

① 确定参考序列和比较序列，并对参考数列和比较数列进行无量纲化处理。其中，参考数列是反映系统行为特征的数据序列；比较数列是影响系统行为的因素组成的数据数列。

② 求参考数列与比较数列的灰色关联系数 $\xi_{0i}(k)$：

$$\xi_{0i}(k) = \frac{\min\limits_{i \in M} \min\limits_{k \in K} |x_0(k) - x_i(k)| + \rho \max\limits_{i \in M} \max\limits_{k \in K} |x_0(k) - x_i(k)|}{|x_0(k) - x_i(k)| + \rho \max\limits_{i \in M} \max\limits_{k \in K} |x_0(k) - x_i(k)|} \quad (7-28)$$

$$M = \{1, 2, \cdots, m\}, \ K = \{1, 2, \cdots, n\}$$

其中，$x_0(k)$ 是参考数列的第 k 个点，$x_i(k)$ 是第 i 个比较数列的第 k 个点，ρ 为分辨系数，一般在 $0 \sim 1$，通常取 0.5。通过将一系列点的灰色关联系数绘制成折线图可以直观看出各比较数列与参考数列关联关系随时间的变化趋势。

③ 求关联度 r_i：

关联系数反映的是参考数列与比较数列在某个时刻的关联程度值，为了反映两个数列的整体关联性，需要求各点的平均值作为关联度：

$$r_i = \frac{1}{n} \sum_{k=1}^{n} \xi_{0i}(k) \qquad (7-29)$$

④ 灰色关联度排序：

关联度值越接近 1，说明相关性越好，但是关联度只是因素间关联性比较的量度，只能衡量因素间密切程度的相对大小，其数值的绝对大小常常意义不大，关键是看反映各个比较数列与同一参考数列的关联度哪个大哪个小，$r_i > r_j$ 说明比较数列 i 与参考数列的相关关系更紧密。

灰色关联分析对样本要求甚少，只需要参考方与对比方的时间序列数据即可，对样本量大小没有特殊要求，分析时也不需要典型的分布规律，且计算量小，一般不会出现量化结果与定性分析结果相悖的情况，因而应用广泛，可以通过 DPS 数据信息系统进行操作处理。但由于关联度受数列规范化方式、分辨系数等的影响较大，这些因素的变动会导致结果的剧烈变动，且单纯从曲线形状的比较上确定因素间的关联程度有些情况下欠妥当。

7.3.2　协同分析

协同理论认为，复合系统是由多个子系统构成的，由于子系统之间的相互作用和协作，各子系统之间会存在相互配合的行为，在条件具备的情况下，各子系统间的相互作用会产生协调作用，推动系统的有序发展。协同是指系统之间或系统组成要素之间在发展演化过程中彼此的和谐一致，系统之间或系统组成要素之间在发展演化过程中彼此和谐一致的程度称为协调度（协同度）（孟庆松，2000）。

如果将知识产权区域布局看成一个复合系统，各子系统之间发展的协调程度会影响系统整体的发展走向，那么通过定量分析的方法来对系统协同发展程度（系统协同度）进行测度，就能够了解系统发展现状、发展态势，并找出其中的影响因素，有助于了解到各个子系统对于系统整体发展的影响程度，把握系统整体宏观走势，促进系统发展从无序转变为有序，达到协同发展的目标。

目前系统协调度的计算方法有多种，较常用的有复合系统协调度及耦合协调度，本书对这两种方法进行详细说明，并对耦合协调度方法加以改进形成全局耦合协调度分析方法。

（1）复合系统协调度分析

计算系统协调度需要首先给出系统有序度的概念，假设复合系统由 k 个子系统组成，考虑子系统 S_j，$j \in 1, 2, \cdots, k$，各子系统的序参量变量为 $e_j = (e_{j1}, e_{j2}, \cdots, e_{jn})$，即每个子系统包括 n 个指标，那序参量分量 e_{ji} 的系统有序度如下：

$$u_{ji}(e_{ji}) = \begin{cases} \dfrac{e_{ji} - \alpha_{ji}}{\beta_{ji} - \alpha_{ji}}, 正指标 \\ \dfrac{\beta_{ji} - e_{ji}}{\beta_{ji} - \alpha_{ji}}, 负指标 \end{cases} \qquad (7-30)$$

其中，α_{ij} 为第 j 个系统第 i 项指标在研究时间段内的最小值，β_{ij} 为第 j 个系统第 i 项指标在研究时间段内的最大值。$u_{ji}(e_{ji}) \in [0, 1]$，其值越大，$e_{ji}$ 对系统有序的"贡献"越大。

系统 S_j 的总有序度可以通过 $u_{ji}(e_{ji})$ 的集成来实现，其计算方法如下：

$$u_j = \sum_{i=1}^{n} \lambda_{ji} u_{ji}, j = 1, 2, \cdots, k \qquad (7-31)$$

其中，λ_{ji} 为第 j 个系统第 i 项指标的权重，可用熵权法计算，且 $\sum_{i=1}^{n} \lambda_{ji} = 1$。

对给定的初始时刻 t_0，设各个子系统的系统序参量的系统有序度为 u_j^0，$j = 1, 2, \cdots, k$，对于整体复合系统在发展演变过程中的时刻 t_1 而言，各个子系统复合系统序参量的系统有序度为 u_j^1，$j=1$，2，$\cdots$，k，那么复合系统协调度为：

$$c = \theta k \sqrt{\left| \prod_{j=1}^{k} \left[u_j^1 - u_j^0 \right] \right|} \qquad (7-32)$$

其中

$$\theta = \frac{\min \left[u_j^1 - u_j^0 \right]}{\left| \min \left[u_j^1 - u_j^0 \right] \right|} \qquad (7-33)$$

$c \in [-1，1]$，其取值越大，符合系统的协调发展的程度越高，反之则越低。整个复合系统的协调度是由所有子系统发展状况共同决定的，如果一个子系统的有序程度有较大提高，而另一子系统的有序程度下降，则整个复合系统的协调度就不高。因此，通过复合协调度的符号，我们可以得知各子系统是否都朝着有利的方向发展，复合协调度的数值则反映了各子系统发展的幅度。

（2）耦合协调度分析

在物理学中，耦合是指两个（或两个以上的）系统或运动形式通过各种相互作用而彼此影响的现象。耦合度是对这种相互作用影响程度的度量。从协同学的角度来看，耦合作用和耦合程度决定了系统在达到临界区域时系统由无序走向有序的趋势。

耦合度方法在有序度的计算上与复合系统协调是一致的，二者的主要区别在于协调度的计算上。

多个系统相互作用的耦合度为：

$$C = \left\{ (u_1 \cdot u_2 \cdot，\cdots，\cdot u_k) / \left[\prod_{i \neq j} (u_i + u_j) \right] \right\}^{1/k} \qquad (7-34)$$

当只存在两个系统时，上式可具化为：

$$C = \left\{ (u_1 \cdot u_2) / \left[(u_1 + u_2)(u_2 + u_1) \right] \right\}^{1/2} \qquad (7-35)$$

其中，$C \in [0，1)$，其值越大，说明子系统间的相互影响程度越高。耦合关联度虽然在一定程度上反映了系统之间的耦合情况，本质上体现的是各个子系统演进水平的同步性，但并没有表现出各系统在总体上的发展水平。所以，引入耦合协调度模型：

$$D = \sqrt{C \cdot T} \tag{7-36}$$

$$T = \sum_{j=1}^{k} \eta_j u_j, \sum_{j=1}^{k} \eta_j = 1 \tag{7-37}$$

由于 D 综合考虑了系统的整体发展水平，所以可以有效地避免当各个系统都处于很低演进的水平且相近时得出的不符合实际的情况，比前面的耦合度模型更合理。

与复合系统协调度方法相比，耦合协调度方法通过对耦合协调度与协调度的分析与对比，不但可以了解整体系统的协调发展情况，还能有效识别各子系统在发展水平及发展同步性上出现的问题。此外，需要注意的是复合系统协调度和耦合协调度方法都是以某地区一系列指标的时间序列数据为样本进行系统协调度的计算，结果仅能用来对比分析某一地区一段时间内的各个子系统间的耦合情况，对各区域的时间序列数据分别进行计算分析，不但工作繁杂，且由于各区域的指标权重不统一，不能对结果进行跨区域的对比分析。

（3）全局耦合协调度分析

针对上文提到的耦合协调度无法同时进行跨时间跨区域比较的问题，全局耦合协调度能较好地解决这个问题。全局耦合协调度是根据耦合协调度的原理，将原本的以待评单位、年份和指标为维度的三维数据转换为以待评单位×年份及指标为维度的二维平面数据，来进行有序度的测算，并利用全局熵权法计算出各指标的熵值，耦合度及耦合协调度的计算方法上则与普通的耦合协调度方法无异。如此，各地区各年份间的同一指标具有相同的测度单位及权重，其耦合协调度的对比分析也就有意义了。

全局耦合协调度与耦合协调度方法的不同之处主要体现在有序度的计算及权重的确定上，有序度的计算需要以所有区域所有年份的指标值为基础，权重则需要通过全局熵权法（刘凤朝和马荣康，2016）来确定。下面将给出有序度及全局熵权法的计算步骤。

有序度的计算公式：

$$u_{ji}\left(x_{ji}\right) = \begin{cases} \dfrac{x_{ji} - \min x_{ji}}{\max x_{ji} - \min x_{ji}}, & \text{正指标} \\[3mm] \dfrac{\max x_{ji} - x_{ji}}{\max x_{ji} - \min x_{ji}}, & \text{负指标} \end{cases} \qquad (7-38)$$

其中，u_{ji} 是针对某区域某一年第 j 个系统第 i 项指标的有序度，$\min x_{ji}$、$\max x_{ji}$ 分别是该指标在所有区域所有年份的最小值和最大值。

权重的确定采用全局熵权法，分别对第 j 个系统的各项指标进行赋权，熵权值的计算步骤如下。

① 建立全局评价矩阵：

$$X = \left(x_{li}^{t}\right)_{mTn} \begin{bmatrix} x_{11}^{1} & x_{12}^{1} & \cdots & x_{1n}^{1} \\ x_{21}^{1} & x_{22}^{1} & \cdots & x_{2n}^{1} \\ \vdots & \vdots & & \vdots \\ x_{m1}^{1} & x_{m2}^{1} & \cdots & x_{mn}^{1} \\ \vdots & \vdots & & \vdots \\ x_{11}^{T} & x_{12}^{T} & \cdots & x_{1n}^{T} \\ x_{21}^{T} & x_{22}^{T} & \cdots & x_{2n}^{T} \\ \vdots & \vdots & & \vdots \\ x_{m1}^{T} & x_{m2}^{T} & \cdots & x_{mn}^{T} \end{bmatrix} \qquad (7-39)$$

其中，x_{li}^{t} 是第 l 个区域第 t 年第 i 个指标的取值，$l = 1, 2, \cdots, m$；$i = 1, 2, \cdots, n$；$t = 1, 2, \cdots, T$。

② 将原始数据标准化处理。

对于正指标，有：

$$r_{li}^{t} = \frac{x_{li}^{t} - \min x_{li}^{t}}{\max x_{li}^{t} - \min x_{li}^{t}} \times 99 + 1,$$

$$l = 1, 2, \cdots, m；i = 1, 2, \cdots, n；t = 1, 2, \cdots, T \quad (7-40)$$

对于负指标，有：

$$r_{li}^t = \frac{\max x_{li}^t - x_{li}^t}{\max x_{li}^t - \min x_{li}^t} \times 99 + 1,$$

$$l = 1, 2, \cdots, m; i = 1, 2, \cdots, n; t = 1, 2, \cdots, T \quad (7-41)$$

③ 将 r_{li}^t 转化为比重形式的 p_{li}^t：

$$p_{li}^t = \frac{r_{li}^t}{\sum\limits_{t=1}^{T} \sum r_{li}^t},$$

$$l = 1, 2, \cdots, m; i = 1, 2, \cdots, n; t = 1, 2, \cdots, T \quad (7-42)$$

④ 定义第 i 个指标的熵：

$$H_i = -1/\ln(mT) \sum_{t=1}^{T} \sum_{l=1}^{m} p_{li}^t \ln p_{li}^t,$$

$$l = 1, 2, \cdots, m; i = 1, 2, \cdots, n; t = 1, 2, \cdots, T \quad (7-43)$$

⑤ 定义第 i 个指标的熵权：

$$\lambda_i = \frac{1 - H_i}{\sum\limits_{i=1}^{n} 1 - H_i} = \frac{1 - H_i}{n - \sum\limits_{i=1}^{n} H_i}, i = 1, 2, \cdots, n \quad (7-44)$$

如此，对于某区域某一年第 j 个系统的总有序度为：

$$u_j = \sum_{i=1}^{n} \lambda_{ji} \times u_{ji}, j = 1, 2, \cdots, k \quad (7-45)$$

各子系统的耦合度为：

$$C = \left\{ (u_1 \cdot u_2 \cdot, \cdots, \cdot u_k) \Big/ \Big[\prod_{i \neq j} (u_i + u_j) \Big] \right\}^{1/k} \quad (7-46)$$

耦合协调度为：

$$D = \sqrt{C \cdot T} \quad (7-47)$$

$$T = \sum_{j=1}^{k} \eta_j u_j, \sum_{j=1}^{k} \eta_j = 1 \quad (7-48)$$

其中，$D \in [0, 1]$。

对于系统协调程度的判断，总体上遵循数值越大，协调程度越高的原则。通常将 $C = 0.45$ 时的两者耦合度度量为一般程度的耦合关系；当 $0 < C < 0.45$ 时，耦合度较弱，耦合关系为不良耦合；当 $0.45 < C \leqslant 1$ 时，耦合度较强，耦合关系为良性耦合。

以上步骤适用于双层指标系统，当系统层次大于 2 时，即某子系统中的某项指标由多个更加细化的指标构成，则需把多层次指标体系拆分成多个双层指标系统，按照由低到高的层次顺序重复以上步骤，直至得到最高层次系统的总有序度，进而按照耦合协调度的步骤，计算各地区每年的各个系统的全局耦合度及耦合协调度。如此便可对各区域每年的协调度及耦合协调度进行对比分析，并找出造成区域发展失调的因素。协调度计算过程均可用 Excel、Matlab 等软件完成。

耦合协调度等级划分标准如表 7 - 1 所示。

表 7 - 1　耦合协调度等级划分标准

序号	协调度区间	协调等级
1	0 ~ 0.09	极度失调
2	0.1 ~ 0.19	严重失调
3	0.2 ~ 0.29	中度失调
4	0.3 ~ 0.39	轻度失调
5	0.4 ~ 0.49	濒临失调
6	0.5 ~ 0.59	勉强协调
7	0.6 ~ 0.69	初级协调
8	0.7 ~ 0.79	中级协调
9	0.8 ~ 0.89	良好协调
10	0.9 ~ 1	优质协调

7.3.3　探索性空间数据分析

探索性空间数据分析（ESDA）是空间经济计量学和空间统计学的基础研究领域。它不需要经典统计的相关假设，可以达到确定数据结构、描述地理分布、探索空间依赖性、测度异质性和识别异常值的目的。Anselin（1995）指出，探索性空间数据分析是一系列空间数据分析方法和技术的集合。具体来说，就是描述数据的空间分布并加以可视化，展示数据的空间结构，识别空间数据的异常值，检测社会和经济现象的空间集聚，以及揭示现象之间的空间相互作用机制。探索性空间数据分析的核心是通过构建空间权重矩阵、度量全局空间自相关和局部空间自相关以及识别空间关联等，解析与地理位置相关的数据间的空间依赖、空间关联或空间自相关。根据空间数据类型特点，王远飞、何洪林等（2007）将探索性数据分析方法分为空间点数据、面状数据和连续数据的分析方法。

空间点数据分析方法以一系列观测事件的空间位置为基础，关注的焦点是空间点分布的聚集性和分散性的问题，其分析方法主要分为两类：第一类是基于密度的聚集性分析，利用规则区域内点的密度或频率分布特征研究观测目标的空间分布模式，主要方法有样方计数法和核函数法；第二类是基于距离的分散性分析，通过测度最近临近点之间的距离分析观测目标的空间分布模式，主要方法有最邻近距离法、G–函数、F–函数、K–函数等。

面状数据描述的是各个面积单元上某些变量的分布特征，如北京市发生的产权交易活动数目，它反映的是空间单元的总体特征，不涉及空间单元内部位置。面状数据的空间模式分析研究的是在空间单元空间关系作用下变量的空间分布模式。空间单元的空间关系体现在彼此之间的距离上，我们用"空间接近性"来定义这种距离。由于距离测度方式的差异，空间接近性的含义也有所差别，常用的测度方法有边界邻接法和重心距离法两种，前者以两者拥有共同的部分边界为空间接近，后者以两个空间单元重心或中心的距离小于指定距离为空间上的接近。

以各个空间单元相互间的空间接近性为基础建立空间权重矩阵，并进一步进行空间自相关分析是面状数据分析的重点。空间自相关考虑了空间依赖性的影响，考察不同空间的相关性，如果某一属性的相似性在空间上集聚，也就是说邻近位置上属性值差异小，说明存在正的空间相关性；如果某一属性的差异性在空间上集聚，即邻近位置上属性值差异大，则存在负的空间相关性；如果数值排列没有明显特点，则为独立的或随机的。此外空间自相关的强度也是可测的，对于空间正相关关系而言，邻近位置上属性值的接近程度越高，则空间自相关越强。

根据测度范围及目的的不同，空间自相关的分析方法又可以分为全局空间自相关与局部空间自相关。全局空间自相关描述某一属性某一观测时期在研究区域内的整体分布情况，判定区域内是否存在空间集聚，并反映空间集聚的水平；局部空间自相关描述局部空间集聚性并进一步指出集聚的具体位置，反映空间异质性。全局自相关统计量最常用的有 Moran's I 指数、Geary's C 系数和全局 G 系数等，局部空间自相关常用的有局部 Moran's I 及局部 G 统计量，它们分别是相应全局自相关指数的局部化版本。在此基础上将空间自相关分析结果可视化，包括 Moran 散点图、冷热点分析等可直观反映变量在空间关系作用下的空间分布模式。

空间连续数据分析方法主要是利用有限的采样点数据，根据要素空间变化的特征，预测无采样位置的属性值。空间连续数据的分析方法主要分为两类：第一类是基于一阶效应的方法，探测数据的空间趋势，主要包括空间滑动平均、基于嵌块的空间差值及核密度估计方法；第二类是基于二阶效应的方法，研究空间依赖性对变量的影响，主要包括协方差图和半方差图等。

随着 GIS 技术的广泛应用和不断发展，探索性空间数据分析已经成为人们分析空间数据不可或缺的重要手段，尤其是探索性空间数据分析中的可视化工具，它的使用通常更有利于非专业人员对数据的深刻理解。目前，GeoDa 软件、ArcGIS 软件是进行探索性空间数据分析的常用软件。

知识产权区域布局是在市场机制和政府政策共同作用下，知识产权活动主体行为的结果。无论是静态分布分析还是动态运行分析都是对知识产权资源或活动现象层面的分析，从知识产权区域治理的角度来看，知识产权区域布局分析不仅需要阐明布局的结果和现象，还要揭示布局的驱动机制，这样，就需要在静态分布和动态分布的基础上，运用政策分析工具，研究知识产权的政策制定过程，以及知识产权政策实施结果。

7.4　公共政策分析方法

公共政策是公共权力机关为规范和指导有关机构、团体和个人行动所选择和制定的解决公共问题、达成公共目标、以实现公共利益的方案。公共政策分析可采取面向政策主体和对象的主观研究方法和面向政策文本的客观研究方法（刘凤朝和孙玉涛，2007）。主观研究方法以政策制定主体和调控对象的组织和个人为对象，通过访谈、问卷调查、案例研究等方式采集相关政策制定及其实施的信息，从而评价分析政策过程和效果。客观研究方法是以政策文本为基础，将政策对象看作一个复杂系统，从政策系统的整体出发，着眼于整体与部分、结构与功能、系统与环境等方面的相互作用，以求得到整体最优化目标的政策研究方法。根据政策研究方法的功能特征，在政策演化分析中通常采用客观研究方法。通过将文本挖掘、统计分析和社会网络等客观研究方法的有机结合对知识产权区域布局相关政策进行分析，我们不但可以厘清现有政策的发展脉络及着力重点，也为下一步政策调整工作打好基础。

7.4.1　政策文本挖掘

文本挖掘是帮助用户从大量文本中获取信息的工具，其主要用途是从大量的非结构化或半结构化的文本信息中发掘出潜在的数据模式、内在关联、发展趋势等，并从中提取出有价值的信息，进而利用这些信息分析目标事物的演化过程。

文本挖掘经常使用自然语言处理、统计分析、概率模式、机器学习等技术，其内容主要包括概念提取、文本摘要、信息过滤、实体标注、意见分析、关系探索、情绪分析、文本分类、文本聚类等（谢邦昌和朱建平等，2016）。其中文本分类是建立一个分类函数或分类模型（分类器），通过分类器将文本划分到给定类别中的某一类中。文本聚类则是根据文本对象的某一或某些属性的相似性将没有类别标记的文本进行分组，使这种相似性在同一聚类内最小化，不同聚类之间最大化。

任意一项政策或政策组合都可以看作是一个复杂的文本系统，该系统由大量概念、词汇和语句构成，涵盖诸多思想观点、价值判断或行动方案，同时还涉及政策制定主体及其调控对象的相关信息。上述内容均从某一侧面反映政策制定主体的意图、政策调控的主要目标和政策实施的潜在成效。因此，通过利用文本挖掘技术和复杂系统科学方法对政策文本进行分析，可以客观揭示政策体系的发展状态和演化路径。

采用文本挖掘方法提取政策文本中的主题词，按省份、时间、行业等信息建立主题词库，以此作为政策分析的数据样本。同时利用此方法对政策内容进行有效信息挖掘，并将抽取到的信息按照发布机关、发布时间、政策类型、发布形式等进行量化，以此作为进一步分析的基础。

7.4.2　政策量化分析

公共政策的量化分析方法是指运用数学工具对公共政策的数量特征、数量关系和数量变化进行分析的研究手段，用以描述和揭示公共政策之间的相互作用和发展趋势。量化分析方法的分类方式不尽相同，傅广宛（2009）根据工具的不同将其分为数学方法、统计学方法、运筹学方法、计量经济学方法和系统论方法五类，本书仅对统计学方法、运筹学方法、计量经济学方法和系统论方法四种进行详细说明。

统计学方法是量化分析的核心，是指运用统计方法分析研究对象有关的特征，并将定量与定性相结合进行研究的活动。统计分析，常指对收集到的有关数据资料进行整理归类并进行解释的过程。统计分析方法可按不同的分类标志划分为多种不同的类别，其中最常用的分类标准是功能标准，据此统计分析可划分为描述统计和推断统计两类。描述统计是将研究中所得的数据加以整理、归类、简化或绘制成图表（如折线图、直方图等），以此描述和归纳数据的特征及变量之间的关系的一种最基本的统计方法，主要反映数据的离散程度、集中趋势和相关强度。推断统计是指用概率方法来判断数据之间是否存在某种关系或用样本统计值来推断总体特征的一种重要的统计方法。单项政策或政策组合中涉及的政策主体、调控对象的相关信息以及隐含的思想观点、价值判断或行动方案等有价值的信息，可先通过文本挖掘方法准确抽取出来，在此基础上利用统计分析方法将这些信息进行量化、统计，以便客观、准确地表达政策中有价值的信息，并进行定量分析。

运筹学是系统科学中的一个学科体系，其目的是为决策者选择最优决策提供量化方法。运用运筹学方法进行政策分析首先要从系统角度来看待问题，除了明确需要解决的政策问题或要达到的政策目标外，政策中包含的主要因素、政策环境及约束条件之间的复杂逻辑关系都需要明确，并以此建立相关的量化分析模型，求解最优的政策方案。目前，政策分析中常用的运筹学方法有线性规划、排队论、存储论、对策论、决策论等。

系统科学方法由"老三论"和"新三论"组成，前者包括系统论、控制论和信息论，后者包含协同论、突变论及耗散结构论。系统论将研究对象置于系统之中，揭示其本质及规律，以便获得最佳的问题解决方案，适用于政策分析的各个阶段。控制论则是运用概率论和数理统计的方法，揭示系统的运行状态、行为方式和变化趋势的各种可能性，以便更好地控制系统按照预先设定的目标运行。信息论是从量的方面来研究系统的信息如何获取、加工、处理、传输和控制的一门科学，为公共政策更好地分配社会资源、维持系统正常运行提供帮助。突变论主要用来解释和预测政策结构稳定性的变革现象。协同论认为系统中的各个子系统既相互作用，又相互制约，在政策分析中可以运用此方法通过类比分析，反映系统从无序到有序的演化过程。耗散结构论则可以对协同论方法中反映的从无序到有序的演化过程作出解释和预测。

计量经济学是经济学与数学、统计学相结合的学科，主要以数量方法进行经济分析、预测和决策研究，其核心在于用数学表示政策中的各种问题，其作用一方面体现在利用源于实践的数学模型对理论进行检验，以确定理论的可靠性，另一方面利用各种量化方法预测政策的效果、效益和效率。

公共政策量化分析使得公共政策分析更具科学性和工具性，追求最优化、规范化、准确化，更加强调运用现代科学技术知识、方法和规范来揭示公共政策的内在规律，当然，公共政策作为一种特殊的数据，有些因素不能对其量化或难以对其量化，因此只有将定性分析与定量分析结合才能更恰当地对公共政策开展研究。

7.4.3　政策网络分析

社会网络分析从关系论的视角出发，对各种关系进行质的描述和量化，通过刻画各节点之间的关联关系，揭示相应的关系结构，并利用相关指标度表示连接两个节点的最短连线之和及连接强度，反映节点之间的量化关系。一方面社会网络由直观灵活的网络图展现，因其可视化的独特优势受到众多学者的青睐；另一方面特定社会网络结构特征的分析也是洞见行动者在关系网络中的地位及作用的重要手段。

公共政策作为驱动知识产权区域布局演化的重要因素，实际上涵盖了一个复杂的关系网络系统。政策系统中的政策主体、政策调控对象、政策目标及政策工具之间都存在复杂作用关系。这些关系网络决定了政策系统的功能实现和政策实施的路径选择。因此，将社会网络分析方法引入公共政策研究领域，将政策主体、政策目标、政策工具等作为网络节点，将不同主体间、不同目标间、不同工具间以及主体与目标、目标与工具、主体与工具间的资源共享、信息共享、权力关系、组织交叉、情感依赖等关联作为网络关系，通过节点特征和关系特征的分析，揭示网络的层次性、等级性和阶层性，从系统视角形成对政策演化的分析与判断。

第8章

知识产权区域布局的工作成果与功能实现

中国知识产权区域布局工作从理论研究和实践探索两个维度并行推进，其成果不仅能够深化我国有关科技和经济空间布局的学术研究，而且能够大大促进我国知识产权区域布局优化的具体实践。本章在理论研究和实践经验分析的基础上，阐明中国知识产权区域布局的成果形式，提出各项工作成果形成的技术路线，分析知识产权区域布局的经济社会功能及其实现路径。

8.1 知识产权区域布局分析报告

知识产权区域布局分析报告是在理论探索、案例研究和统计分析的基础上，对知识产权区域布局现在和趋势作出的分析和阐述，是知识产权布局工作的重要成果。从一般意义上说，可以在国家和区域两个层面编制知识产权区域布局分析报告。国家层面的知识产权区域布局分析报告以省级行政区为结构单元，以国家目标和区域目标实现为评价标准，分析知识产权区域布局历史与现状。区域层面的知识产权区域布局分析报告在省级行政区范围内以城市为单元，着眼于知识产权与产业发展的融合、知识产权资源与其他资源的匹配等发展目标，研究区域知识产权的布局问题。

8.1.1　知识产权区域布局分析报告主要内容

（1）知识产权资源静态分布分析

静态分析是对知识产权资源的空间存在状态的解析和评价，之所以称为静态分析是因为在这种分析中一般不涉及知识产权资源的空间流动特征，也较少涉及知识产权资源与其他资源的关系。静态分析主要包括两方面分析，一是空间聚焦分析，二是空间依赖性分析。上述分析结果主要通过排序、聚类和可视化图予以表述。

（2）知识产权资源动态运行分析

动态分析是对知识产权资源运行状态的分析。从价值链的角度来看，知识产权活动（运行）是一个价值链各个环节相互协同，进而实现价值创造和价值增值的过程。为了能够对各个价值环节之间的关系进行测度，并通过测度结果识别不同环节之间的协调（耦合）程度，一是需要提取每个价值链环节的特征表述变量，二是需要找到能够测度价值链相关环节间协同（耦合）程度的定量方法。为此，本书将知识产权价值链分成知识产权创造潜力、知识产权创造能力、知识产权运用能力、知识产权（运用）需求能力、知识产权保护管理能力五个能力环节，并按照相关分析－协调耦合分析的逻辑对国家和区域层面的知识产权的动态运行进行分析评价。从区域经济系统发展演化的角度来看，知识产权资源的动态运行就是一个知识产权与产业不断对接与融合的过程。一方面，知识产权的创造、运用支撑或引领区域产业发展；另一方面，产业发展又不断地产生对知识产权创造和运用的需求，从而引导知识产权活动。因此，知识产权与区域产业活动的匹配性是知识产权动态分析的重要组成部分。

（3）知识产权区域布局质量分析

无论是静态分析还是动态分析，所给出的分析结果仅仅反映知识产权资源布局的历史或现实状态。然而，对于知识产权活动主体（企业、大学、研究机构），尤其是作为知识产权政策制定主体的各级政府而言，还需要对知识产权资源目前的存在和运行的质量和效率作出评价和判断，如阐明布局模式的优劣、协同耦合促进功能的实现程度，知识产权资源与产业发展的匹配程度，并从这些判断中识别问题及其成因，以便为政策调整提供依据。这样就有必要引入布局质量的概念并建立布局质量分析理论框架，在此基础上开展知识产权资源布局质量分析。

布局质量分析是在状态（静态、动态）分析与区域发展（政策）目标之间建立逻辑通道，即通过对静态和动态分析结果的价值解读，赋予其政策内涵，以便形成知识产权布局分析与知识产权政策制定互动的完整价值链条。布局质量分析可在国家和区域两个层面上展开。国家层面的布局质量分析以国家目标实现为价值尺度，以省级行政区为布局结构单元，分析知识产权区域布局的质量；区域层面的布局质量分析一般在省级行政区层面上展开，以省级行政区的下一级行政区为布局结构单元，分析知识产权布局质量。

（4）知识产权区域布局政策分析

知识产权区域布局政策分析是对现有知识产权政策中有关布局调整的政策或条款进行收集、整理、分类以及政策功能分析等，阐明知识产权区域布局政策的演化规律。政策分析主要从两个层面展开，一是以政策文本作为分析对象的政策客体分析，二是以政策制定合作网络作为对象的政策主体分析。政策客体分析主要运用文本挖掘和社会网络分析等方法对政策的内容进行深度挖掘，并通过政策目标与政策工具的匹配、政策工具与政策效果的关联等分析，阐明在区域经济发展的不同阶段知识产权政策运用的规律。政策主体分析运用社会网络分析方法研究各种政策主体在知识产权政策制定中的合作关系以及这种合作关系对政策实施效果的影响。

政策分析的目的是通过政策客体分析和政策主体分析，发现知识产权政策与知识产权区域布局优化之间的作用规律，阐明现有布局政策存在的问题，提出布局政策调整的具体建议。需要强调的是，我国针对知识产权区域布局的专门性政策还较少出台，涉及知识产权区域布局的政策散见于其他政策之中，这样就需要通过相关政策的收集、整理和提炼，从大量的知识产权政策乃至经济政策中广泛收集知识产权区域布局政策，系统梳理知识产权区域布局政策的演化路径，进而为下一步的政策制定提供启示。

8.1.2 知识产权区域布局分析报告编制与发布

（1）建立知识产权区域布局分析工作体系

知识产权区域布局分析报告是知识产权区域布局的先导性和基础性工作，其质量和进度直接决定整个工作的成败。为了确保知识产权区域布局分析报告的高质量编制和如期发布，必须建立规范的知识产权区域布局分析工作体系，以便有效指导整个区域布局分析工作开展。

首先，建立科学规范的知识产权区域布局评价指标体系。根据区域布局评价需求以及数据资料的可获得性，建立知识产权区域布局评价指标体系。指标体系建立除了要遵循指标体系构建的一般原则外，还要充分考虑知识产权区域布局报告的特点。目前，多数有关知识产权或经济社会发展方面的报告采取投入－产出的分析框架，以对象本身状态变量（资源投入或科技与经济产出）的变化作为主要分析对象，按照这种分析思路构建指标体系。知识产权区域布局分析采取以过程和关系为主的分析范式，研究的重点是不同状态变量之间的关系，因此，指标体系构建要适应关系分析的基本要求。

其次，建立知识产权区域布局分析的工作流程。建立分析流程是在指标体系构建的基础上，就数据的口径、来源、格式、分析方法选择、结果分析的基本要求等提出既定的规范，以便使不同团队的研究成果之间具有可比性，并能实现资源共享。

最后，完善知识产权区域布局工作的组织机制。组织机制涉及两方面的具体内容：一是知识产权区域布局工作参与主体间的组织协调机制，包括国家知识产权局与地方知识产权行政部门间沟通、不同地方知识产权部门间的协调、中央（地方）政府职能部门间的协作、政府知识产权行政部门与项目承担单位之间的关系等；二是项目的委托、组织实施、项目验收、成果推广应用等方面的具体流程和规范。

（2）建设知识产权区域布局分析基础条件平台

知识产权区域布局分析工作是一项具有战略意义的规范性工作，因此必须从长远角度，建设知识产权区域布局分析工作的基础条件平台。该平台由以下模块构成：一是知识产权区域布局分析基础理论模型；二是知识产权区域布局分析数据库；三是知识产权区域布局分析应用软件系统。

由于知识产权区域布局分析采取关系－过程分析的研究框架，并将知识产权布局质量分析作为重点，这样就涉及诸多重大基本理论问题的解决和阐述。如在投入－产出分析框架下，状态量是线性变化的，一般而言，绝对值越大或正向变化的幅度越大、速度越快说明评价单元的发展结果越好，因此，综合评价结果的数值能够直接标度对象的发展水平。然而，知识产权区域布局评价的是对象属性之间的关系，这些关系变量的变化与经济社会主体的价值取向间并非是完全顺向关系。尤其是布局质量评价涉及经济社会发展主体关于布局模式的价值判断，例如，不同的价值取向对聚集和分散现实意义的理解是不同的。这样就需要就知识产权区域布局质量评价的理论依据、评价标准、知识产权与产业发展的匹配度判断等基本理论问题作出系统阐述。

知识产权区域布局工作是一项常规开展、定期发布结果的例行工作，为了保证每个年度的知识产权布局分析报告如期发布，必须建设能够满足布局分析工作需求的数据库。该数据库能够提供国家和区域层面系统、连续的知识产权、科技、教育、经济等方面的数据资料。由于知识产权区域布局分析报告以关系和过程变量分析为主，因此，现有统计资料还不能完全满足报告编制的现实需求，这样就需要在统计资料收集的基础上，适当开展问卷调查、个人访谈等工作，收集相关数据和资料以弥补统计资料不足的缺欠。

知识产权区域布局要从空间、运行双重视角阐明知识产权与区域发展的关系就必须将诸多关系变量及其变化投影到二维的地域空间，研究这些运行关系变化的地域特征。上述分析目标定位不仅加大了分析报告编制的难度，也使目前成型的经济分析软件难以适应研究需求。为此，必须根据知识产权区域布局的工作需求，组织相关专家团队开发与工作需求匹配的分析软件，从而使知识产权区域布局工作能够顺利开展。

（3）定期出版发布知识产权区域布局分析报告

知识产权区域布局工作要形成系统规范的分析报告，定期向社会发布，并建立国家知识产权区域布局分析报告制度。知识产权区域布局分析报告制度由三方面工作组成：一是报告的编制工作，由国家知识产权局委托相关专家团队开展跟踪研究和监测分析，编制年度分析报告；二是知识产权区域布局报告发布和学术研讨，每个年度举行一次分析报告发布会，介绍上一个报告年度知识产权区域布局工作的重大进展，布置下一年度报告编制的重点任务，并对知识产权区域布局的重大理论和政策问题进行学术研讨；三是知识产权区域布局招标项目发布和工作成果的转化应用。即在知识产权区域布局报告发布平台上，开展招标项目发布工作，同时对已有成果进行推介，以便使其得到广泛应用。

8.1.3 知识产权区域布局分析报告功能定位

（1）知识产权区域布局状态的监测发布功能

知识产权区域布局状态是知识产权创造、运用、转化、保护的空间属性的描述，也是区域知识产权与产业发展匹配情况的反映。通过报告的研究和编制，能够使社会各界了解区域知识产权工作以及区域知识产权工作与产业发展的融合情况。这种分析角度和报告内容改变了传统的科技、经济发展报告仅仅从资源投入和产出结果两端分析科技和经济活动状况的既有模式，能够从运行关系和发展质量角度分析、报告区域知识产权工作及其与产业发展的关系，从而使区域科技和经济活动的参与者和管理者能够及时利用报告信息进行相关决策。

（2）区域资源配置方案设计的提示咨询功能

在区域层面上优化资源配置是实现我国经济社会协调发展的重要途径，区域资源优化配置的实现路径是建立以知识产权资源为核心的资源配置机制。为此需要探索创新驱动发展战略实施条件下，区域知识产权资源优化配置的具体路径和实施方案。知识产权区域布局分析报告从知识产权资源存量、知识产权资源运行状态、知识产权与产业发展的作用关系等角度分析区域知识产权资源的配置和运行状态，所得出的分析结论对区域经济和知识产权行政管理部门制定符合本区域实际的资源配置方案具有提示和咨询价值。

（3）区域知识产权政策制定的建议参考功能

制定和实施区域知识产权政策是优化知识产权区域布局的手段之一。随着全球科技和经济竞争的加剧，区域科技和经济系统运行关系越来越复杂多变，发生系统性风险的概率越来越大。这样，区域知识产权政策制定就越来越依赖于知识产权区域布局现状的系统分析。知识产权区域布局政策分析是知识产权区域布局分析报告的重要组成部分，政策分析中有关政策制定的工作机制、政策工具运用的实际效果等方面的分析结论对于未来的知识产权政策制定具有重要参考和借鉴价值，是区域经济和知识产权行政部门决策的重要依据。

8.2　以知识产权为核心的资源配置导向目录

知识产权区域布局以区域为载体，以促进区域知识产权与产业的协调发展为目标，以构建具有操作内涵的区域政策体系为手段开展工作，以知识产权为核心的资源配置导向目录是在知识产权发展报告基础上形成的具有"产品"意义的布局工作成果。

8.2.1　以知识产权为核心的资源配置导向目录内涵

以知识产权为核心的资源配置导向目录是特定区域依据全球价值链分布格局演化规律，承接区域科技和产业分工的国家战略需求，以支撑本区域知识产权密集型产业健康发展，引导区域产业结构升级，促进我国知识产权活动的区域间协同为目标，以优化知识产权资源的空间布局和产业布局为手段而编制的面向特定产业的知识产权行动路线图及资源配置方案。

以知识产权为核心的资源配置导向目录与国家发展和改革委员会的《产业结构指导目录》不同，《产业结构调整指导目录》将产业分为鼓励类、限制类和淘汰类，是对产业发展方向的把握，回答的是"干什么"的问题。以知识产权为核心的资源配置导向目录是在明确具体优先发展产业的基础上提出的资源配置解决方案，回答的是"怎么干"的问题。

国家发展和改革委员会的《产业结构指导目录》是约束性的，用于指导项目审批工作的规范性文件，对于项目申报、审批具有直接约束力。以知识产权为核心的资源配置导向目录是指导性和建议性的，是面向政府和企业决策的咨询性、指导性报告，政府和企业可以根据具体情况决定是否采纳。

从主要内容和表述形式来看，以知识产权为核心的资源配置导向目录包括以下部分。

（1）区域知识产权密集产业发展引导目录

以知识产权为核心的资源配置方案是面向产业的，然而，并不是所有产业的发展都需要以知识产权为导向，知识产权密集型产业是以知识产权为导向的典型产业。通过知识产权密集型产业的优先发展进一步引领区域产业结构升级和经济发展方式转型。

区域知识产权密集产业发展引导目录是在分析本区域产业知识产权密集状况和国内知识产权密集产业区域分工的基础上，根据特定区域的优势条件，在细分产业层面筛选出的区域优先发展的知识产权密集产业目录，是基于知识产权优势和潜力的区域产业诊断与展望报告。

在内容要求方面，优先发展的知识产权密集产业目录不是选定产业名目的简单列表，应包括选定产业的优势、市场需求状况、发展目标以及支撑产业等情况的分析和阐述。

在最终成果的表述形式方面，需要提供细分产业目录、编制依据及其详细说明、分析方法及流程等。

（2）面向区域知识产权密集型产业发展的资源配置行动路线图

面向区域知识产权密集型产业发展的资源配置行动路线图是以特定区域为编制单元，以具体细分产业为编制对象，在不同的时间尺度下，将需求、目标、技术、专利、政策等要素复合，提出的具有操作内涵的行动方案。

面向区域知识产权密集型产业发展的资源配置行动路线图由技术路线图和战略组织路线图两部分构成。

技术路线图是以 2020 年和 2025 年两个战略节点为时间维，以市场需求、发展目标、关键技术、专利策略为行动维而编制的技术解决方案。

战略组织路线图以 2020 年和 2025 年两个战略节点为时间维，以专利主体培育、专利合作网络建设、空间布局规划和配套政策体系为保障维而编制的战略组织行动方案。

（3）资源配置行动路线图实施的基础数据库

资源配置行动路线图实施的基础数据库是面向政府政策制定和企业管理决策，并保障资源配置行动路线图实施而建设的基础数据库。其由以下几部分构成：

① 相关技术领域核心专利数据库（有效、失效、申请、陷阱）；

② 核心技术研发主要机构及知识产权服务机构数据库；

③ 相关领域产业技术联盟及专利合作网络数据库；

④ 重点技术领域领军型研发人才、企业高管数据库；

⑤ 各国知识产权引导产业发展相关政策数据库。

8.2.2 以知识产权为核心的资源配置导向目录编制框架

从工作内容和编制流程的角度来看，以知识产权为核心的资源配置导向目录编制是一个涉及宏观经济、产业结构和布局、示范工程、核心技术、市场需求、法律法规、宏观政策等多个学科和技术领域的复杂系统工程。

从工作组织与协同机制的角度来看，以知识产权为核心的资源配置导向目录的编制需要政府职能部门、科技型企业、大学、研究机构、知识产权服务组织等各种社会力量广泛参与，这其中各政府职能部门间的合作与协同至关重要。

（1）以知识产权为核心的资源配置导向目录编制现实依据

1）全球科技和产业空间分布格局演化趋势

中国的知识产权区域布局在全球科技和产业空间布局演化的背景下进行，是知识产权资源全球布局的重要组成部分，是世界知识产权全球治理的中国参与及实现。因此，中国知识产权区域布局的政策设计应具有全球视野。就以知识产权为核心的资源配置导向目录编制而言，必须将全球产业布局调整的最新趋势，核心知识产权资源跨国流动的格局作为基本依据。进入 21 世纪以来，跨国公司主导的全球科技和产业配置体系逐步形成，一方面，全球创新网络的建立与运行以其特有的力量冲击着创新活动的区域边界，嵌入全球创新网络已成为发展中国家自觉或不自觉的选择；另一方面，跨国公司又在利用知识产权规则打压发展中国家的成长型企业，试图长期占领价值链高端环节，进而主导全球经济治理。中国的知识产权区域布局要在全球竞争的总体格局下和知识产权越来越成为全球竞争的制胜武器的条件下进行，因此，必须具有全球视野和国家战略高度。

2）中国区域科技发展战略和规划的制定与实施

由于我国是一个经济社会发展不平衡的大国，区域间的科技和经济发展水平差异巨大，这样就需要采取"统筹规划、分类指导"的原则制定和实施差异化的区域发展规划与政策。知识产权区域布局是区域发展战略、规划和政策的重要组成部分。党的十八大以来，中央政府出台了一系列推动区域发展的战略与规划，如"一带一路"战略、长江经济带开放开发战略、京津冀协同发展战略等，这些规划和战略的实施不仅会重构我国经济发展的空间格局，而且会探索区域经济发展的新机制、新模式。这其中知识产权不再是区域发展战略和规划的外在点缀，而是区域经济发展的支撑和引领力量，知识产权区域布局将成为产业布局和经济布局的基础。这样就需要根据知识产权自身的特点以及创新驱动发展条件下知识产权与区域经济发展的关系，尤其是在充分发挥知识产权引领作用的基础上，去充实和升华区域经济发展战略和规划的具体目标及其实现路径。

3）《中国制造 2025》的区域安排

从某种意义上说，以知识产权为核心的资源配置导向目录是以《中国制造 2025》战略实施为导向，以特定区域为实现载体，以知识产权创造、运用、转化、保护和管理为解决方案的技术路线图。制造业是知识产权创造、运用、转化、保护和管理最重要的载体。《中国制造 2025》的发布和实施为知识产权区域布局提供了需求向导。目前，国家有关部门已经根据《中国制造2025》的总体要求制定出《中国制造2025》重点领域技术路线图，以此引导重点产业领域的技术创新。应该看到，《中国制造2025》重点技术领域一定要以具有技术和产业优势的特定区域为核心形成技术和产业的区域分工，并建立区域间合作网络，进而引领中国制造业的转型升级。这样就需要结合《中国制造2025》的战略需求，分析各个区域的优势和特色，从知识产权角度，制定《中国制造2025》的区域知识产权行动路线图。

4）特定区域产业结构升级和技术进步的具体要求

区域知识产权布局既要承接国家战略的区域安排，又要服务于区域产业结构升级和技术进步，同时要注意充分利用和发挥区域自身的优势和特色。在创新驱动发展战略条件下，国家战略与区域规划的衔接越来越紧密，国家目标与区域利益的协同机制越来越完善。以知识产权为核心的资源配置导向目录的编制要以区域产业发展的相关规划，尤其是《中国制造2025》的区域行动方案为重要依据，在此基础上，形成面向《中国制造2025》的区域知识产权行动技术路线图。同时也应该看到，以知识产权为核心的资源配置导向目录不是完全被动地去"落实"区域产业规划，而是要充分发挥知识产权对区域产业发展的支撑和引领作用，这样以知识产权为核心的资源配置导向目录与区域规划的关系应该是：适应总体需求—支撑现实发展—引领未来方向。

5）各国知识产权密集产业发展的经验借鉴

近年来，发达国家和新兴经济体国家在知识产权密集型产业发展、高端制造业发展、特色产业集群培育以及高新技术产业园区建设等方面出台了一系列政策措施，以应对日益激化的全球科技和经济竞争，部分国家的政策措施已经收到良好的发展成效，其做法值得中国借鉴。同时，我们也应该看到，中国不能原样照搬照抄国外的经验，而应分析国外先进经验的中国适用条件，选择性、创造性、因地制宜地利用国外的成功经验。例如，以知识产权为核心的资源配置导向目录编制要对先进国家促进知识产权密集产业发展的政策进行梳理，分析这些政策实施的体制环境和文化基础，研究不同经济发展水平条件下促进政策的组合特征与实施效果，在此基础上提出中国借鉴国外经验的具体实施路线图，以避免陷入"政策趋同 – 差距拉大"的学习模仿陷阱。

（2）以知识产权为核心的资源配置导向目录编制技术路线

1）以知识产权为核心的资源配置导向目录编制的基础理论研究

整合资源基础理论、创新生态理论和价值链理论的最新成果，结合区域创新驱动发展对知识产权的现实需求，针对导向目录"导什么""如何导"等问题，从理论上阐明，以知识产权为核心的资源配置导向目录的内涵、主要内容和体系结构；从技术、产业、政策等不同层面明确导向目录的功能定位；从内容和功能等视角分析以知识产权为核心的资源配置导向目录与国家发展和改革委员会的产业导向目录以及其他部门的导向目录的区别和联系。

2）以知识产权为核心的资源配置导向目录编制的现实依据研究

根据导向目录的内容和功能定位，研究导向目录编制的现实依据。分析全球产业结构升级和空间重组对中国产业结构升级和布局优化的影响，阐明导向目录编制与中国参与全球竞争的关系；分析知识产权主要的全球价值治理机制对中国参与全球竞争的挑战，阐明导向目录编制与中国参与全球价值治理的关系；对《中国制造 2025》战略规划的重点产业领域进行细分，从细分产业和价值链环节两个维度研究中国制造的区域分工，提出特定区域重点产业领域选择的技术路径；研究区域资源组合在区域产业发展中的作用，阐明区域资源分析的导向目录编制中的作用。

3）以知识产权为核心的资源配置导向目录编制的基本规范研究

研究社会网络分析、空间分析、技术路线图方法在导向目录编制中的应用实现，在技术景观地图研究的基础上开发技术位和价值位分析方法，建立导向目录编制的方法体系；根据知识产权区域布局试点工作的总体安排，明确导向目录编制的基本工作模块，阐明各个工作模块之间的关系，提出导向目录编制的总体工作流程；从数据收集、方法运用、成果形式、结题验收等方面建立导向目录编制的具体工作规范。

4) 样本区域知识产权密集型产业识别与重点产业选择

以知识产权为核心的资源配置方案是面向产业的，区域知识产权密集产业是以知识产权为导向的典型产业。首先，收集并测算样本区域各个产业的知识产权密集度，在分析本区域产业知识产权密集状况和国内知识产权密集产业区域分工的基础上，识别样本区域知识产权密集型产业；然后，以知识产权密集型产业为参考依据，通过对样本区域相关发展规划梳理以及政府部门调研，确定样本区域面向《中国制造2025》重点发展的产业领域，基于该重点产业进行以知识产权为核心的资源配置导向目录研究和编制。

5) 样本区域重点产业以知识产权为核心的资源配置导向目录

首先，对样本区域重点产业的知识产权资源分布及运行现状进行分析，从细分产业和价值链环节两个维度分析样本区域重点产业的技术位和价值位分布，绘制样本区域重点产业知识产权景观地图；其次，绘制该重点产业全球知识产权景观地图，并通过社会网络分析、空间分析、关联分析等方法，揭示样本区域重点产业在全球知识产权景观地图中的相对位置；最后，依据样本区域重点产业的发展方向和技术供需现状，提出样本区域重点产业以知识产权为核心的资源配置导向目录。

6) 样本区域重点产业以知识产权为核心的资源配置行动路线

在导向目录"做什么"的指导下，更重要的是"怎么做"的行动路线。首先，结合基础数据库和资源配置导向目录，以2020年和2025年两个战略节点为时间维，以市场需求、发展目标、关键技术、专利策略为行动维而编制资源配置的技术路线图。然后，以 2020 年和 2025 年两个战略节点为时间维，以专利主体培育、专利网络建设、空间布局规划和配套政策体系为保障维而编制资源配置的战略组织路线图，从而得到样本区域重点产业以知识产权为核心的资源配置综合行动路线图。

7）资源配置行动路线图实施的基础数据库

首先，搜集并整理样本区域重点产业发展相关的知识产权资源数据，包括知识产权创造潜力资源、知识产权创新能力资源、知识产权运用能力资源、知识产权运用需求资源以及知识产权保护管理资源；其次，搜集该重点产业在全国乃至全球主要知识产权创造和运用资源的分布数据，包括专利申请和授权、专利合作、专利引用、专利许可和转让、专利诉讼等数据；最后，综合以上数据，分别构建相关技术领域核心专利数据库（有效、失效、申请、陷阱）、核心技术研发主要机构及知识产权服务机构数据库、相关领域产业技术流动网络数据库、重点技术领域领军型研发人才数据库、各国知识产权引导产业发展相关政策数据库等各类细分数据库，从而为资源配置行动路线图的具体实施提供指引。

（3）以知识产权为核心的资源配置导向目录编制注意事项

① 在产业发展方向确定上，妥善处理现有规划的约束与知识产权引导的关系。以知识产权为核心的资源配置导向目录的编制，一方面要根据国家和区域的产业发展规划，面向产业规划提出资源配置方案；另一方面又不能完全依据现有规划编制资源配置方案，而是要充分发挥知识产权的引领作用，即通过区域知识产权优势的综合分析，预测和发现区域经济发展的新增长点，基于这些新增长点的培育编制资源配置方案。妥善处理的要求是：第一，对现有规划确定的产业发展方向要深入分析和论证其知识产权已有优势和知识产权发展需求，通过知识产权优势和需求分析，进一步细化这些产业发展的知识产权路线，或对产业的发展

方向进行适当调整；第二，对国家和区域规划中没有涉及但区域知识产权潜力分析明确提示就重点发展的产业，应作为区域产业发展规划调整的建议方案提请有关部门采纳。

② 布局分析、产业分析和知识产权分析的结合问题。运用空间分析方法研究我国产业竞争知识产权活动的区域分工，阐明区域的知识产权优势是编制以知识产权为核心的资源配置导向目录的基础性工作之一，但其结果并不是以知识产权为核心的资源配置导向目录本身。以知识产权为核心的资源配置导向目录是产业和技术的，因此，基于市场需求的产业分析和面向产业的知识产权分析是编制以知识产权为核心的资源配置导向目录的前提条件。通过市场需求和产业分析明确产业发展的技术需求，在技术需求分析的基础上，形成具体的知识产权行动方案。从这种意义上说，布局分析基于区域间比较，回答的是区域比较优势和发展潜力问题；产业分析基于需求导向和技术支撑，回答的是重点发展方向和主攻技术领域问题；知识产权分析面向知识产权价值链竞争，回答的是具体的策略和支撑体系建设问题。

③ 以知识产权为核心的资源配置导向目录是一个动态调整的系统。首先，面向区域知识产权密集型产业发展的资源配置行动路线图应该根据实施后果的反馈和外部环境的变化，对具体方案进行适应调整、补充和完善，如网络建设路线图需要根据网络嵌入和网络功能的具体变化适当调整行动方案。区域知识产权支持政策体系需要根据发展需求进行调整、充实和优化。其次，支持资源配置导向目录的相关数据库需要根据实践进展完善和提升功能，定期更新数据资源，面向各种类型的用户，尤其是企业和地方政府的决策需求，提供功能强大的咨询服务，以适应创新驱动发展的现实需求，如图 8-1 所示。

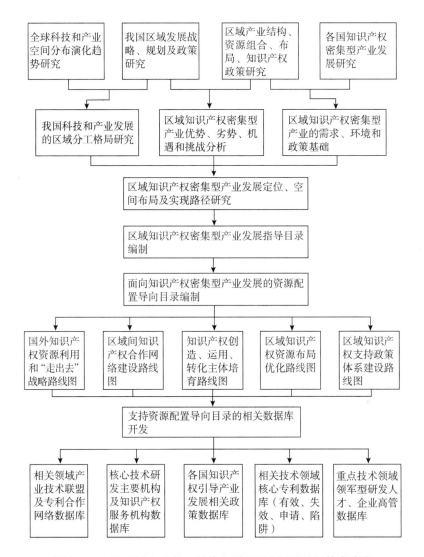

图 8 - 1　以知识产权为核心的资源配置导向目录编制技术路线

8.2.3　以知识产权为核心的资源配置导向目录基本功能

以知识产权为核心的资源配置导向目录是知识产权区域布局工作具有"产品"意义的成果。我们之所以说其具有产品内涵，是因为以知识产权为核心的资源配置导向目录对中央和地方政府制定产业发展和知识产权促进政策以及企业有关知识产权的战略决策具有重要参考价值，其功能包括以下几方面。

（1）促进知识产权资源的优化配置，提升区域知识产权创造、运用、管理和保护能力

从区域科技和经济资源整体优化的角度来看，以知识产权为核心的资源配置导向目录不仅能够阐明与产业升级发展相关的知识产权资源的获取方式、转化应用路径以及保护管理对策，还能够以知识产权资源优化配置为主线，提出优化相关资源配置的具体方案，如前端的教育资源、人才资源、后端的产业资源、知识产权服务资源等的配置方案。这种方案的设计和实施能够在区域整体层面集成优势资源，促进以知识产权为核心的区域综合竞争力的提升。应该看到，由于体制机制方面的原因，一方面，市场机制在我国科技和经济资源配置过程中还没有发挥决定性作用；另一方面，不同政府部门促进各种资源优化配置的政策制定尚未实现高效协同，通过以知识产权为核心的资源配置导向目录的制定能够在区域层面促进科技和产业发展政策制定的部门协同，从而为区域知识产权能力提供体制机制保证。

从区域特色和优势产业或领先技术领域的培育角度来看，以知识产权为核心的资源配置导向目录的编制和实施能够引导区域内外的高端知识产权资源向特定产业聚集，通过知识产权资源的聚集、聚焦、聚合以及聚度，充分实现知识产权的产业和经济功能，从整体上提升了区域知识产权创造、运用、管理和保护能力。改革开放以来，我国区域科技和产业发展的实践证明，各个区域的地方政府以经济规模和发展速度为核心价值取向，通过简单模仿、盲目攀比、一哄而上的方式管理和调控地方经济发展的模式带来的是区域间分工无序、低水平重复竞争。在创新驱动发展条件下，各个区域的地方政府必须重构区域发展理念，将区域间的合理分工、区际深度合作、培育区域特色优势产业作为科技和经济

工作的主线，进而实现发展方式的根本转变。以知识产权为核心的资源配置导向目录以特定区域特色优势产业的培育和竞争力形成为着眼点，提出知识产权资源以及其他资源的配置方案，其实施对于促进特定区域的优势产业发展以及在国家层面形成区域合理分工格局具有重要实践价值。

（2）引导区域产业结构调整和技术升级的方向，为地方政府制定区域产业发展规划提供依据

随着创新驱动发展战略的深入实施和供给侧结构性改革向纵深推进，产业结构调整和技术升级成为区域抢占发展先机的关键，尤其是国家战略层面的《中国制造 2025》发布后，如何在地方层面使《中国制造 2025》切实落地是中央政府和地方政府高度关注并亟须在实践层面尽快推进的重大课题。对于各级地方政府而言，如何有效识别、精准筛选适合本区域发展的战略性新兴产业，使本地区的制造业发展纳入国家《中国制造 2025》实施的总体战略框架是其迫切求解的问题。通过以知识产权为核心的资源配置导向目录编制，能为地方政府促进区域产业发展的战略决策提供科学依据。

必须看到，在改革开放的前 30 年的经济发展中，我国区域科技和产业发展的关系是技术创新对区域经济发展的支撑作用不明显，尤其是核心知识产权创造对区域产业发展的引领作用不强。地方政府制定区域产业发展战略的基本价值取向是 GDP 增速、地方财政收入以及利用外资等指标，较少根据区域知识产权的创造、转化能力和发展潜力进行产业发展的长期规划，从而使区域产业和经济发展缺乏应有的科技和知识产权支撑，这种模式主导的区域经济发展必然会失去长期的持续发展动力。以知识产权为核心的资源配置导向目录使各个区域有效识别本区域具有强大知识产权支撑的产业部门，或者识别出需要通过知识产权的引进、培育可以做强做大的产业部门，这样就为地方政府引导产业发展方向的政策制定提供了科学依据。

（3）明确区域知识产权密集型产业的发展路径，为企业全面利用国内外知识产权资源，提升市场竞争力提供参考

区域产业发展战略和规划制定不仅涉及重点或优先发展的产业门类的选择，还涉及这些被选产业通过何种路径实现可持续发展。这其中，区域知识产权密集型产业的发展路径选择至关重要。知识产权密集型产业的发展是一个涉及市场、需求、技术、产业、战略、政策以及体制机制等多种因素的系统工程，需要系统谋划和科学设计具体实现路径。以知识产权为核心的资源配置导向目录从未来市场需求、总体和具体发展目标、关键技术及其获取路径、战略组织架构、支撑政策等层面进行详细分析和系统谋划，所提出的具体方案能为区域知识产权密集产业发展提供具有操作内涵的行动方案。

企业是区域产业发展的微观基础，是知识产权的活动主体，企业的战略决策是否正确不仅决定企业自身的竞争力，也影响区域整体竞争力的形成。发达国家的发展实践证明，企业在全球市场的经营和成长不是企业单枪匹马的个体行为，企业间的竞争与合作、有利于市场竞争的体制机制、母国以及东道国政府所提供的服务对企业成长至关重要。这其中有关知识产权的保护以及知识产权咨询服务发挥重要作用。在中国企业以知识产权为武器走出国门，参与全球竞争的重要时期，企业亟须相关政府部门提供战略咨询服务。以政府引导、全社会参与的形式编制区域知识产权资源配置导向目录，对于企业参与全球知识产权竞争具有重要战略咨询价值。

（4）促进以市场为基本驱动力，以知识产权为核心的区域科技和产业资源配置机制的建立

中国全面推进经济体制改革的关键是建立市场决定的资源配置机制，中国创新驱动发展的根基是自主知识产权创造、运用和转化能力。知识产权区域布局的核心是在市场机制驱动下，优化知识产权的空间布局。因此，知识产权区域布局是在市场机制－知识产权框架下谋划区域

发展路径，是在区域层面落实中国改革和发展的两大主题的具体行动。在我国改革开放的前 30 年的经济发展实践中，经济资源配置的实现路径是资金配置决定产业资源配置，产业资源配置决定知识产权资源配置，在这个过程中，知识产权资源只发挥点缀或从属作用，没有发挥引领和带动作用，其结果是经济的粗放式、低水平发展。我国经济发展方式转变的根本任务就是，转换经济资源配置的实现路径，充分发挥知识产权资源在经济资源配置中的引领作用。以知识产权为核心的资源配置导向目录的编制会大大提升知识产权资源配置的经济资源配置中的引领功能。

应该看到，由于长期受到计划经济体制的束缚，市场在我国知识产权资源的空间配置过程中还没有真正发挥决定作用，目前的知识产权区域布局还主要以政府的行政机制为主要驱动力，布局现状远远不能满足创新驱动发展的现实需求，尤其是区域层面的知识产权活动与产业发展的融合度不高，这其中知识产权资源与产业资源的空间匹配关系没有全面理顺是重要原因。我国知识产权区域布局调整滞后不仅带来知识产权区域布局与国家科技和经济发展空间布局调整的现实需求错位，而且会严重阻碍我国企业和区域有效嵌入全球创新网络，从而制约我国有效参与全球科技和经济治理。

（5）加强知识产权行政管理部门与其他部门的沟通与协调，完善知识产权政策制定的部门协调机制

优化知识产权区域配置的重要环节是构建区域知识产权资源优化配置政策体制。构建知识产权资源优化配置政策体系只有通过政府各个相关职能部门的通力合作才能达致。知识产权资源配置政策主体的合作能促进知识产权政策制定的部门协调机制的完善。以知识产权为核心的资源配置导向目录的编制涉及诸多技术领域和产业部门，是一项既需要各专业部门深度参与，也需要具有综合协调能力的部门进行统筹把握的社会系统工程，因此，各政府职能部门间的分工协同和密切合作以及全社

会的广泛参与是该项工作取得实效的关键。

改革开放以来，随着知识产权在经济社会发展中作用的增强，我国知识产权政策和产业政策制定的部门间协同机制逐步建立，政府知识产权行政部门不仅广泛参与科技和产业政策制定，而且越来越多地发挥主导作用。统计资料显示，自1980年以来，尤其是2006年以来，我国知识产权行政部门和科技行政部门在国家经济政策制定中的作用和地位发生了明显变化，知识产权行政部门和科技行政部门的参与度明显提高，其在政策制定中的主导作用在增强（刘凤朝和徐茜，2012），这是我国经济发展方式转型在政策制定层面的反映，也是政府部门政策制定良性合作机制完善的重要标志。我们有理由相信，以知识产权为核心的资源配置导向目录的编制及实施必然会在更加纵深的层次促进这种机制的发展和完善。

8.3 知识产权功能区识别与规划

知识产权功能区识别与规划是知识产权区域布局工作的标志性成果，如果说以知识产权为核心的资源配置导向目录是专门领域的产品的话，那么知识产权功能区识别和规划则是具有综合意义的产品。

8.3.1 知识产权功能区的内涵与划分思路

（1）知识产权功能区的内涵

知识产权功能区是在全球知识产权和产业分工背景下，以国家创新驱动发展战略的区域安排为导向，从我国特定区域知识产权资源与区域经济发展关系的现实出发，按照理顺区际分工、促进区际合作、提升创造质量、促进转化运用、加强保护管理的原则，对不同区域作出的知识产权功能划分和发展目标定位。

　　知识产权功能区是在主体功能区和人口功能区已有工作的基础上，适应创新驱动发展战略实施的新需求，对我国区域发展的功能定位和总体格局调整提出新的解决方案。知识产权功能区是在综合考虑特定区域的自然资源、生态环境、产业结构的基础上，引入知识产权要素，对区域知识产权和产业发展所提出的定位方案。

　　科技和产业分工具有丰富的区域内涵，区域产业分工越来越取决于区域科技分工。各地区在知识产权创造、运用、需求和保护管理方面存在显著差异，进而形成了不同的知识产权发展功能区。

　　（2）知识产权功能区的实践基础

　　从高新技术产业园区、大学科技园区到自主创新示范区体现了我国从技术引进向自主创新的区域经济发展战略的转变，知识产权发展功能区在国家层面协同各个区域的自主创新活动，使创新活动的组织运行突破了区域的地理边界，从这种意义上说，知识产权功能区建设进一步拓展、深化了国家创新战略的知识产权内涵，也顺应了我国改革开放"局部突破—带动示范—区域分工—整体协同"的政策路径。

　　经过 30 多年的发展，我国经济特区和率先开放的沿海地区已经成为科技创新的示范区和产业转型发展的先导区，为从国家层面规划建设知识产权发展功能区提供了重要的区域载体。我国经济转型发展实践从客观上对上述区域的示范功能提出新的需求：一是从开放示范向自主创新示范转型；二是从各自封闭式同质化发展向合理分工、错位发展、整体联动转型。在上述转型过程中，知识产权创造、运用、转化将发挥主导作用。

　　主体功能区和人口发展功能区分别从资源 - 环境 - 产业和资源 - 环境 - 人口视角明确了区域发展的功能定位，知识产权功能区在资源要素、产业要素和环境要素的基础上引入创新要素，探索资源 - 科技（知识产权）- 产业的匹配关系和整合路径。通过知识产权功能区的规划和建设，引导创新资源的流向，促进区域科技分工和产业分工的形成，推动区域知识产权活动与产业发展的融合。

8.3.2　知识产权功能区规划建设的现实意义

（1）促进区域分工形成

规划建设知识产权功能区的意义在于：通过政策引导和市场调节，在区域层面，明确特定区域的知识产权功能定位，提升知识产权创造能力，促进知识产权成果转化，增强区域科技与经济的结合；在国家层面，形成合理有序的区际科技分工，促进知识产权资源在区域间的流动，实现知识产权创造、转化活动的区域协同。

（2）推动区域知识产权与产业发展的深度融合

知识产权功能区是在知识产权与产业发展深度融合的框架下探索区域发展的功能定位，通过知识产权功能区的规划建设，能够加强知识产权创造、运用与区域产业发展需求的衔接，走出知识产权工作游离于区域产业发展的怪圈，进入知识产权与产业发展深度融合的良性发展轨道。

（3）探索区域知识产权治理的新机制

建设知识产权功能区是通过知识产权资源在区域间的有序流动和知识产权活动的区际协同，形成若干知识产权密集型区域和知识产权密集型产业聚集区域，加快实施知识产权强国战略和创新驱动发展战略。区域特色是知识产权的竞争优势，区域差异是区域间知识产权资源流动和运行协同的驱动力，因此，规划建设知识产权发展功能区能有效引导知识产权资源的跨区域流动和知识产权活动的区际合作与协同。区际合作与协同需要通过一定的治理机制实现，知识产权功能区规划建设采取政府引导、市场驱动的方式，充分发挥市场机制在资源配置中的主导作用，进而探索创新驱动发展战略条件下区域知识产权的治理机制。

8.4　知识产权区域布局的经济社会功能

8.4.1　创新资源创造、流动、使用的促进功能

（1）促进知识产权资源向高效率地理区位和生产部门流动

从知识产权资源区位配置的效率特征来看，知识产权区域布局的核心任务是建立完善的、以市场竞争为主要动力源的知识产权区域布局驱动机制，完善的知识产权资源区域布局驱动机制能够使资源向效率高的区位流动，流向高效率区位的知识产权资源经过重新组合，能够产生在原来的区位不能实现的功能，从而提升知识产权资源的使用效率。在市场经济条件下，知识产权资源作为核心的生产要素，必然要寻求优化的区位组合方案，要素的优化组合会产生巨大的聚合与裂变效应，也就是说新的组合会带来知识产权资源整体功能的质变，这种功能的质变，又可引发和裂解为一系列新的知识产权创造行为和结果的产生，从而带来知识产权活动整体效率的提升。

（2）促进知识产权创造与现实生产需求的吻合

从知识产权资源向产业转化的实现路径来看，知识产权资源在不同产业领域的合理配置能够促进知识产权与产业发展的融合。应该看到，长期以来，我国的知识产权活动在一定程度上游离于产业和经济活动之外。一方面，大学和科研机构的知识产权活动具有明显的职称导向和获奖导向特征，以专利申请和授权为手段，以晋升职称和获得奖励为最终目标，忽视专利的产业应用；另一方面，政绩导向下的地方知识产权工作将知识产权数量作为终极指标，单纯追求专利申请数量的增长和专利拥有量的提升，没有将专利成果转化作为核心指标予以规划及考核。上述知识产权工作理念及考核机制，在一定程度上扭曲了知识产权工作的

价值目标，使区域层面的知识产权活动不能有效支撑区域产业发展，知识产权的技术领域分布、知识产权资源的实际质量与区域产业发展需求背离。知识产权区域布局着眼于在区域层面实现知识产权活动与产业发展的深度融合，其基本要求是区域知识产权的创造要面向产业发展需求，区域知识产权工作成效的评价标准是知识产权对区域本身或国家产业发展的引领和支撑。

（3）促进知识产权活动主体能力建设

从知识产权创造、运用、转化主体能力建设的角度来看，合理的知识产权布局能够更好地实现知识产权活动主体与知识产权的物质资源、平台条件、组织模式等有机结合，从而提高知识产权活动成效。由于体制机制方面的原因，我国知识产权活动主体的创造、运用、转化乃至增值活动还受到多种因素的制约。如知识产权主体之间的合作网络形成以及资源共享还受到知识产权主体身份属性的限制；所有制关系、行政隶属关系等都在一定程度上影响知识产权资源的流动和价值的共享；区域行政边界束缚知识产权成果的跨区域转化等。知识产权区域布局工作就是要通过中央政府和地方政府的共同努力，铲除制约知识产权向生产力转化的体制机制障碍，打破制约知识产权成果跨区域转化的陈旧樊篱，搭建知识产权跨区域共享的组织网络、技术平台和政策机制等，通过上述工作的推进，能够在新的体制机制和技术平台上实现知识产权资源的区际共享和知识产权成果的跨区域转化，从根本上提升我国企业的知识产权需求、创造、运用和保护管理能力。

（4）促进区域间知识产权合作机制建立

从区域间知识产权合作的角度来看，知识产权区域布局工作能够促进我国不同区域间知识产权合作机制的建设。随着科学技术活动的复杂化、国际化和社会化进程的加速，一项重大科技（知识产权）活动往往需要在较大的范围内整合人力、物力、信息和平台资源。目前，我国的科技人力资源、财力资源和平台资源的整体程度不高，必须通过合理的知识产权布局，在跨行政区乃至国家层面集成知识产权活动的各种资源，从而提升知识产权活动的整体效能。知识产权布局能够加强区域间的合作，促进区域协调发展。计划经济条件下我国的知识产权布局呈现严重的部门分割、科技和产业活动脱节的现象。改革开放以来，知识产权布局虽然得到一定程度优化，但由于知识产权资源的跨区域流动受到诸多限制，尤其是各个区域对高新技术产业和 GDP 超常发展的过度预期，导致区域产业结构雷同、技术领域分布雷同，没有形成合理的知识产权区域分工。通过知识产权布局工作，可以促进知识产权区域分工的形成，加强知识产权的创新、运用和保护的区域协同。

8.4.2　创新组织网络的优化功能

（1）合理调节知识产权网络节点的邻近关系，优化知识产权活动网络的整体结构

在知识产权活动网络中，节点组织间通常存在三种关联关系：地理区位关联（地理邻近性）、技术领域关联（技术邻近性）和运行关联（关系邻近性）。理论研究表明网络节点的三种邻近性存在相互调节的作用机制。如地理区位的邻近能在一定程度上促进节点的技术邻近和关系邻近，从而提升网络绩效；技术邻近和关系邻近也有可能促进组织向特定区域聚集，进而强化地理邻近。然而，并非是节点间的邻近程度越高，网络绩效越高。邻近性达到一定程度就可能使锁定效应快速增加，从而降低网络的整体效能。这样就需要结合区域创新网络的具体情况，在组织聚集、技术领域布局和合作伙伴选择等方面，对区域知识产权网络的运行状况进行分析和监测，其结果对于优化区域创新网络结构具有启示和借鉴意义。如布局工作通过区域内创新资源（活动）地理区位调整，优化网络组织节点的技术邻近和关系邻近，优化创新资源或创新活动的空间关系、技术关系、运行关系，提高创新网络的运行效率。

（2）促进中国知识产权组织网络有效嵌入全球创新网络，提升中国企业全球知识产权治理的话语权

深度参与全球经济治理是中国建设世界科技强国的重要内容。嵌入全球创新网络和知识产权网络是中国深度参与全球经济治理的先决条件。应该看到，中国嵌入全球知识产权网络是一个循序渐进的过程，也就是说是一个先从低端环节和网络外围局部嵌入，再通过能力提升逐步向高端环节和网络中心升级的过程。而上述全球网络的嵌入和升级过程与中国网络的区域布局密切相关。通过知识产权区域布局，可以加强区域间的知识产权流动，拓展知识产权活动网络的空间范围，建立跨区域或跨国的知识产权创造、运用、转化和保护网络。在上述网络的构建过程中，中国知识产权网络或网络中的节点组织（模块）逐步嵌入全球知识产权活动网络和价值创造分配体系，中国网络及其节点组织的深度嵌入和网络地位变化，能够提升中国企业在全球知识产权治理中的话语能力，进而提升中国在全球价值创造中的贡献度。

中国深度参与全球经济治理是一个"引进来"与"走出去"相结合的过程。从知识产权的角度来看，"引进来"是指立足本土，引进国外的知识产权要素，建立高度开放的本土知识产权网络；"走出去"是指面向全球，走出国门开展知识产权创造、转化和运用。这其中基于本土的知识产权网络建设不仅使全球知识产权网络的中国板块的能力得到增强，也使中国知识产权"走出去"的战略能够得到本土网络的强力支撑。知识产权区域布局优化能够增强区域对外部高端资源的吸聚能力，尤其是对国外高端资源的吸聚能力，国内外高端资源向特定区域的聚集增强了区域知识产权活动的国际化水平，国际化程度的提高为网络综合能力升级提供了资源和载体基础。

8.4.3　科技与产业深度融合的链接功能

（1）通过布局调整和优化，在技术层面加强知识产权活动与产业活动的对接与匹配

我国科技活动和经济活动两张皮的弊端长久且顽固。早在 1995 年国家就提出加强科技与经济的结合，至今仍未取得突破性进展，其症结在于公平竞争的市场环境建设滞后。由于市场竞争不够充分，外部竞争不能成为企业知识产权需求生成的动力源，知识产权需求薄弱，又难以引导企业的知识产权创造，进而使知识产权活动难以形成环环相扣、正向促进的价值增值网络。应该看到，知识产权区域布局的实质是知识产权运行体制机制的创新，也就是通过以政策制定为切入点的体制机制创新，形成对知识产权创造、运用、转化、保护、管理的更加有效的激励。从这种意义上说，知识产权区域布局是优化知识产权市场竞争环境的重要组成部分，通过知识产权区域布局调整区域内知识产权的技术领域分布，激活区域产业发展对知识产权的有效需求，通过提升区域知识产权供给的质量，改善区域知识产权需求与供给的关系，在技术领域层面和产业层面加强区域知识产权与产业发展的匹配程度，深化科技与产业的融合。

（2）通过调整区域知识产权空间布局，促进区域创新集群与产业集群的空间契合度，节省交易成本，深化科技与产业的对接

应该看到，进入 21 世纪以来，我国各区域的高新技术产业集群有了长足的发展，成为区域经济的新增长点。然而，各地的产业集群发展面临共同的问题：一是产业集群的技术含量不高，集群内企业的技术连接较为松散，集群的创新整合功能不强，空间聚集没有带来技术聚集和创新聚集；二是高新技术产业集群与本地创新资源的整合程度较低，部分区域的高新技术产业依托外资企业发展起来，大进大出特征明显。近年来，随着部分外资撤离中国，高新技术产业空心化发展愈演愈烈，高新技术产业园区的二次创业面临核心技术内源供给不足的严峻挑战。因此，

亟须通过基于本土和本地的创新，为高新技术产业的可持续发展提供源头技术。知识产权区域布局强调基于本土的自主创新，着眼于知识产权创造紧密结合区域产业发展的现实需求，在此基础上开展的知识产权创造、运用、转化活动必然会有力促进区域产业集群和创新集群的互动，进而引领区域经济健康、持续发展。

8.4.4 知识产权政策改进与制定的咨询功能

（1）促进知识产权政策调控机制从主要关注前端的创造、申请管理向更多关注需求管理和增值管理转变

长期以来，我国的知识产权行政工作以及知识产权政策的着力点放在知识产权价值链的前端环节，即将工作重心放在新技术的开发和专利的申请、授权环节，地方政府着眼于将企业、大学和研究机制培育成新技术的生产者和专利的申请者、拥有者。实际上，企业不仅要成为专利的生产者，更重要的是要成为新技术或核心专利的需求者。因为企业一旦有强大而持续的需求，就会引导企业自身乃至全社会去开展研究开发。企业需求所提供的不仅是研究开发方向的引导，更重要的是它能够形成知识产权需求与供给的良性循环。为此，必须全力推进我国知识产权政策调控重心的转变，从供给型调控政策向需求型调控政策转变。也就是说，通过公平竞争的市场竞争环境建设，有效激发企业对知识产权的需求，从而引领全社会的知识产权创造、运用、保护和管理。知识产权区域布局工作通过分析特定区域知识产权供给与需求的匹配程度，从激励企业知识产权需求端入手制定相关政策，必然会有力推进我国知识产权政策调控机制的改革与创新。

（2）促进知识产权政策制定机制从基于案例调研的政策制定向基于大数据分析与个案研究相结合的政策制定的转变

经济社会发展的需求是知识产权政策制定和实施的基本依据，在传统的政策制定框架下，对调控对象的案例调研是政策制定的重要环节。

案例调研能够提供鲜活的事实，基于这些事实制定出的政策针对性强，因此这种政策制定工作规范被广泛采用。然而，上述政策制定规范的欠缺使案例调研的样本有限，基于调研结果的政策制定普遍意义受到质疑。近年来，基于大数据的政策需求研究发展迅速，受到管理层和学术界的重视。利用大样本数据进行统计分析，不仅能够在更大的时空范围内征询社会的政策需求，而且能够通过计算机进行政策仿真实验，预演政策实施可能产生的经济社会后果，在仿真实验的基础上开展多种政策方案后果的综合比较，可选择优化的政策组合方案，这样就大大提高了知识产权政策制定的科学性和针对性。知识产权区域布局通过在区域层面将案例调研与政策仿真模拟相结合，广泛收集政策需求，提出多种政策备选方案，再进一步比较各种备选方案的优劣，从中选择优化方案，不仅可使知识产权政策制定更加科学、合理，而且能够积极促进知识产权政策制定机制和方法的改革和创新。

（3）建立中央政府和地方政府的政策协同机制，加强中央政府与地方政府政策制定与实施的有效衔接

我国的知识产权政策制定与实施需要中央政府和地方政府的密切合作。这种合作不能单纯理解为地方政府对中央政府政策不打折扣的贯彻落实，而应充分发挥地方政府的主动性和积极性。地方政府的主动性和积极性表现在：第一，在中央政府政策框架下结合地方特点，创造性地制定实施方案；第二，主动开展新政策探索实践，对政府政策改革创新提出有操作内涵的建议；第三，根据地方实际，建立和完善特色鲜明的地方知识产权政策体制。在知识产权区域布局工作的试点阶段，国家知识产权局和各试点地方的知识产权行政部门在试点方案制定、试点工作组织实施、试点成果的资源共享等方面开展了卓有成效的探索，主要体现在：试点省区市选择采取地方志愿申报与国家知识产权局筛选相结合的方式，试点工作实施方案制定采取国家知识产权局主导，地方知识产权局广泛参与的模式，试点工作的阶段性成果定期发布，各方共享试点

经验。上述工作机制为知识产权区域布局在更大的范围内展开提供了范例。

8.4.5 推动政府行政管理理念和服务模式转型

（1）促进地方政府经济发展理念转型

知识产权区域布局工作的核心在于通过知识产权区域布局现状的系统分析、以知识产权为核心的资源配置导向目录编制以及不同知识产权功能区的识别与规划等，在国家和区域层面形成以知识产权为中心的资源优化配置体制机制，进而推动以知识产权为导向的区域经济发展机制的建立。

长期以来，我国的区域经济发展理念是规模和增速主导型。地方政府以 GDP 的高速增长为核心建立区域经济发展考核机制，以此引导区域经济发展。这种经济发展机制强调数量，忽视经济发展质量，采取粗放管理模式，忽视技术进步和知识产权创造、运用。知识产权区域布局就是要摒弃这种重数量增长、轻质量和效益提升的粗放式发展理念，强调通过知识产权创造、运用、保护和管理，使知识产权与区域经济发展对接与融合。从这种意义上说，知识产权区域布局恰好抓住了我国以区域为重要载体推进创新驱动发展和科技经济体制机制改革的"牛鼻子"。

（2）推动政府知识产权工作模式创新

建立以知识产权为核心构造的基本经济制度，在此基础上制定以知识产权为导向的经济发展战略是我国创新驱动发展战略实施的基础性工作。以知识产权为核心构造的基本经济制度是以自主知识产权创造、运用、保护、管理和增值的相关规制为核心，建立经济发展的激励和约束机制，进而构建国家创新体系。以知识产权为导向的经济发展战略就是按照中国经济创新发展、协调发展、绿色发展、开放发展、共享发展的基本要求，用知识产权的创造、运用、增值统领经济发展。

要适应上述制度建设和战略制定及实施的基本要求，政府知识产权工作必须尽快实现模式转型。政府知识产权工作模式转型的实现路径是，尽快实现知识产权行政管理工作从知识产权资源统计分类管理的低端层面向知识产权资源的结构、布局研判，知识产权与产业融合的促进政策制定等咨询服务和政策出台的高端层面提升，也就是说，通过政府的知识产权服务咨询和政策促进，推动企业知识产权需求、创造、运用和保护能力升级。从这种意义上说，知识产权区域布局工作是政府知识产权工作服务模式创新的有益尝试。

（3）促进政府各职能部门间合作机制的建立

中央政府通过优化知识产权区域布局，全面掌握全国的知识产权资源现状，尤其是弄清制约知识产权与产业发展融合的障碍，通过项目合作研究和政策联合制定，加强知识产权行政部门与其他部门的沟通与协调，进一步理顺创新驱动发展条件下知识产权行政部门的职能定位，有利于提高中央政府和地方政府的知识产权宏观调控、管理和服务能力。应该看到，长期以来我国的经济政策和产业政策制定以发改、工信、财政、金融等部门为主，知识产权部门的参与程度不高。随着我国以知识产权为导向的经济发展机制的建立，知识产权行政部门参与经济政策制定的广度和深度都会大大增加，经济政策制定的合作会在更高的层次上展开。知识产权区域布局就是政府相关政策制定机制创新的有益尝试。

地方政府通过优化知识产权区域布局，掌握本区域知识产权资源现状和国内国际地位，便于增强政府资源配置政策的科学性和管理决策的针对性，避免陷入低水平、同质化重复竞争的非良性格局。

第9章

中国知识产权区域布局优化目标与政策取向

从空间、领域双重视角阐明知识产权区域布局的价值内涵，分析不同价值取向下知识产权区域布局目标间的冲突与协调；从区域、产业和科技视角，阐明创新驱动发展条件下中国知识产权区域布局优化的目标设定，研究知识产权区域布局政策制定和实施的可能空间。

9.1　中国知识产权区域布局优化的价值判断

9.1.1　中国知识产权区域布局优化的价值取向

知识产权区域布局质量存在主观价值判断。知识产权区域布局的状态是客观的，同时产生的经济和社会功能也是客观存在。由于知识产权区域布局的复杂性，从整体上客观地揭示布局质量或者布局优化的目标较为困难，其中必然内含研究者或者政策制定者的主体价值取向。主体价值取向具有相对性、主观性和价值观特征。

（1）布局优化的标准具有相对性特征

布局优化没有绝对的标准，也不存在绝对最优的布局。知识产权区域布局的优化是一种布局状态与另一种布局状态比较的结果，没有比较就无所谓布局状态优化，也不存在优化的判断。国家或者区域对于知识产权区域布局调整不是按照一个最优的标准进行布局，当然也不存在最优的标准，而是一个根据国家和地区的实际情况不断优化的过程。优化目标的确定具有相对性，说明布局质量评价是多个区域布局或者一个区域不同时段布局的比较，某一时段单一区域的布局质量很难进行判断。

（2）布局质量的评价过程具有主观性特征

知识产权区域布局质量评价是区域布局优化的基础，然而布局质量评价是研究者通过一定的方法、手段、程序进行判断的结论。布局质量评价是实证研究，需要回答"是什么"的问题，但是我们无法像自然科学一样，通过实验或者模拟获得客观结果。在布局质量评价或者优化目标判断过程中，研究者对于指标的选择、方法和模型的选择、测算时间段的选择以及判断程序的设计，都受到其知识结构、个人经历等主观因素的影响。也就是说，评价主体的主观因素深刻影响知识产权布局评价的结论。

（3）布局优化目标确定渗透价值观

对于价值的理解，经济学上具有多种学说。效用学派价值理论的核心是用人们对商品效用的主观评价来说明商品的价值。知识产权的功能具有发散性，对于社会和经济产生的效用具有多样性，不同的效用对于国家或者区域需求的满足程度不同，所以不同国家或者区域对于知识产权区域布局优化目标的确定包含着它们对于知识产权功能实现的价值判断。有些区域可能认为知识产权区域布局的效用主要是促进经济增长，还有些区域则认为知识产权是为了保护知识创造者的权利，而不是他的功利性用途。

9.1.2 中国知识产权区域布局优化的层次性

知识产权区域布局优化具有非常显著的层次性，在不同的空间尺度各种因素的影响程度不同，所以布局效果也不同，布局优化的目标也不尽相同。正如前文所述，国家层面在省区市的布局、省区市层面在城市的布局以及城市层面在组织的布局呈现出不一样的布局优化目标，因为不同层面的地区属性和经济社会发展需要考虑的因素不同。此外，在国家层面上，东部、中部和西部的层次划分也需要充分考虑。

改革开放以来，我国区域经济发展实行的是梯度推移战略，让一部分地区先富起来，然后实行先富带动后富战略。东部沿海地区在改革开放过程中经济发展较快，东、中、西存在明显的梯度关系。虽然西部大开发、东北振兴和中部崛起战略正在实施，但是短期内还没有改变这种格局。东部沿海发达地区经济发展水平较高，信息化程度和交通便利程度较高，区域、部门之间的联系紧密，信息和资源的流动成本较低，在这些条件下可以适当考虑知识产权区域协调问题。而中西部地区基础设施条件较差，因此围绕中心城市打造知识产权创造和应用增长极是当务之急。

9.1.3 中国知识产权区域布局优化的阶段性

知识产权区域布局优化和国家或者区域的发展阶段具有密不可分的联系，处于不同发展阶段的国家或者区域的布局状态也存在显著差异。知识产权区域布局国际比较的结果具有相对性，以美国、欧盟、日本的布局状态作为优化标准需要充分考虑发展阶段问题，并且有选择地借鉴。国家或者区域的不同发展阶段主要体现在经济结构和生产力发展水平，因为不同发展阶段知识产权保护及其对经济发展的作用不一样，所以知识产权布局优化的标准也不一样。

（1）知识产权布局围绕不同阶段主导产业

华尔特·惠特曼·罗斯托（Walt Whitman Rostow）认为："从经济角度

将所有社会归于五种类型之一是可能的，这五种社会是：传统社会、起飞前提条件、起飞、走向成熟、大众高消费时代。""增长阶段的技术基础部分原因就在于主导部门次序地变化。"同时他认为农业和农业技术的迅猛发展，特别是农业生产率革命性的变化是成功起飞的一个必要条件。走向成熟阶段，是一个社会已经把现代技术有效地应用于它的大部分资源的时期。在大众消费时代，主导部门转向耐用消费品和服务业。根据罗斯托的观点，在不同的发展阶段具有不同的主导部门，同时知识产权布局应该围绕和服务于主导产业的发展比较合理。

（2）知识产权布局效率优先

知识产权区域布局优化是效率和公平权衡的结果，"效率和公平是不能被分割考虑的"，"在不公平程度很高的情况下，它降低了经济效率。然而在其他情况下，不公平却可以加强经济效率"。倒 U 字形假说是杰弗里·威廉逊（Jeffrey Williamson）在实证研究基础上所提出的区域发展理论。他根据其在 20 世纪 50 年代对 24 个国家有关区域差异的国际性数据进行实证研究得出结论：在国家发展的早期阶段区域收入差异将会不断扩大，但是在达到发展过程的某一点后区域差异开始缩小。根据倒 U 字形假说理论，知识产权区域布局优化在经济发展的初期主要考虑效率问题，当经济发展到一定阶段才需要考虑公平问题。

9.2　中国知识产权区域布局的优化目标

9.2.1　中国知识产权区域布局优化的经济目标

经济目标主要指一定时期内国家或者区域对于经济发展所制定的发展方向和主要任务，主要由经济增长总量目标、增长速度目标、效率目标、产业目标和区域发展目标等组成。经济总量目标的大小直接影响了科技创新等知识创造和应用的投入水平，通常情况下高的经济总量预示着高的知识创造和应用水平。知识产权区域布局优化的经济目标就是要实现经济可持续、高质量和创新型增长，核心是让经济增长更多地依赖于以知识为核心的要素，例如技术、管理、人力资本等，减少资本和劳动力等要素的投入。

知识产权是私权，企业是经济活动和知识产权活动的主体，经济目标的实现依赖于企业的知识产权布局。企业知识产权布局的目的是满足企业利润最大化需求。在竞争市场条件下，企业最主要的目标就是市场占有率最大化和销售利润的最大化。技术创新作为获取知识产权的主要手段，已经成为企业获取利润、占据市场的法宝。企业各类资源在不同技术领域的布局，在不同产品类型中的布局，在产业不同价值链环节的布局，将会形成不同的知识产权布局，而这一切都要以利润最大化为目标。企业利润最大化有什么需求，知识产权布局就要去满足，同时知识产权布局还能够起到引领企业创造利润、推动企业利润最大化的作用。

以乐视为例，作为硬件制造和互联网融合的跨界企业，乐视已经建立了一整套知识产权管理制度，例如专利包负责人制度，成为其技术创新、品牌营销和市场竞争的核心支撑。专利包负责人的主要责任是根据技术发展脉络和企业需要进行专利布局，整合工程师在研发过程中产生的各种创意。目前，在专利包负责人制度的引领下，乐视围绕智能手机、智能电视和无人驾驶汽车三大核心产品，已经形成了一批专利包。应该看到，专利从发明到申请再到授权和应用需要一个相当长的时间过程，乐视作为一个新兴的科技企业尚处于发展初期，其知识产权投资和资产在短期难以转化成收益。

维持高经济增长速度要以高的财力资源、知识资源和人力资源为保障，这要求大规模的人力投资和大量的实用技术产出，那些与生产联系紧密的技术将最先得到重视和发展，而一些基础研究可能受到冷落。追求经济发展的效益指标，也就是保证经济发展的质量问题。无论从总量还是速度都是以谋求社会可持续发展为最终目标，这就要求知识产权布局在各区域、产业和学科之间的协调发展，而不能顾此失彼。当然，经济发展目标实现并不是为了追求数字，而是为了全社会的全面发展。一是追求人类社会自身的不断完善；二是追求人类同自然之间的协调与可持续发展，这是人类社会发展的高级追求和最终需要。人类掌握的知识和智慧是社会赖以发展最源源不断、不可枯竭的资源，也是知识经济时代驱动经济社会发展的动力。

9.2.2 中国知识产权区域布局优化的区域目标

中国知识产权区域布局优化虽然在国家层面上组织，但是却是在区域层面上实施，为此如何认识区域目标就非常关键，知识产权布局优化的区域目标就是要满足区域竞争力提升的需求。一方面，知识产权布局优化能够推动区域经济的发展；另一方面，知识产权本身也已经成为衡量区域竞争力的重要指标，知识产权合理布局是实现区域整体竞争力提升的主要路径。在资源有限的条件下，知识产权布局优化能够实现经济增长方式的转变，实现区域经济稳定的、持续的、快速的增长和全面的发展；知识产权布局优化能够使后进区域，通过后发优势，实现追赶跨越；知识产权布局优化能够使区域在未来经济竞争的核心领域占据优势。

以深圳为例，作为高校和科研院所资源缺乏的地区，深圳始终把创新作为推动城市经济社会发展的原动力，大力构建以企业为主体、以市场为导向、产学研相结合的创新体系，成为全国知识产权资源最富集的地区之一。2015 年深圳国内专利申请量为 105 481 件，同比增加 28.24%，首度突破 10 万件大关，在全国各大城市中排第二位，目前全国申请量超过 10 万件的城市只有北京、深圳和上海。2015 年深圳 PCT 专利申请量为 13 308 件，申请量已经连续 12 年位居全国各大城市首位。深圳重点企业进行海外专利布局的力度也越来越大。

目前，深圳已经形成了富有地方特色区域创新体系。90% 的创新型企业是本土企业、90%的研发人员在企业、90%的科研投入来自企业、90%的专利申请来自企业、90%的研发机构建在企业、90%以上的重大科技项目发明专利来自龙头企业。在 2015 年国内企业 PCT 申请量排名前十名中，来自深圳的企业就有六家，分别为华为技术有限公司、中兴通讯股份有限公司、深圳市华星光电技术有限公司、腾讯科技（深圳）有限公司、宇龙计算机通信科技（深圳）有限公司、深圳市大疆创新科技有限公司。深圳这六家企业 PCT 申请量占全国前十名申请总量的 78.43%。

知识产权区域布局优化直接推动了深圳的区域竞争力领跑全国。中国社科院最新出炉的《中国城市竞争力报告 2016》显示，继 2014 年深圳综合经济竞争力首超香港夺冠后，2015 年深圳综合经济竞争力继续领先，再次位居全国第一。深圳综合竞争力排名第一，从结果指标来看，深圳综合竞争力排名第一是其经济密度（地均 GDP）和经济增量（年度 GDP）绝对增长高于全国其他城市所致，反映出深圳经济的规模、结构、效率和速度等综合水平在全国处在领先地位，具有明显的优势。高效率可持续增长的结果的根本原因，是深圳转型升级的初步成功，以及科技创新成为经济发展的基本推动力。深圳拥有了在中国甚至新型工业化国家的创新驱动的先发优势，即使与发达国家科技城市相比，也有自己的比较优势。

9.2.3 中国知识产权区域布局优化的产业目标

知识产权活动具有显著的产业特色，中国知识产权区域布局优化的产业目标就是推动产业结构转型升级，形成越来越多的知识密集型产业，提升产业竞争力和核心竞争优势，让中国企业占据产业价值链的核心位置。因为产业发展都是以区域作为载体，知识产权区域布局优化不仅是空间的优化也是产业的优化。

2014 年出台的《深入实施国家知识产权战略行动计划（2014—2020年)》明确提出要"推动知识产权密集型产业发展"，具体包括几个方面的内容：第一，通过知识产权促进产业转型升级。注重知识产权质量和效益，优化产业布局，引导产业创新，促进产业提质增效升级。第二，建设一批知识产权密集型产业集聚区。知识产权密集型产业聚集区也就是知识产权密集型区域，或者说是知识产权区域布局中的重点区域。为此，需要鼓励有条件的地区发展区域特色知识产权密集型产业，构建优势互补的产业协调发展格局，在产业集聚区推行知识产权集群管理，构筑产业竞争优势。第三，鼓励文化领域商业模式创新，加强文化品牌开发和建设，建立一批版权交易平台，活跃文化创意产品传播，增强文化创意产业核心竞争力。

战略性新兴产业是知识产权密集型产业的重要组成部分。战略性新兴产业以重大技术突破和重大发展需求为基础，知识技术密集、物质资源消耗少、成长潜力大、综合效益好，对经济社会全局和长远发展具有重大引领带动作用。就国家或者地区经济发展而言，战略性新兴产业是核心和支柱，战略新兴产业的发展关系到国家或者地区发展的全局。2012 年出台的《关于加强战略性新兴产业知识产权工作的若干意见》就明确提出：到 2020 年，我国战略性新兴产业的知识产权创造、运用、保护和管理水平显著提高，知识产权有效支撑战略性新兴产业发展，涌现一批国际竞争力强、具有较强产业影响力和知识产权优势的企业，形成较为明显的战略性新兴产业知识产权比较优势。

实际上，近 5 年来我国战略性新兴产业知识产权获得了长足发展，战略性新兴产业发明专利申请量、授权量总体呈增长态势，国内本土优势明显增强（《战略性新兴产业发明专利统计分析总报告（2015 年）》）。七大战略性新兴产业发展呈现分化态势：从发明专利数量上看，新一代信息技术产业近 5 年的申请、授权总量居七大战略性新兴产业的首位，生物产业次之，节能环保产业排名第三，前述三个产业的申请量、授权量之和超过战略性新兴产业发明专利申请、授权总量的七成。从近 5 年各产业自身发展来看，申请方面生物产业增量最高，新能源汽车产业增长趋势最明显;授权方面新能源产业增幅最高,新能源汽车产业次之。

战略性新兴产业国内各地区发展不均衡,中部地区增速喜人。东部地区在国内战略性新兴产业发明专利申请及授权中均占绝对主力地位,2013 年、2014 年分别占战略性新兴产业国内发明专利申请、授权总量的 2/3 以上。2014 年,中部地区战略性新兴产业发明专利申请、授权的增速均最高,申请年增长率达 48.10%,授权达 6.26%,远高于国内总体水平。具体到各省区市,近 5 年国内各省区市平均申请、授权量逐年提升,六成以上的省区市申请、授权量实现翻倍,两极分化程度有所缓解。其中,中部地区的安徽、西部地区的广西表现抢眼。

9.3 中国知识产权区域布局的政策空间

9.3.1 中国知识产权区域布局政策供给

(1) 国家层面相关政策供给

知识产权区域布局是一个新问题,对其重要性、必要性和紧迫性的认识是一个逐渐深入的过程。

2006 年《国家中长期科学和技术发展规划纲要(2006—2020 年)》(以下简称《中长期科技规划》)提出"全面推进中国特色国家创新体系建设",其中"建设各具特色和优势的区域创新体系"是其重要组成部分。《中长期科技规划》指出:"充分结合区域经济和社会发展的特色和优势,统筹规划区域创新体系和创新能力建设。深化地方科技体制改革。促进中央与地方科技力量的有机结合。发挥高等院校、科研院所和国家高新技术产业开发区在区域创新体系中的重要作用,增强科技创新对区域经济社会发展的支撑力度。加强中、西部区域科技发展能力建设。切实加强县(市)等基层科技体系建设。"知识产权工作在区域创新体系建设过程中占据非常的重要位置，但是知识产权区域布局工作并没有引起高层决策的广泛关注。

2007 年，胡锦涛总书记在党的十七大报告中明确提出"实施知识产权战略"。《国家知识产权战略纲要》（以下简称《纲要》）制定工作历时 3 年，共有 30 多个部门、数百位专家参与。国家知识产权战略的制定分为 1 个《纲要》和 20 个专题，分别从知识产权战略的宏观问题、知识产权主要类别、知识产权法制建设、知识产权重要管理环节、知识产权重点行业等五个方面围绕知识产权的创造、管理、保护、运用展开研究。虽然在《纲要》制定过程中，也启动了"区域科技创新中的知识产权问题研究"。非常遗憾，在整个《纲要》中并没有提及任何地区或者区域相关的议题。

2014 年国家知识产权局牵头制定的《深入实施国家知识产权战略行动计划（2014—2020 年)》中提出："推动知识产权密集型产业发展。鼓励有条件的地区发展区域特色知识产权密集型产业，构建优势互补的产业协调发展格局。建设一批知识产权密集型产业集聚区，在产业集聚区推行知识产权集群管理，构筑产业竞争优势。"这是国家政策文件中首次提交到了"知识产权密集型产业密集区"的概念，但是侧重点仍然是产业不是区域。2015 年出台的《国务院关于新形势下加快知识产权强国建设的若干意见》（国发〔2015〕71 号）中进一步强调了"培育知识产权密集型产业"，并提出："试点建设知识产权密集型产业集聚区和知识产权密集型产业产品示范基地，推行知识产权集群管理，推动先进制造业加快发展，产业迈向中高端水平。"随后出台的《〈国务院关于新形势下加快知识产权强国建设的若干意见〉重点任务分工方案》中将具体任务分配给了国家知识产权局与国家发展和改革委员会。

2015 年 10 月国家知识产权局印发的《加快推进知识产权强省建设工作方案（试行)》（国知发管字〔2015〕59 号）提出："着力提升区域创新驱动发展能力，大幅提升知识产权对经济社会发展的贡献度，推动形成与国家重大区域发展战略相匹配、与地方发展实际相适应的知识产权强省建设战略格局，努力探索具有区域特色、符合时代要求的知识产权强省建设之路，加快实现知识产权强国建设目标。"到 2030 年，基本形成布局合理、科学发展、支撑有力的知识产权强省建设战略格局，加快推进知识产权强国建设进程，建成 3～4 个引领型知识产权强省，建成 5～6 个支撑型知识产权强省，建成 4～5 个特色型知识产权强省。这是国家知识产权局关于区域布局的重要探索。

2015 年 11 月中共中央办公厅、国务院办公厅印发的《关于在部分区域系统推进全面创新改革试验的总体方案》指出："系统推进全面创新改革是破解创新驱动发展瓶颈制约的关键。"要充分发挥一些区域在改革创新方面的示范带动作用。方案主要目标中明确提出："一些区域在率先实现创新驱动发展转型方面迈出实质性步伐，科技投入水平进一步提高，知识产权质量和效益显著提升，科技成果转化明显加快，创新能力大幅增强……"这是首次在区域改革试验中突出知识产权质量和效益问题。

在上述政策铺垫的基础上，2015 年国家知识产权出台的《知识产权区域布局试点工作方案》提出，从整体上摸清知识产权资源区域分布，推动知识产权工作融入区域经济建设，推动区域知识产权宏观管理向精细化转型，探索知识产权资源与区域科教、产业、经济、社会协同发展机制，引导并实现创新资源的区域集聚。《知识产权区域布局试点工作方案》的出台在具体工作层面有力地推动了相关工作的进展。2015 年 8 月 31 日，国家知识产权局印发《关于确定知识产权区域布局第一批试点地区的通知》（国知办函协字〔2015〕488 号），确定江苏省、广西壮族自治区、重庆市、浙江省宁波市、山东省潍坊市、广东省广州市和深圳市为知识产权区域布局第一批试点地区。

（2）区域层面相关政策梳理

在《加快推进知识产权强省建设工作方案（试行）》和《知识产权区域布局试点工作方案》的推动下，各地方政府也开展了一系列的工作，出台了一系列的政策。

以江苏为例，2015 年 5 月出台的《中共江苏省委　江苏省人民政府关于加快建设知识产权强省的意见》（苏发〔2015〕6 号）明确，要把江苏建设成为知识产权创造卓越、运用高效、保护有力、管理科学、服务优质、人才集聚的知识产权强省，知识产权发展主要指标达到国际先进水平，知识产权对经济社会发展的支撑和推动作用充分显现。到 2020 年，江苏省知识产权产出质量显著提高，知识产权运用能力大幅提升，知识产权保护环境明显优化，知识产权管理水平进一步提高，知识产权服务业加快发展，知识产权人才规模不断壮大。

2016 年 3 月《江苏省知识产权区域布局试点工作推进方案》（苏政办发〔2016〕15 号）出台。该方案按照"分步实施、试点先行、逐步完善"的原则，结合江苏实际，从专利、商标、版权等知识产权资源分析入手，稳步推进知识产权布局试点工作。选择苏南国家自主创新示范区、战略性新兴产业基地、知识产权工作基础较好的省辖市等区域先行试点，条件成熟后在全省全面推开，加快形成服务经济发展的区域知识产权布局长效机制。

9.3.2　区域布局相关政策与优化目标差距

（1）知识产权区域布局的宏观战略和政策缺乏

通过上述分析不难看出，虽然知识产权区域布局工作的作用和意义已经日益凸显，但是知识产权区域布局的宏观战略和政策仍然缺乏。首先，知识产权是一项国家制度安排，但是具体落实在区域层面。从早期的珠三角深圳特区到后来的长三角浦东开发区，再到现在的京津冀协同发展，国家具有非常清晰的区域发展战略。值得一提的是在知识经济时代，知识特别是产权化的知识已经成为区域经济发展的原动力，区域发展战略迫切需要知识产权资源的支持。

其次，中国地域广阔，不同地区的经济社会发展差异很大，如何进行知识产权布局更加有利于创新驱动经济社会发展，需要从宏观层面进行顶层设计。就东北地区而言，具有非常好的装备制造业发展基础和丰富的科技创新成果，但是知识产权本地转化率非常低，大学和研究机构大量好的成果都在长三角和珠三角得到了转化。从区域视角来看这是科技成果的流失，从国家视角来看这是跨区域资源配置，值得深思的问题是本地转化难的症结何在，如何布局资源才能够更好地促进产业发展。

最后，国家知识产权局已经启动了《知识产权区域布局试点工作方案》，将会对于下一步知识产权区域布局政策的制定和出台提供重要的实践参考。应该看到，知识产权布局工作仍然是部门工作、仍然处于早期阶段，实际上它涉及科技、教育、产业和经济等多部门，迫切需要建立一个跨部门的协调小组推动相关工作，也为下一步在国家层面出台相关战略和政策提供机构保障。

（2）市场机制与行政机制的衔接界面不清晰

国家层面知识产权区域布局的战略和政策缺乏，但是省区市层面知识产权强省和地方知识产权相关政策已经试点和实施，其中一个主要的问题就是市场机制和行政机制的衔接界面不清晰。

2015 年出台的《中共江苏省委 江苏省人民政府关于加快建设知识产权强省的意见》中提出了一系列区域知识产权创造和运用相关的政策。例如："鼓励企业完善职务发明奖励和报酬制度，采取知识产权入股、股权期权奖励、岗位分红、利润提成等方式，激发研发人员创造积极性。""实施知识产权密集型企业培育计划，瞄准世界先进水平，遴选一批具有较强创新实力、较大品牌优势、良好发展潜质的骨干企业，加快培养具有国际眼光、战略思维的创新型企业家，……造就 5 000 家拥有核心知识产权和自主品牌、具有国际竞争力的知识产权密集型企业。"

2016 年出台的《甘肃省新形势下加快知识产权强省建设的实施方案》明确提出："坚持市场主导。发挥市场配置创新资源的决定性作用，强化企业创新主体地位，促进创新要素合理流动和高效配置。"然而，在具体方案中仍然提出：“鼓励和引导企业完善职务发明奖励和报酬制度，采取知识产权入股、股权期权奖励、岗位分红、利润提成等方式，激发研发人员创造积极性。”“实施高价值专利培育计划，推动企业、高校院所、知识产权服务机构联合组建高价值专利培育中心，围绕我省重点发展的战略性新兴产业和传统优势产业开展集成创新，在主要技术领域创造一批创新水平高、权利状态稳定、市场竞争力强的高价值核心专利。”

在市场经济条件下，企业是否进行知识产权活动并不完全取决于政府的这些政策，而是市场的竞争和激励机制，如果政策激励机制替代了市场激励机制，政府的遴选机制替代了市场的遴选机制，结果必然是资源配置方式的扭曲。

（3）知识产权作为区域科技与经济融合载体的作用不突出

根据《2016 年全国技术市场统计年度报告》，2015 年技术开发、技术转让、技术咨询、技术服务四类技术合同总量均呈现增长态势。其中，技术服务、技术开发合同成交额位居第一位、第二位，分别占全国技术合同成交总额的 51.43% 和 30.98%，成为技术交易的主要类型，技术转让合同仅占 15%。2015 年共签订技术转让合同 12 787 项，成交额 1 466.53 亿元。技术转让合同中，技术秘密成为最主要的交易方式，成交金额增长 33.00%，占技术转让合同的 76.93%；专利权转让合同成交额 92.53 亿元，占技术转让合同的 6.31%；设计著作权、植物新品种、集成电路布图设计专有权、计算机软件著作权转让合同成交额增幅均超过 150%，但所占比例均低于 1%。上述数据清晰地表明，知识产权在区域科技与经济融合中的作用并不突出，知识产权转让在科技成果转让中的比例非常低，出现上述问题可能存在以下几个方面的原因。

一是科技成果的产权化成本比较高。一项科技成果申请专利需要经过一系列复杂的过程，需要消耗大量的时间和费用，如果科研机构和企业没有相应的专业人员或者当地没有相应的中介机构，产权化过程非常麻烦。二是产权化成果的转化成本非常高。产权化的科技成果就会成为职务发明或者国有资产，对于高校和科研机构而言进行技术转化的难度非常大，如果没有足够的经济激励，组织和个人都没有足够的动力去转化。三是大部分在技术市场上交易的成果可能达不到申请专利的创造性、新颖性和实用性要求，只是帮助客户进行一些技术服务和开发，并没有提供新的技术和知识。

为此，非常有必要进一步突出知识产权在区域科技与经济融合中的载体作用，既要提升科学研究过程中知识和技术的新颖性、创造性和实用性，用创新引进企业和产业发展，同时也要降低科技成果产权化和转化的成本，让知识产权更好地融合科技和经济。

9.3.3 中国知识产权区域布局可能政策空间

（1）出台国家层面知识产权区域布局的战略和政策

在《知识产权区域布局试点工作方案》持续推进的基础上，启动全国范围内的知识产权区域布局工作，在国家层面提出知识产权功能区建设的战略和相关政策。

首先，将知识产权功能区提到和知识产权密集型产业同等甚至更高的高度，毕竟产业没有一个具体的组织主体，而地方政府是知识产权功能区建设和知识产权密集型产业发展的组织主体，为此，只有将两者协同发展，才能更好地推进知识产权区域布局工作。

其次，根据区域科技、教育、产业和经济发展现状，以及未来在国家发展中的定位，对主要区域的知识产权功能进行定位，将知识产权工作融入经济社会发展中去，例如建立以知识产权为重要内容的创新驱动发展评价制度；将知识产权指标纳入省政府对各市州的考核指标，完善知识产权发展评价指标体系等。

最后，建立"统一领导、分工协作、分级负责、共同参与"的组织模式。加强与国家有关部门的沟通和合作，加强与国家国民经济和社会发展规划和国家创新驱动发展战略的衔接，将知识产权区域布局工作作为国家区域发展战略的重要组成部分，将知识产权工作作为创新驱动发展和供给侧结构性改革的中心环节。

（2）探索市场机制和行政机制的协同模式

进一步厘清市场与政府边界，明晰市场和政府在推动知识产权区域布局工作中的功能定位。最大限度发挥市场配置创新资源的决定性作用，加快推进知识产权制度和管理体制改革，构建技术创新市场导向机制，推进要素价格倒逼创新，实行严格的知识产权保护制度，营造公平竞争的良好市场环境。例如，丰富知识产权市场载体和平台；整合现有技术市场、产权交易所等资源，建设知识产权交易中心，打造功能完备、交易活跃知识产权展示交易平台；推进知识产权市场建设，创新知识产权交易模式，完善知识产权信息服务网络，形成网上交易与现场交易相结合的交易服务机制，简化交易程序，降低交易成本。

更好发挥政府作用，加快推进政府职能转变，进一步减少对市场的行政干预，建立和完善政府创新管理机制和政策支持体系，强化创新政策与相关政策的统筹协调。例如，在对党政领导班子和领导干部进行综合考核评价时，注重鼓励发明创造、保护知识产权、加强转化运用、营造良好环境等方面的情况和成效；探索建立经营业绩、知识产权和创新并重的国有企业考评模式；政府部门发布年度知识产权发展状况报告等。优化知识产权交易服务，加快形成以知识产权代理、法律、资产评估、投融资等为支撑的服务体系。

（3）探索知识产权深度融合科技与经济的有效途径

通过知识产权资产运营着力改变科研与市场分离状况，加快推进科研院所、高等院校等改革。推动高校院所建立技术转移中心，开展知识产权运营服务；条件成熟时可建立独立运行的知识产权运营机构，开展发明披露审查、价值评估、质量管控、许可转让等工作，推动知识产权流动转化。建立健全多元化、多层次、多渠道的知识产权投融资体系。鼓励金融机构支持知识产权产业化，创新金融产品，改进运营模式，扩大信贷规模。完善无形资产和收益权抵质押登记公示制度，研究制定知识产权质押融资与评估管理办法，缓解科技型中小微企业等创新主体融资难矛盾，实现"知本"向"资本"的转变。

参考文献

一、中文文献

阿尔弗雷德·韦伯，1997. 工业区位论［M］. 李刚剑，陈志人，张英保，译. 北京：商务印书馆.

阿弗里德·马歇尔，2005. 经济学原理［M］. 廉运杰，译. 北京：华夏出版社.

艾德加·胡佛，1992. 区域经济学导论［M］. 郭万清，等，译. 上海：上海远东出版社.

安虎森，2008. 新区域经济学［M］. 大连：东北财经大学出版社.

蔡铂，聂鸣，2006 产业集群的创新机理研究［J］. 研究与发展管理，18（1）：19 – 25.

曹颖，2005. 区域产业布局优化及理论依据分析［J］. 地理与地理信息科学，21（5）：72 – 74.

曹铮，张亚斌，2005. 价值链的经济学分析及其政策借鉴［J］. 中国工业经济，（5）：104 – 111.

陈琳，孙玉涛，2007. 我国六城市专利条例比较分析［J］. 科技进步与对策，24（1）：27 – 30.

陈祺敏，2007. 基于区域创新理论的知识产权管理研究［D］. 北京：北京交通大学.

池仁勇，潘李鹏，2016. 知识产权能力构成、内外影响因素与企业成长——内力驱动，还是外部推进？［J］. 科学学研究，34（1）：81 – 88.

大卫·李嘉图，1976. 政治经济学及赋税原理［M］. 郭大力，王亚南，译. 北京：商务印书馆.

党兴华,郑登攀,2011. 对《创新网络 17 年研究文献述评》的进一步述评——技术
  创新网络的定义、形成与分类[J]. 研究与发展管理,23(3):9-15.

德勤咨询公司,2013. 亚洲总部经济特区如何改变日本[M]. 东京:Progres 出版社:
  1-207.

邓羽,司月芳,2016. 西方创新地理研究评述[J]. 地理研究,35(11):2041-2052.

冯晓青,2015. 企业知识产权管理[M]. 北京:中国政法大学出版社.

付淳宇,2015. 区域创新系统理论研究[D]. 长春:吉林大学.

傅广宛,韦彩玲,杨瑜,等,2009. 量化方法在我国公共政策分析中的应用进展研
  究——以最近六年来的进展为研究对象[J]. 中国行政管理,(4):109-113.

郭金兴,胡佩选,牛牛,2014. 中等收入陷阱的经验证据、理论逻辑及其对中国经济
  的启示[J]. 经济学动态,(1):54-62.

韩跃,2014. 战略性新兴产业空间布局研究——以北京市为例[D]. 北京:首都经济
  贸易大学.

何炼成,1984. 价值学说史[M]. 西安:陕西人民出版社.

胡永亮,2006. 分工、产业集聚与区域经济增长研究[D]. 西安:西北大学.

胡智慧,李宏,汪凌勇,等,2012. 世界主要国家创新集群机制研究[J]. 科技政策
  与发展战略,(10):1-33.

J. D. 贝纳,1982. 科学的社会功能[M]. 陈体芳,译. 北京:商务印书馆:191.

贾蔚,1995. 科技——第一生产力[N]. 人民日报,05-26.

杰文斯,1936. 经济学理论[M]. 郭大力,译. 北京:中华书局.

克鲁格曼,2000. 发展、地理学与经济理论[M]. 蔡荣,译. 北京:北京大学出版社,
  中国人民大学出版社.

李国平,卢明华,2002. 北京高科技产业价值链区域分工研究[J]. 地理研究,21
  (2):228-238.

李蓉,2007. 知识产权能力与区域竞争力相关研究[D]. 成都:电子科技大学.

李顺德,2007. 知识产权公共教程[M]. 北京:中国人事出版社.

李万,常静,王敏杰,2014. 创新 3.0 与创新生态系统[J]. 科学学研究,32(12):

1761 – 1770.

李小建, 2006. 经济地理学[M]. 北京:高等教育出版社.

林毅夫, 李永军, 2003. 比较优势, 竞争优势与发展中国家的经济发展[J]. 管理世界, (7):21 – 28.

刘凤朝, 马荣康, 姜楠, 2013. 区域创新网络结构、绩效及演化研究综述[J]. 管理学报, 10 (1):140 – 145.

刘凤朝, 杨玲, 孙玉涛, 2011. 创新活动空间集聚及其驱动因素国外研究进展评述[J]. 管理学报, 8 (9):1413 – 1418.

刘凤朝, 马荣康, 2016. 东北老工业基地创新驱动发展研究[M]. 北京:科学出版社.

刘凤朝, 孙玉涛, 2007. 我国科技政策向创新政策演变的过程、趋势与建议——基于我国 289 项创新政策的实证分析[J]. 中国软科学, (5):34 – 42.

刘凤朝, 徐茜, 2012. 中国科技政策主体合作网络演化研究[J]. 科学学研究, 30 (2):241 – 248.

刘凤朝, 2009. 国家创新能力测度方法及其应用[M]. 北京:科学出版社.

刘健, 许卡佳, 2006. 区域创新网络的理论基石及其逻辑演进[J]. 中共中央党校学报, (2):76 – 82.

刘军, 2009. 整体网分析讲义:UCINET 软件实用指南[M]. 上海:格致出版社.

刘可文, 曹有挥, 肖琛, 2012. 国家区域政策对央企空间布局的影响[J]. 地理研究, 31 (12):2139 – 2152.

刘兰剑, 司春林, 2009. 创新网络 17 年研究文献述评[J]. 研究与发展管理, 21 (4):68 – 77.

刘平, 陈建勋, 2016. 日本"国际战略综合特区"及其制度政策创新[J]. 现代日本经济, (2):1 – 12.

刘曙华, 2012. 生产性服务业集聚对区域空间重构的作用途径和机理研究[D]. 上海:华东师范大学.

龙开元, 2013. 创新地理学:中国科技布局的理论与实践[M]. 北京:科学技术文献出版社.

陆大道, 2002. 关于"点—轴"空间结构系统的形成机理分析[J]. 地理科学, 22

（1）：1－6.

吕国庆，曾刚，顾娜娜，2014. 经济地理学视角下区域创新网络的研究综述[J]. 经济地理，34（2）：1－8.

吕拉昌，黄茹，廖倩，2016. 创新地理学研究的几个理论问题[J]. 地理科学，36（5）：653－661.

马强，2011. 我国科技资源分布特征研究[D]. 南京：东南大学.

迈克尔·波特，2002. 国家竞争优势[M]. 李明轩，邱如美，译. 北京：华夏出版社.

孟庆松，韩文秀，2000. 复合系统协调度模型研究[J]. 天津大学学报（自然科学与工程技术版），33（4）：444－446.

牟仁艳，2004. 在新的国家区域发展战略下武汉的城市发展定位研究[D]. 武汉：武汉理工大学.

彭灿，2003. 区域创新系统内部知识转移的障碍分析与对策[J]. 科学学研究，21（1）：107－111.

曲然，2005. 区域创新系统内创新资源配置研究[D]. 长春：吉林大学.

沈体雁，2000. 基于知识的区域发展[D]. 北京：北京大学.

史世伟，开放性，2014. 专属性与信息不对称：创新合作中的市场失灵与政府作用——以德国集群政策为例[J]. 学海，（4）：64－72.

孙景翠，2011. 中国农业技术创新资源配置研究[D]. 哈尔滨：东北林业大学.

孙玉涛，等，2017. 国际技术贸易[M]. 北京：清华大学出版社.

W. 阿瑟·刘易斯，1995. 经济增长理论[M]. 梁小民，译. 上海：上海三联书店：4，204.

王辑慈，等，2005. 创新的空间：企业集群与区域发展[M]. 北京：北京大学出版社.

王远飞，何洪林，2007. 空间数据分析方法[M]. 北京：科学出版社.

魏后凯，1988. 区域开发理论研究[J]. 地域研究与开发，（1）：16－19.

魏后凯，2009. 中国国家区域政策的调整与展望[J]. 发展研究，（5）：22－27.

魏江，李拓宇，赵雨菡，2015. 创新驱动发展的总体格局、现实困境与政策走向[J]. 中国软科学，（5）：21－30.

文东伟，冼国明，2014. 中国制造业的空间集聚与出口：基于企业层面的研究[J].
　　管理世界，(10)：57 - 74.

文嫣，曾刚，2005. 全球价值链治理与地方产业网络升级研究——以上海浦东集成电
　　路产业网络为例[J]. 中国工业经济，(7)：20 - 27.

吴松，2011. 日本政府促进区域创新的政策措施与启示[J]. 全球科技经济瞭望，26
　　(4)：60 - 72.

吴绍波，顾新，2014. 战略性新兴产业创新生态系统协同创新的治理模式选择研究
　　[J]. 研究与发展管理，26 (1)：13 - 21.

肖泽磊，2010. 高技术产业科技资源配置和政策效果评估[D]. 南京：南京航空航天
　　大学.

谢邦昌，朱建平，李毅，2016. 文本挖掘技术及其应用[M]. 厦门：厦门大学出版社.

许丽英，2007. 教育资源配置理论研究——缩小教育差距的政策转向[D]. 长春：东
　　北师范大学.

亚当·斯密，1974. 国民财富的性质和原因的研究[M]. 郭大力，王亚南，译. 北京：
　　商务印书馆.

杨玲，2011. 基于知识流动的创新活动空间分布演化机理研究[D]. 大连：大连理工
　　大学.

杨龙，2014. 中国区域政策研究的切入点[J]. 南开学报（哲学社会科学版），(2)：
　　88 - 102.

叶作义，张鸿，下田充，2015. 全球价值链下国际分工结构的变化——基于世界投入
　　产出表的研究[J]. 世界经济研究，(1)：56 - 64.

易将能，孟卫东，杨秀苔，2005. 区域创新网络演化的阶段性研究[J]. 科研管理，
　　26 (5)：24 - 28.

尤泳，2009. 改革开放以来我国区域发展战略研究[D]. 重庆：西南大学.

俞可平，2002. 全球治理引论[J]. 马克思主义与现实，(1)：20 - 32.

约翰·冯·杜能，1986. 孤立国同农业和国民经济的关系[M]. 吴衡康，译. 北京：
　　商务印书馆.

约瑟夫·熊彼特，1990. 经济增长理论[J]. 北京：商务印书馆.

张德荣，2013. "中等收入陷阱"发生机理与中国经济增长的阶段性动力[J]. 经济研究，(9)：17-29.

赵海军，1993. 科技布局理论构建的基本设想[J]. 科学学研究，11 (4)：8-11.

赵修卫，2001. 关于发展区域核心竞争力的探讨[J]. 中国软科学，(10)：95-99.

甄峰，徐海贤，朱传耿，2001. 创新地理学——一门新兴的地理学分支学科[J]. 地域研究与开发，20 (1)：9-11.

郑成思，1993. 知识产权法教程[M]. 北京：法律出版社.

周柏翔，丁永波，任春梅，2007. 区域创新体系的结构模式及运行机制研究[J]. 中国软科学，(3)：135-138.

周新生，2000. 产业兴衰论[M]. 西安：西北大学出版社.

中共中央编译局，1972. 马克思恩格斯全集（第二十六卷第一册）[M]. 北京：人民出版社：392.

中共中央编译局，1979. 马克思恩格斯全集（第四十六卷）下册[M]. 北京：人民出版社：217-218.

朱乃肖，2006. 论知识产权的商品属性、发展趋势和应对措施[J]. 经济理论与经济管理，(5)：30-35.

朱清平，2003. 知识产权管理学科初探[J]. 发明与创新，(4)：36-37.

二、外文文献

ANSELIN L, 1995. Local Indicators of Spatial Association—LISA [J]. Geographical Analysis, 27 (2)：93-115.

BOSCHMA R, FRENKEN K, 2010. The Spatial Evolution of Innovation Networks：A Proximity Perspective[J]. Papers in Evolutionary Economic Geography：120-135.

BURT R S, 2009. Structural Holes：The Social Structure of Competition[M]. Cambridge：Harvard University Press.

COOKE P N, HEIDENREICH M, BRACZYK H J, 1996. Regional Innovation Systems：The Role of Governance in a Globalized World [M]. London：UCL Press.

COOKE P, 1992. Regional Innovation Systems: Competitive Regulation in the New Europe [J]. Geoforum, 23 (3): 365 – 382.

DAVID TEECE, 2000. Strategies for Managing Knowledge Assets: the Role of Firm Structure and Industrial Context[J]. Long Range Planning, 33 (1): 35 – 54.

DEMIRALP B, TURNER M, MONNARD A, 2012. The Evaluation of the U. S. Small Business Administration's Regional Cluster Initiative Year One Report[R]. Washington, DC: U. S. Small Business Administration.

Executive Office of the President, 2009. A Strategy for American Innovation: Driving Towards Sustainable Growth and Quality Jobs[R].

FAGERBERG J, MOWERY D C, NELSON R R, 2005. The Oxford Handbook of Innovation [M]. Oxford: Oxford University Press.

FELDMAN M P, 1994. The Geography of Innovation [M]. Netherland: Springer.

FREEMAN C. 1991. Networks of Innovators: A Synthesis of Research Issues[J]. Social Science Electronic Publishing, 20 (5): 499 – 514.

FRIEDMANN J, 1966. Regional Development Policy: A Case Study of Venezuela [M]. Cambridge: MIT Press.

GLÜCKLER J, 2007. Economic Geography and the Evolution of Networks[J]. Journal of Economic Geography, 7 (7): 619 – 634.

LOSCH A, 1954. Economics of Location[M]. New Haven: Yale University Press.

JU – LONG D, 1982. Control Problems of Grey Systems[J]. Systems & Control Letters, 1 (5): 288 – 294.

KITAGAWA F, 2005. Regionalization of Innovation Policies: The Case of Japan[J]. European Planning Studies, 13 (4): 601 – 618.

MURO M, ROTHWELL J, ANDES S, et al, 2015. America's Advanced Industries: What They Are, where They Are, and why They Matter[M]. Washington: Brookings Institution Press.

PAUL ROMER, 1990. Endogenous Technological Change[J]. Journal of Political Economy, 98 (5).

PERROUX F, 1955. A Note on the Notion of Growth Pole[J]. Applied Economy, 1 (2): 307 – 320.

SUN Y, LIU K, 2016. Proximity Effect, Preferential Attachment and Path Dependence in Inter – regional Network: a Case of China's Technology Transaction[J]. Scientometrics: 108 (1): 201 – 220.

WESSNER C W, 2012. Clustering for 21st Century Prosperity: Summary of a Symposium [M]. Washington: National Academy Press.

附录 1
创新聚集与产业布局优化国际进展与中国借鉴

随着知识经济的兴起，知识产权作为促进国家经济发展的关键因素，在世界经济和贸易中的地位得到了历史性提升，世界各国都力图通过知识产权战略的实施来增强国际竞争力。各国的知识产权战略不仅着眼于知识产权数量的增长和质量的提升，还强调知识产权结构和布局的优化。在发达国家虽然没有明确提出知识产权区域布局的概念，然而促进创新聚集、优化产业布局是各国知识产权强国战略的重要组成部分。本章主要介绍美国、欧盟以及日本促进创新聚集、优化产业布局的政策手段，为中国提供可取经验。

（一）美国促进创新聚集、优化产业布局的主要经验

1. 美国促进创新聚集、优化产业布局的背景

作为综合科技实力和创新能力最强的国家，美国不仅拥有最尖端的工业、农业和国防科技，聚集了全球70%诺贝尔奖得主，还孕育了微软、谷歌、苹果、英特尔等一批在世界上举足轻重的高科技企业。这些成就的背后与美国政府对科技创新的重视息息相关。美国早期的创新集群，如硅谷、大波士顿地区等，一度成为创新活跃、经济繁荣的奇迹。

　　然而近几年来，美国在全球的竞争力和创新领先地位面临挑战，经济严重下滑。自 2007 年次贷危机后，美国一直受困于高失业和"双赤字"，为了促进经济复苏和创造就业岗位，2009 年底美国联邦政府明确将"再工业化"作为美国复兴战略的核心内容，为先进制造业的创新投入不断加重砝码，同时将创新聚集和产业布局作为促进区域经济增长的重要抓手，为抢占新技术领域的制高点积极谋篇布局。

　　美国联邦政府在促进创新聚集、优化产业布局中发挥了重要作用。2007 年美国国会通过的《美国竞争法》对区域创新发展问题作了详细的界定。2009 年奥巴马政府发表的《美国创新战略：推动可持续增长和高质量就业》中首次明确提出支持区域创新中心和创新集群面向全国范围的发展，并且相继出台了一系列相关计划以推动创新集群的发展，包括：国家科学基金会的创新合作伙伴关系计划和先进技术教育计划等；技术创新计划及国家制造业创新网络计划，商务部的制造业扩展合作伙伴关系计划，劳工部的劳动力发展计划，能源部的区域创新中心计划等。为了促进创新集群政策的跨部门协调，奥巴马政府于 2010 年设立了白宫区域创新集群特别工作组，同年能源部牵头推出了能源区域创新集群（E－RIC）计划，这是美国首次实施跨机构区域创新集群计划。

　　2015 年美国智库布鲁金斯学会发布的《美国高端产业：定义、布局及重要性》（Muro 等，2015）研究报告中，勾勒了美国"再工业化"进程中的产业布局。从先进产业的地理分布来看，整体上几乎遍布美国全境，并无明显失衡。南部拥有 430 万先进产业就业人口，西部拥有 300 万，中西部拥有 290 万，东北部拥有 210 万，其中 70% 的高端产业就业机会分布在美国 100 个最大的都市区。美国成功的创新集群大都集中于高技术领域，包括生物技术、生命科学、信息技术、航空技术、半导体技术、医疗设备、金属制造、能源等。美国主要的高技术领域创新集群的地理分布如附图 1 所示。

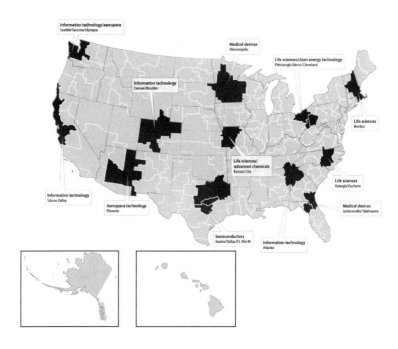

附图 1　美国主要的高技术领域创新集群的地理分布

在推动区域创新布局的同时，美国政府在知识产权战略的部署和实施方面也出台了一系列计划。2009 年以来，美国相继实施了《知识产权战略》《知识产权执法联合战略》《21 世纪国家知识产权战略》《制造行业和就业机会转移回国战略法案》《创新与知识产权对美国生产力、竞争力、就业、工资和出口的影响》《知识产权与美国经济：聚焦产业》等。这些都显示出美国促进创新聚集和优化产业布局的雄心和气魄。

2. 美国促进创新聚集、优化产业布局的主要政策手段

（1）"先进制造就业与创新加速器挑战"计划

作为制造业振兴战略的一部分，奥巴马政府 2011 年推出了"先进制造就业与创新加速器挑战"计划，旨在增强区域经济发展实力，为先进制造培养熟练劳动力，鼓励中小企业发展，加速技术创新，促进国家区域产业集群的发展。

"先进制造就业与创新加速器挑战"计划由美国商务部经济发展局和国家标准与技术研究所、能源部、劳工部就业与培训局以及美国小企业局和国家科学基金会等 14 个部门共同参与的。目前在目标区域，创新集群已经获得了初步发展。具体来说，大堪萨斯地区内的堪萨斯城就业加速器项目，由 8 个地方机构共同组成，通过协调创新资源，培养先进制造业从业人员，创新地方集群和信息交流平台，极大地促进了区域先进制造和信息技术集群的发展。纽约州的罗切斯特理工学院集成制造研究中心，通过学院与一些地方研究机构的合作，在芬格湖地区创建了食品加工集群，并且对集群内的企业提供生产工艺和检验方面的技术支援，以及提供从业人员方面的培训以满足集群发展的需求。

（2）美国创新网络计划

2012 年 3 月，美国政府启动"国家制造创新网络"（National Network for Manufacturing Innovation，NNMI）计划，该计划包括在全国范围内建设 45 家由工业界、学术界、非营利组织等参与的"制造创新机构"，并且形成辐射全美的制造创新网络，从整合制造业创新资源、促进集成创新的角度推动先进制造业发展。2013 年 1 月，美国总统行政办公室（EOP）在总结前期经验的基础上，正式出台了 NNMI 及所属制造业创新研究所（IMIs）的初步设计方案，进一步明确了这一国家战略计划的目的：①建设制造业不同细分领域的专业创新研究中心；②完善美国制造业创新生态系统。

NNMI 将聚焦制造业前沿领域和特定环节作为战略布局的要点，在构建总体网络的同时，强调重点领域的培育和开发。在最初的构想中，美国联邦政府计划投资 10 亿美元打造世界级的技术和服务的区域枢纽，具体而言，要建设 15 个具备专业技术的区域性的 IMIs。随后，奥巴马总统将计划调整为在未来 10 年内成立 45 家 IMIs，以使 NNMI 发挥更大的作用。截至 2015 年底，NNMI 已初见成效，2016 年 2 月 19 日美国国会发布了《国家制造创新网络计划年度报告》及《国家制造创新网络战略计划》，指出目前美国的制造业创新中心已初步建成的有 7 家，涉及的领域有国防部主导的增材制造（后更名为美国制造）、数字制造、轻量合金、集成光子、柔性电子以及能源部支持的电子电力器件和复合材料领域，如附图2所示。

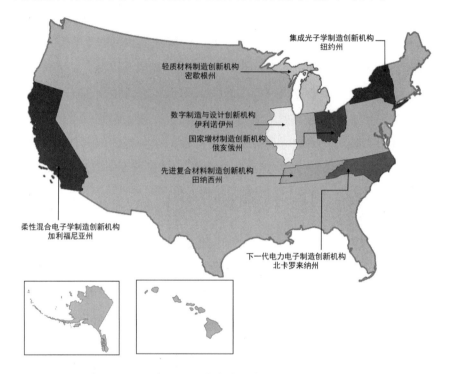

附图2　2016年美国已建成的制造业创新机构区域分布

政府在创新中心的布局方面沿区域和产业两个维度展开。考虑到创新中心是制造业研发活动的基本单元和主要载体，与其所在区域内的优势产业密切相连，因此，怎样建设既能有效利用当地资源，又能带动当地产业发展的创新中心是布局工作的重点。在创新中心布局时，政府对创新中心的建设地点经过了仔细考量。比如，未来轻量制造创新中心选择建在底特律，主要原因是底特律曾孕育了美国最早的科技行业——汽车工业，然而随后的经济困境导致通用和福特等传统汽车品牌遭遇没落。轻量化合金创新中心与汽车材料相关，它的建设非常有助于"汽车城"的复兴，同时更是将创新理念辐射至美国东南部地区；又如美国制造主中心的建设地址选择在扬斯敦州立大学附近，毫无疑问，一方面这极大促进了美国制造的人才输送，另一方面也促进了当地高校人才的培养和发展。这种布局方式有效地将技术与应用、产品与市场紧密结合，使其既能够支撑国家宏观战略，也可以促进所在区域的产业升级。

（3）美国集群可视化项目

"美国集群可视化项目"（The U. S. Cluster Mapping Project）是一项国家经济倡议，由美国商务部经济发展局与哈佛商学院战略和竞争研究所（Harvard Business School's Institute for Strategy and Competitiveness）共同开发。2014 年 6 月，美国集群可视化项目网站由美国商务部正式宣布建成，该项目提供了超过 5 000 万条关于产业集群、区域商业环境的开放数据，描绘了美国产业集群的区域分布，从而支持美国发展区域经济的创新决策。

通过该可视化项目不仅可以识别美国主要的产业集群区域分布情况，还可以针对具体产业集群分析其就业情况、专业化水平、创新变化等，为国家实现经济决策提供咨询服务。附图 3 为美国典型创新集群的区域分布。

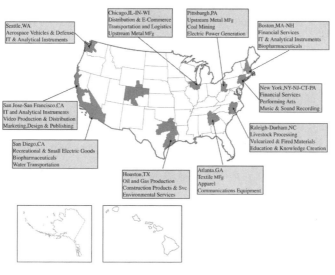

附图 3　美国典型创新集群的区域分布

（4）联邦各部门的区域创新集群计划

美国的能源部、商务部、国防部、农业部、劳工部和教育部等许多联邦部门也相继推出了支持集群创新的计划。2010 年，能源部首先开展了能源区域创新集群（E－RIC）计划，该计划是美国首次跨机构的区域创新集群计划，其实施目标是由能源部与多个部门联合，5 年内对区域创新集群的发展提供 1.3 亿美元的资金支持，促进区域内能效技术的产品研发和市场化，同时提供一批高质量的就业岗位。另外，能源部提出的能源创新中心计划也积极地为清洁能源技术大规模应用提供资金帮助。

美国联邦小企业管理局于 2010 年 9 月开展了"区域集群计划"，支援了 10 个已有的和新创建的区域集群（Demiralp 等，2012）。同时，美国联邦小企业管理局还与国防部的区域创新集群计划联手，对一批特定领域提供了特别帮助，这些领域包括机器人技术、能源、轻型材料和网络安全等。"区域集群计划"中涉及的集群主要集中在高技术领域，其中有三个涉及国防领域，三个涉及能源领域，其他集群涉及电子、农业、航空航天技术和地理空间技术等。这批集群中既包括一些成熟集群，如南卡罗来纳州、北卡罗来纳州的核能集群、亚拉巴马的亨茨维尔国防集群等，也包括伊利诺伊的"智能电网集群"、加利福尼亚的"Project 17 农业集群"和"先进国防技术集群"、密歇根的"绿色航空集群"等新兴集群。

美国联邦农业部在 2011 财年预算中也提出了区域创新计划。该计划指出，要在 2011 财年 20 项计划的资金投入中拿出 5%（2.8 亿美元）用于发展乡村新兴产业。2012 财年农业部又从 10 项计划中预留了 5% 的资金（1.71 亿美元）用于支持乡村区域规划。同时还将"农村商业机会资助计划"的预算支持增加了 500 万美元，以推动区域合作，鼓励各区域针对特定地区的需求实施经济战略规划。

商务部经济发展局在三个方面制定了区域集群发展计划：一是关注数据、工具和最佳实践；二是面向 21 世纪对先进基础设施给予支持；三是致力于相关机制的改进和完善。《复苏法》也对区域创新集群的建设提供了帮助,特别预留了 5 000 万美元用于地区规划和补助资金。同时,商务部经济发展局加大了对国家集群活动的监督和追踪力度,并完善了集群的评估准则。商务部经济发展局特别注重部门之间在区域创新集群方面的协调机制,积极采纳参加区域创新集群发展组其他机构的政策建议等。

美国国家科学基金会提供了 1 200 万美元的资金支持用以建设"创新生态系统",鼓励高校师生和研究机构进行创新成果的产品化和市场化,并积极构建创新型企业和产业联盟。目前,由其资助的数十家工程研究中心和产学合作研究中心已经发展为区域创新的支柱和重要平台,其中个别工程研究中心还获得了国家科学基金会长达 10 年的资金支持。同时,劳工部也特别设立了劳动力创新基金,为各州和地区劳动力的培训提供了资助。

(5)各州和地方政府的举措

美国各州和地方政府在促进创新聚集和优化产业布局方面发挥了举足轻重的作用,其工作具有很强的目的性与导向性。过去几年,各州和地方政府着力发展创新集群,根据自身优势与特点制定全面的集群发展战略,得到联邦政府及相关部门计划的支持,并且很少受联邦政策的干预。

密歇根州底特律是美国汽车产业中心,过去 10 年来密歇根汽车制造业的严重下滑,促使密歇根州政府下大力度进行创新产业集群的建设,其中重点发展六大产业,包括先进能源存储、太阳能、风轮机制造、生物能源、先进材料和国防等。由于认识到先进电池代表着未来汽车核心技术,密歇根州发起了培育先进能源电池集群的行动,提出要建成"世界先进电池之都"(Wessner,2012)。2009 年的《复苏法》提出,要投入 24 亿美元支持能源部建设先进电池制造项目,其中 13 亿美元都资助了密歇根州企业。密歇根州采取了全面的战略举措:重视高端研发和电池组装，以及包括材料和核心部件在内的整个供应链的完善；设立能源卓越中心，投入 1 300 万美元用于支持锂离子电池研发；推出密歇根州先进电池税收减免计划，使得新能源电池领域的投资一度增长了两倍；投资支持电动汽车技术工人培训和研究计划，并在州政府资助下建立了先进电池能源卓越中心；制定"不让一个工人落后"计划，重点资助失业人员攻读大专、本科或硕士学位，满足电动汽车产业发展对劳动力升级的需求；同时还加强与联邦机构和国家实验室的合作。一系列举措使得密歇根州打造了一个全新的产业集群，据统计，目前大约 80% 的汽车技术研发是在底特律地区开展的。

信息电子及纳米技术是纽约州的优势产业，纽约州北部经济振兴战略于 21 世纪初开始大力发展纳米技术，提供巨额资助建设"纳米技术卓越中心"，使其发展成为美国东部最大的半导体工业中心，发挥连通政府、学术界和产业界的枢纽作用。随后，IBM、英特尔、东晶电子等信息电子领域巨头纷纷与之签署协议，共同开展研发。2009 年，IBM 计划在纽约州奥尔巴尼地区投资超过 40 亿美元，建设一个拥有世界领先技术的芯片生产基地；SEMATECH 则宣布耗资 4 亿美元，将其全球研发总部和运营管理设在纳米科学与工程学院（CNSE）；东京电子唯一的海外研发机构就建立在该纳米科技中心；2013 年 10 月，纽约州政府携手 6 家全球领先的科技公司共同投资 17 亿美元开始打造纽约州第 2 个世界级的纳米科研中心：Nano Utica，进一步增强了纽约州作为纳米技术全球中心的地位，使尖端研发做到了服务行业需求，牢牢确立纽约州尖端半导体产业研发中心的地位。

西弗吉尼亚州凭借化石燃料和木材资源得天独厚的优势，催生了能源技术和生物识别创新集群，成功改变了其过去以自然资源开采为主导的区域经济重心。西弗吉尼亚州启动了先进能源计划，支持公共机构与私营企业联合开展研发，以推动传统能源的清洁利用。国家能源技术实验室设立在西弗吉尼亚州的摩根城，有大量研究人员从事煤液化交通燃料、自然资源安全开采、碳封存等领域的研究。在国家科学基金会支持下，摩根城还创建了一家产学合作研究中心——识别技术研究中心。该中心与美国联邦调查局、国土安全部、联邦航空管理局等机构也有密切联系。清洁能源产业集群和生物识别产业集群成为西弗吉尼亚州的两大特色。

新墨西哥州于 2009 年发布新的经济增长战略，提出推动创新集群，大力发展新兴产业。目前新墨西哥州形成了以桑迪亚科技园为核心的新型产业集群，这些集群涉及可再生能源、航空航天、信息技术、数字媒体等众多领域。新墨西哥州投巨资建成了运算速度达到每秒 478.2 万亿次浮点运算的超级计算中心，这成为新墨西哥州对企业的一大吸引力，它给新墨西哥州的企业提供了研发支持。新墨西哥州的创新战略给该州经济带来了新的活力，如今该州已是大企业云集，很多跨国企业在新墨西哥设厂，英特尔投资 25 亿美元在新墨西哥建设 32 纳米芯片生产厂。

3. 美国促进创新聚集、优化产业布局可供中国借鉴的经验

（1）完善知识产权区域布局政策体系，促进区域间的创新协同

区域创新政策可以概括为两种类型：一种是以"地区能力"为中心的竞争性创新政策，更强调通过区域之间的竞争来配置资源、激励创新；另一种是以"地区优势"为中心的创新政策，更强调地区的特色资源条件和区域之间的分工合作。后一类区域创新政策得到了美国联邦政府的高度重视。美国计划建立的 45 个制造业创新研究所，基本上分别设在 45 个不同的州，并根据各州的优势资源和产业技术来统筹，各州所属的产业技术领域之间有差别并且具有很强的针对性。

我国应改变过去单纯以"竞争性创新政策"为主的区域创新政策，尽快建立"地区能力"与"地区优势"互补的区域创新政策体系。注重保持各区域创新政策的协同性和一致性，强化全国一盘棋意识，合理安排创新系统建设和新兴产业布局，减少地区之间可能降低创新效率的竞争，为贯通区域之间的创新链，构建更加有效的区域创新网络创造有利

的政策环境。

（2）顺应国家战略的总体要求，优化知识产权区域布局

知识产权的区域布局只有与国家生产力布局的优化方向相一致时，才能真正形成区域经济增长的原动力。美国的"新能源创新集群"计划，由联邦政府出资，在全美范围布局17个国家实验室，每个实验室都有明确的专业技术分工（如风电、太阳能、水电等），以这些实验室为核心，联合区域内的大学、企业、政府部门、非政府组织等，共同推动能源领域的创新。

随着高铁、航空等现代交通网络的快速发展，以及信息通信技术的进步，我国区域经济格局和城市体系正在发生显著变化，城市群（或大都市区）将成为经济活动的主要空间组织形态，城市分工体系和要素配置的空间格局将随之重构。鉴于此，我国知识产权区域布局的优化重点包括两个方面：一是要突破行政区域的界限，以城市群为主要依托，结合各地区优势资源和产业基础，加强核心城市和节点城市创新领域的功能分工，构建跨区域、多层级的协同创新体系；二是以特色产业集群为主要载体布局若干专业化创新平台，整合各类创新资源，培育专业化的"区域创新集群"。

（3）创新区域布局组织方式，适应创新活动的现实需求

美国在轻质金属材料技术的创新的组织模式中，由联邦政府和五个州政府共同出资在底特律市建设创新合作中心，合作网络涉及25个州的82个机构，包括大学、大企业和中小企业、教育培训机构等，涵盖了轻质金属研发、制造、产业应用等整个供应链系统，其中每个成员都可获得一定的资助或不同的优先权，如中小企业可优先获得免费的技术服务。这种创新组织方式不仅有利于挖掘各类创新主体的优势，还有利于促进创新与需求的有效对接，形成创新的协同效应。

我国正处在经济转型时期，各地区财政收入的增长都有所减缓，而社会保障、医疗等刚性支出随着人口结构的变化又在快速增长，需要高

资本投入来支撑的知识产权区域布局所面临的资本约束将随之加剧。这就需要改革创新资源的配置方式，充分发挥国家知识产权区域布局的宏观引导作用，加强不同地区创新资源的统筹利用，鼓励区域之间建立"创新联盟"，减少区域之间的"零和竞争"和重复性投入，才能形成创新合力，缓解资本对创新的瓶颈约束，提高创新资源的利用效率。

（4）加快推进相关制度改革，构建开放的区域创新生态系统

美国的经验证明，创新聚集和产业布局的发展很大程度上得益于一个完善的创新生态系统。区域创新生态系统包括大学、研究机构、企业、非营利机构等，一个成功的创新生态系统，不仅依靠这些组织各自高效的运转，更取决于组织之间密切的合作，充分发挥地理邻近所带来的知识、关系和动力上的优势。

由于全球创新活动在空间上的分工日益深化，每个地区的创新都是在开放竞争的国际环境中进行。这就需要转变观念，加快相关制度的改革，引导各地区积极构建开放的区域创新生态系统。中央政府发挥好创新"组织者"的作用，组织好产业界、高校和政府的共同作用，形成"官产学"紧密结合的共同体，实现高效、深层次的区域分工合作和协同创新。

（二）欧盟促进创新聚集、优化产业布局的主要经验

1. 欧盟促进创新聚集、优化产业布局的背景

2008 年全球金融危机之后，欧盟陷入了严重的债务危机，经济增速放缓，劳动力资源开始出现萎缩。目前，欧盟的经济状况仍落后于美国，然而这并没有成为欧盟在技术创新领域前进的阻碍。作为最早实行创新聚集和产业布局政策框架的地区，欧盟在低碳、能源、高端制造业等领域的仍保持全球较为领先的地位。

创新聚集和产业布局政策是欧盟区域经济发展战略中不可或缺的组成部分。为了推动欧洲范围内创新聚集和产业布局的发展，欧盟实施了

一系列跨国合作机制和项目来推动各成员国创新战略的转向。2009 年，欧盟委员会颁布的欧洲集群卓越计划，明确提出创建世界级创新集群的愿景。2010 年的"欧盟 2020 战略"，引导欧盟朝着建设创新联盟和欧洲研究区的方向稳步发展。2011 年的欧盟"地平线 2020 计划"明确提出，知识和创新将成为未来经济发展的主要推动力。

目前创新联盟建设已初见成效，欧洲研究区也于在 2014 年创建完成。这些步骤加强了创新知识基础建设，改变了成员国在相同研发领域和项目上自行其是的分割局面，提高了研发资源的整合效率。2014 年欧盟正式启动实施"地平线 2020 计划"，该计划整合了欧盟研发框架计划（FP）、欧洲研究区、尤里卡计划，着力解决了以往存在的研发计划分散、操作流程烦琐等问题。新型研究平台、欧洲创新科技研究所（EIT）、联合研究中心、创新联盟等机构相继建立，这预示着欧盟创新聚集和产业布局进程的进一步加快。

欧盟在创新政策制定中，以创新聚集和产业布局建设为重点。为与欧盟层面上的集群政策协调，赶上欧洲促进创新聚集、优化产业布局的步伐，欧盟成员国纷纷调整战略，加大对战略性新兴产业的前瞻性布局，并陆续出台了一系列创新集群政策，如法国的竞争力集群政策、芬兰的"专家鉴定中心"项目、德国在国家高科技战略框架下的"尖端集群竞赛"项目等。

2. 欧盟促进创新聚集、优化产业布局的主要政策手段

（1）欧盟层面促进创新聚集、优化产业布局的主要政策手段

欧盟层面对创新聚集和产业布局的支持通过刺激并增强各个国家与区域的创新聚集和产业布局的政策实现，其政策重点是：第一，进一步减少欧盟范围内贸易、投资和移民等方面的障碍，完善地区和国家创新聚集和产业布局政策；第二，促进欧盟层面创新聚集和产业布局政策的战略整合，加强区域和国家创新聚集和产业布局政策的实施力度；第三，通过框架计划、引导市场计划、凝聚政策计划等，加强知识基础，使研

究成果用于创新，支持区域及国家集群的创建；第四，推动跨国集群的发展，通过泛欧集群政策推动强大的欧盟集群的形成和发展。

1）"欧洲创新"计划

"欧洲创新"计划（Europe INNOVA）是一项支持集群及其相连接的组织进行经验交流和知识分享的平台。欧盟在《创建创新型欧洲》报告中指出，该计划"极大促进了在整个欧洲范围内形成对创新聚集和产业布局的一致认识，它对于集群开放和不同产业部门之间学习交流和经验分享起到了促进作用"。该计划在第六次欧盟研发框架资助下，取得了较好的成果，实现了 11 个跨集群网络的创建，连接了 8 个传统产业和高科技产业部门的 200 个公共或私营组织，项目伙伴可以通过这些网络进行集群管理方面的经验共享。此外，该计划还建成了一系列跨国的集群合作网络，集群包括汽车制造、食品加工、生物技术、ICT、空间技术、能源等七个产业部门领域，活动形式涵盖集群访问计划、洽谈活动及集群开放部门商业平台的创造等。这一计划不仅着重增强区域创新系统，还支持了跨国区域合作，着眼于在欧洲背景下进一步加速集群发展。

2）欧盟知识区域行动计划

"知识的区域"（Regions of Knowledge）作为第七次欧盟研发框架项目的组成部分，致力于发展欧盟内各个区域集群。该项目致力于推动由地方政府部门、企业、研究所构成的创新集群与欧盟层面研究机构间的合作，并且建立相互之间多元交汇、互动联络的联合网络，最终实现缩小区域集群之间差距的长远目标，该项目还计划通过联合行动使欧洲的研发投入增加到占欧盟 GDP 总量的 3%。在第六次欧盟研发框架项目中，就有 32 个"知识的区域"试点项目率先启动，这些项目通过各个区域集群创导的技术审计、集群远景分析、集群发展标杆管理、集群路径绘制等技术，大大提高了区域集群创导的研究潜能。"欧洲区域研究与创新网络"（European Regions Research and Innovation Networking，ERRIN）就是其中之一，该平台目前支持了 200 多个区域集群子项目。另外，"欧洲食品创新网络"（Europe Food Innovation Networking）为欧洲范围内的 8 个高潜力的食品加工产业集群提供了交流合作以及创新的平台，有力推进了产业集群利益相关者间的紧密联系。

3）欧洲集群创新平台

"欧洲集群创新平台"（European Innovation Platform for Clusters）由"竞争力与创新计划"资助实现，旨在促进国家之间的区域集群经验共享。欧盟各成员国的创新聚集及产业布局中的集群机构是该项目的主要参与者。该项目为各集群组织的合作提供了良好的交流平台，促进了组织彼此之间互补优势的发挥，其作用形式主要为集群组织之间共享基础设施、共同探索卓越的管理模式、共同实现集群创导、完善市场准入制度以及加强创新型企业的国际化。

4）欧洲集群观察项目

欧盟认识到从欧盟层面制定促进创新聚集、优化产业布局相关的政策可以破除集群政策跨国合作的很多障碍，因此，所制定的欧盟层面的优化创新聚集和优化产业布局政策的出发点应该是欧盟各国和地区相关政策的补充。基于这样的考虑，欧盟设立了"欧洲集群观察项目"（European Cluster Observatory），此项目是评价集群的关键组成部分，基于本地竞争优势和经济活动集聚分析提供丰富的实践。通过基于区域主要绩效指标的部门和跨部门的统计分析，进行集群优势的分析和描述，其中，通过可比较的集群信息的收集、分析，可以避免重复建设。

目前，欧洲集群观察项目包括欧盟二十七国、爱尔兰、以色列、挪威、瑞士和土耳其等国家的区域集群，集群被分为 38 个部门。根据就业规模、区域专业化程度等已经识别出 2000 多个区域集群。其中，155 个区域集群存在三个中心（8%），524 个区域集群存在两个中心（25%），而 1338 个集群存在一个中心（67%）。欧洲集群观察项目如附图 4 所示。

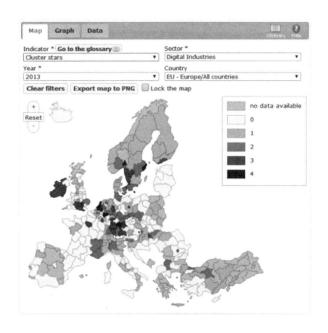

附图 4　欧洲集群观察项目

（2）欧盟各国促进创新聚集、优化产业布局的主要政策手段

我们选取了欧盟促进创新聚集、优化产业布局中具有代表性的三个国家——德国、法国和英国进行分析。德国致力于推动本国区域创新，提升了区域创新潜力；法国通过开展竞争力集群创建项目，促进了经济增长；英国积极促进高技术创新集群的发展，形成了各具特色的区域经济。

1）德国

德国是欧盟经济的领跑者，该国非常重视创新集群的发展。德国联邦政府开展了重点发展高科技战略的"尖端集群竞赛"项目，以课题竞争的形式，支持由科学界和工业界组成的国际尖端集群，进而推动国家的创新聚集及优化其产业布局。德国联邦教研部是该项目的主要负责机构，于 2008 年、2010 年及 2012 年共举办了三次竞赛。截至 2015 年底，德国已产生 15 个围绕高科技战略中某一主题为优势的"尖端集群"，这些尖端集群分别为：生物经济集群，萨克森 – 安哈尔特州和萨克森州；

个性化的免疫干预集群，莱茵兰－普法尔茨州、黑森州和巴登－符腾堡州；西南电动车集群，巴登－符腾堡州；智能技术系统集群，北莱茵－威斯特法伦州（OstWestfalenLippe 地区）；巴伐利亚州的碳复合材料集群、莱茵－内卡河中心地区的有机电子论坛、萨克森的冷硅－能量效率创新、德国中部的太阳能硅谷、汉堡中心地区的航空集群、莱茵－内卡河中心地区的细胞和分子医学生物技术集群、达姆施塔特市及周边的软件集群、慕尼黑生物技术集群、欧洲都会区纽伦堡"医药谷"、巴登－符腾堡州微型技术集群和北威－黑森州鲁尔物流效益集群。德国 15 个尖端集群的地理分布如附图 5 所示。

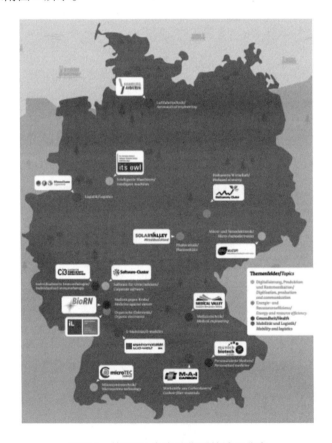

附图 5　德国 15 个尖端集群的地理分布

德国对这些创新集群的专项经费资助高达 12 亿欧元，其中有 6 亿欧元由参与企业资助。尖端集群竞赛项目不仅促进了德国创新集群的发展，还在国家范围内发挥了巨大的示范效应，大批创新集群开始涌现（史世伟，2014）。

以尖端集群竞赛项目为基础，德国联邦政府在 2012 年又正式启动了走向集群（Go – Cluster）项目。该项目通过集群间的相互学习以及经验的共享，充分发挥优秀集群的标杆作用，最终实现集群内的创新管理理念的提升，使国家内的产业集群在集群管理方面达到欧盟优秀集群标准。为了进一步提升集群管理水平，德国联邦政府的经济与技术部门定期会提供国际集群相关政策分析以及相应的政策咨询，并且为每个项目提供最多 2.5 万欧元的资助。尖端集群竞赛项目与走向集群项目目前正在推进 109 个创新集群，参与者包括约 5 500 个中小型企业、1 300 多个大型企业、以及 1 500 多所高校和科研机构。

2）法国

法国是欧盟第二大经济体，其竞争力集群源于法国领土整治和发展部际委员会［CIADT，现改为法国国土规划部（DIACT）］于 2004 年 9 月发起的"竞争力集群"计划。该计划主要是在特定的地理范围内，将公立和私营企业、培训中心和研究机构以合作伙伴的形式组合起来，共同开发创新项目，并以本地区优势产业为先导发挥优势互补的协同作用。所有的竞争力集群都由特定地区基于已有的产业和科研基础向 CIADT 提出申请，经由三级评审并获得批准后开始发展。

目前该计划已进入第三个实施周期（2013～2018 年），法国政府为此项计划提供了总额在 15 亿欧元左右的资助，建立了 71 个竞争力集群，涉及包括纳米技术、航空航天、病毒学、主要消费品、生物资源、材料、微型工艺学、光学、生态技术、通信技术和现代交通等 14 个领域，这些集群的地理分布如附图 6 所示。

附图 6　法国竞争力集群的地理分布

　　法国政府在促进竞争力集群的发展中发挥了重要作用。法国政府通过直接参与项目研发、设立专项基金，以及金融支持与税费减免这三种方式给予集群的协同创新活动以扶持。截至 2015 年底，"竞争力集群计划"已扶持 813 个项目，获得 43 亿欧元投资，其中 10 亿欧元由国家财政支出，5 亿欧元由地方政府财政支出。这些项目入选的基本条件是要注重建立公私合作，调动科研人员的积极性，并且至少建立两个竞争力集群间的联系，项目领域特别注重解决当前的社会重大需求和创新面临的挑战。

　　3）英国

　　英国对创新聚集和产业布局的研究走在世界前列，集群政策是英国区域经济发展战略中不可或缺的组成部分。英国创新集群政策由英国商业、创新与技能部科学与创新办公室负责，其目标是创造一个有利于促进集群发展的稳定环境。英国制定的区域集群计划主要包括：东英格兰的医疗与生命科学集群、西北部地区的生物医药集群、威尔士的微电子与光电子集群、西北部地区的航空航天集群、南约克郡的先进工程与材料集群、兰开斯特的制造业 MARK 集群、西南部地区的半导体集群、东英格兰地区的低碳创新集群等。

英国集群计划涉及的领域十分广泛，除了上述不同地区各具特色的针对不同领域的集群外，有的集群计划服务于某一战略，涉及相当广泛的研究领域。例如，服务于政府低碳战略的低碳创新集群主要包括：先进工程与制造集群、海岸风能集群、生物再生能源集群、水及其他资源的恢复集群、交通工具集群、建筑环境集群，并针对机遇与挑战、相关重要技术和发展路线图等进行了综合布局与规划。

英国通过相应的政策与计划促进了各种创新集群的发展，并且推动了创新集群中的企业、研究机构、大学、商业协会和风险资本等参与方的创新活动和知识转移，也使英国的不同区域形成了各具特色的产业和研发分工，促进了各区域经济的发展。

3. 欧盟促进创新聚集、优化产业布局可供中国借鉴的经验

（1）强化政府职能，为创新聚集和区域产业发展营造良好的政策环境

欧盟政府在创新聚集和区域产业的发展上给予了大力的政策支持，尤其是在整体规划设计、营造创新环境和提供制度保障等方面更是起到了举足轻重的作用。这些政策旨在提升国家层面、区域层面和企业层面的竞争力，加强产学研关系，并最终改善区域创新绩效，加快新技术的开发应用以及创新型公司的发展等。政府在区域以及国家发展的规划框架中纳入了创新聚集和区域产业，并为其营造良好的政策环境，主要措施有：加大基础设施建设的投入，有效引导企业家、创新型人才和创新资源向创新聚集和区域产业地区的流动，促进产学研间的密切合作；保持国家和区域相关法规及优惠政策的及时更新；强化知识产权保护力度，加大企业行为监管力度，维持市场秩序。

（2）突破行政区域限制，实现创新集群和集群产业差异化发展

创新集群发展和产业布局优化应当结合当地区位优势、资源禀赋、

人文历史等条件，遵循企业集聚的市场规律有序推进，而不应当局限于行政区域的范围，欧盟的经验表明，发展跨行政区域的特色创新集群，会更有利于资源配置和产业发展。例如，法国实施的国家集群分布图绘制计划，结合本地环境和资源特色发展产业集群，就是突破行政区域限制发展集群的力证。然而需要注意的是，创新聚集和产业布局政策经验需要灵活借鉴，期望找到一条能够满足所有集群发展需求的政策是不现实的。我国应当在学习欧盟经验的基础上，结合国内地大物博、文化历史悠久的特点，进行持续的创新，实现国内创新聚集和区域产业的差异化发展，避免走重复建设的老路。

（3）加大集群创新力度，强化对中小企业技术创新支持

创新对于欧盟及其成员国产业竞争力的提升发挥着重要作用。欧盟目前正在开展或计划支持集群创新的政策或方案高达数百项。其中，法国非常重视对中小企业的培养，其创新聚集和产业布局方案中重点资助的企业项目和雇佣员工主要都来自中小企业。我国的各类产业集聚区也主要以中小企业为主，然而，目前存在许多待克服的问题，如创新能力欠缺、创新范围有待拓展、技术领域覆盖不足、影响力度不够等。因此，应当把发展以中小企业为主体的技术创新系统作为集群创新系统建设的重点。具体来说，应采取国家和地方政府的多方面干预的方式，加强中小企业间的联盟合作，加强研发资金投入和科技贷款支持，从而鼓励中小企业开展技术创新活动。

（4）发展企业为主、政府为辅的产业集群思想

值得注意的是，欧盟的创新聚集和产业发展中，发挥主体作用的是企业，而不是政府或高校等研究机构。政府在创新聚集和产业布局的创建中仅仅起到了间接参与的作用，并非刻意去创造。例如，德国的集群竞赛政策虽然采用"自上而下"的模式，但是政府资助的前提是在当地已经存在相关产业和机构聚集，政府本身并不参与集群规划的制定过程。并且，竞赛的评选准则是由相关专家规定，以及由第三方评委作出评估

审核。这种评选模式极大调动了参与竞赛的区域及地方政府的积极性，这是政府"自上而下"进行直接评选模式所不能比拟的。因此，欧盟政府在促进创新聚集和优化产业布局政策中仅仅扮演了"催化剂"的角色。

我国目前正处在转型期，针对市场经济体制不完善等问题，政府干预市场行为的现象常有发生。因此，政府应当转变职能定位，在促进创新聚集和产业布局优化的工作中发挥桥梁作用，注重集群政策各主体之间的联系，协调运用各种政策工具，避免对集群企业过多的干预。只有这样企业才能真正占据主导地位。

（5）建设和完善创新聚集和区域产业布局网络

信息的共享是创新聚集和区域产业布局网络最主要的功能。通过实现区域间的信息共享，对创新需求和机会进行实时更新，可以使项目的各个参与主体随时掌控本地以及竞争对手的优势、机会与资源，借鉴成功集群发展的经验。欧盟的"欧洲集群观察站"提供了欧盟各个集群优势的分析报告，促进了集群之间的信息交流。"欧盟集群合作论坛"也以此为平台，允许政策制定者分享集群政策及国家区域计划评估实践的经验（胡智慧等，2014）。我国也应该建立完善的创新聚集和区域产业网络，借助计算机及网络技术，统计国内创新区域布局现状，不仅为区域间提供交流和信息共享的平台，也为国家相关政策的制定提供依据。

（6）促进集群营销，提升区域品牌优势

创新聚集中仅仅依靠独立的企业是无法做到创建区域品牌优势，这是因为单个企业并不具备大力宣传推广的能力。针对这个问题，意大利的某些地方政府采用区域联合营销的方式，成功打造了一批颇具影响力的地方品牌。以"布伦塔河鞋业基地"为例，地方政府将集群内的中小企业联合起来组建成为旗舰式的大型企业，并以区域的整体形象对外进行宣传推广，这不仅提高了其所在区域的知名度，还成功建立了一个具有高含金量的区域品牌。因此，要提高区域产业知名度，并最终发展成有影响的区域品牌，还要依靠政府出面为企业疏导市场推广渠道，这也是我国促进创新聚集和优化产业布局政策中一个需要考虑的内容。

（7）注重协同创新绩效，对集群政策的实施效果进行评估和反馈

欧盟在促进创新聚集和优化产业布局政策中非常注重评估区域绩效。欧盟相关政府机构和研究院每年都会对区域创新项目进行绩效监测以及创新绩效的分析对比。此外，欧盟还关注这些区域的创新的前评估。以芬兰为例，芬兰专门设有负责创新项目跟进和评价的部门，在项目申请前，相关部门就会委派专家进行事前介入，参与项目团队的申请前讨论，并协助项目计划的制定和申请。

我国在实施创新聚集和产业布局政策的过程中，对政策实施效果定期追踪和评估的力度还不够，应当参考欧盟对创新政策全面、综合评估的做法，明确创新政策的评估方法以及反馈机制，这对于以后区域创新政策的制定和决策具有非常重要的参考意义。

（三）日本促进创新聚集、优化产业布局的主要经验

1. 日本促进创新聚集、优化产业布局的背景

日本是世界上实施创新聚集和产业布局政策较为成功的国家之一。早在 20 世纪 50 年代，日本政府就采用制定规划、颁布法律等政策手段，促进了国家创新聚集和产业布局的建设与发展。1995 年起日本政府采用立法的形式，颁布了一系列的产业政策和科技政策，依据区域特色指定东京圈、关西圈等 10 个国家特区，提高了地方产业竞争力。

20 世纪 90 年代经济泡沫的破裂，使日本经济陷入停滞状态。为了摆脱经济上的困境，进入 21 世纪以来，日本政府进行了经济战略的调整，力图通过加强产学协作、发展创新型产业集群大力发展国内经济。随后陆续制定和实施了"产业集群计划""知识集群计划""地方科技集群联合措施群"等一系列支持地方科技创新的政策措施，通过促进创新聚集和优化产业布局，进一步提升了日本本国的产业创新能力，对促进经济社会发展发挥了积极作用。2008 年 5 月，日本政府在产业集群计划和知

识集群计划等基础上，出台《依靠科学技术增强地方活力战略》，开始全面规划布置地方区域创新工作，试图依此增强地方创新多样性，强化全球化创新据点建设，形成地方区域创新的"生态系统"。

一系列政策的调整与实行，使日本创新聚集和产业布局得以优化升级。上述举措使日本区域创新集群发展已位于发达国家前列。在日本，具有持续创新力和竞争力的世界级产业集群主要集中在高新技术领域，尤其是精密机械、生物技术、环境科学等领域。这些创新集群发挥了良好的引领和带动效应，为国家带来了高增长率、高就业率、高研发投入和大量知识外溢，并不断辐射至整个国家经济体系中，推动了日本区域经济的发展。

2. 日本促进创新聚集、优化产业布局的主要政策手段

（1）产业集群计划

产业集群计划是日本经济产业省（METI）于 2001 年实施的新的产业集群政策，重点在于建立产学研合作关系。具体而言，以各区域的经济产业局为据点，逐渐发展产学研合作网络和高技术产业集群。

日本产业集群计划的实施周期为 20 年，分为 3 个阶段实施，每个阶段都设定了不同的发展目标和预算。第一阶段（2001～2005 年）为产业集群的启动阶段，该阶段的主要任务是选出一批优先支持的集群创新项目，并建设完善官产学研合作网络，为新企业或新产业提供技术支持；第二阶段（2006～2010 年）是产业集群的发展阶段，该阶段要建设具有更紧密联系和更广范围的创新网络，对第一阶段的项目进行评价和调整，推进包括新产品等的开发和产业化、创业、管理创新在内的一系列工作的开展，使政策发挥出更实际的效果；第三阶段（2011～2020 年）为产业集群的自主成长阶段，国家将逐步减少对集群区域的财政支持，以期促进产业集群独立融资，获得自主发展能力。

在 2001～2010 年，由国家主导建设了 37 个产业集群（吴松，2011），分布在冲绳、北海道、关东、关西、东北、四国、中部、九州等

9 个地区，地理范围几乎涵盖了日本各个县区，涉及的技术领域主要有信息技术、生物技术、绿色环境技术等。

（2）知识集群计划

日本文部科学省（MEXT）从 2002 年开展知识集群计划，旨在形成一批能够主导前沿技术领域的高水平研发中心，并以此为据点吸引创新型企业和创业支援机构的聚集，促进当地的产品和产业的创新以及成长，最终形成优质的产学研合作网络（Kitagawa，2005）。

该计划的基本设想是，由文部科学省根据产业规模和核心科研机构的分布情况以及官产学合作能力选定知识集群目标区域，各个地方政府发挥地方积极性，进行集群政策的自主规划，计划运行费用由国家和地方共同负担。该计划主要针对环保、生命科学、纳米新材料、信息通信这四大前沿领域，旨在通过提升这 4 个领域的科技创新能力和成果转化率建设具有国际竞争力的区域创新集群。

知识集群计划的实施周期为 15 年，共分为 3 个实施阶段。第一阶段（2002~2006 年）是培育阶段，首要任务是发展知识聚集。具体来说，就是选定一批具有独创成果和科研能力的大学研究机构，同时，相关研究机构或科技型企业会被吸引参与技术创新工作的开发。第一阶段国家评选出了 18 个知识集群区域，对每个区域提供每年 5 亿日元的资金支持。第二阶段（2007~2011 年）是区域差别发展阶段，本阶段主要目标是发展世界一流集群，因此遵循选择和集中的原则，在第一期的区域集群中评选出实力最强、发展潜力最高的区域进行重点培育。此阶段国家对选出的区域提供每年 5 亿~8 亿日元资金支持。2007~2008 年有 27 个区域实施了知识集群创新政策，其中日本重点支持若干区域形成世界一流集群，筛选出 9 个区域给予重点资助，其地理分布如附图 7 所示。知识集群政策的第三阶段（2012~2016 年）是集群形成阶段，主要任务是发展技术创新型集群。本阶段由国家根据集群发展具体情况进行资金的支持。

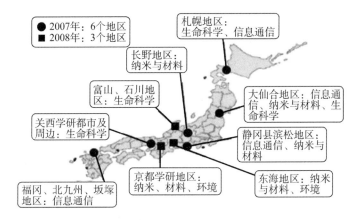

附图 7　日本重点资助的知识集群分布

（3）区域创新战略支持计划

为了调动区域创新聚集的自主性和积极性，并集中资源发展创新战略"优先区域"，日本文部省于 2011 年联合经济产业省、农林水产省实施区域创新体系建设，三部门联合选定有潜力的创新战略区域进行支持。文部科学省又专门针对创新战略区域推出区域创新战略支持计划，这可以称得上是区域集群计划的升级版。该计划主要是以地方政府主导实施并制定"创新发展战略"，资金也主要由地方政府筹措，可以吸引民间资本参与。此次选出的地区大多参与过产业集群计划、知识集群计划等项目，具有相关区域创新基础和丰富的集群经验。

该计划实施区域总体上划分为两种：一种是"知识集群开发事业"等前期项目所涉及的 29 个集群区域（其中根据区域特点又可分为"全球型"和"城市地区型"）；二是新选定的实施区域，包括 2011 年入选的 13 个、2012 年入选的有 10 个（其中 4 个东日本大地震灾区也包括在内）。

（4）综合特区制度

综合特区制度是为了解决地方问题和当地经济的发展而设立的一项制度，特区主要分为"国际战略综合特区"和"提升区域活力综合特区"两类。其中，国际战略综合特区的主要作用是最大限度地激发地方潜力，提高地区产业的国际竞争力，最终促进日本整体经济的发展。提升区域活力综合特区主要针对地方典型地区，通过大力发展典型地区的经济来促进当地居民的生活质量的提高，并为其他非典型地区的发展提供可借鉴的经验。

日本政府还特别设立了"综合特区推进本部"来切实推进综合特区制度的实施，由内阁总理大臣担任负责人（现任负责人为安倍晋三）。2011 年 12 月，第一批综合特区名单公布，共有 33 个地区包含在内，其中有 7 个"国际战略综合特区"，26 个"提升区域活力综合特区"。两类综合特区计划要在 5 年后，实现经济效益比 2011 年增加 9.122 5 万亿日元，就业人数增加 37.5 万人的目标（刘平和陈建勋，2016）。

综合特区的覆盖范围较广，以重要性较高的国际战略综合特区为例，从地域分布上看，北起北海道，南至九州岛，范围涵盖东京大都市圈，还有日本最主要的科创中心筑波以及航空航天产业集聚带等，如附表 1 所示，7 个特区都具有各自的产业优势，并以本地的区域特色制定相应的发展规划，下面就各特区的发展重点及目标进行介绍。

附表 1　日本国际战略综合特区一览

序号	特区名称	涉及的地方政府
1	北海道食品集成国际战略综合特区	札幌市、北海道、带广市及江别市、函馆市、十胜郡浦幌町等
2	筑波国际战略综合特区	茨城县及筑波市
3	亚洲总部经济特区	东京都
4	京滨临海地带生命科学革新国际战略综合特区	横滨市、神奈川县及川崎市
5	亚洲第一的航空航天产业集群特区	长野县、歧阜县、饭田市、歧阜市、滨松市静冈县、爱知县、丰桥市、名古屋市、春日井市等
6	关西创新国际战略综合特区	京都市、京都府、大阪市、大阪府、兵库县及神户市
7	绿色亚洲国际战略综合特区	北九州市、福冈县及福冈市

资料来源：日本内阁府地方创生推进室：《综合特区制度概要》。

1）北海道食品集成国际战略综合特区

北海道具有丰富的农畜渔等产业资源和特有的饮食文化，因此特区的规划重点着眼于本地食品附加价值的提升。政府建立和完善了当地的食品研发基地，以此吸引了大批企业的集聚，促进了农业科技产品的市场化和对外贸易。特区内和三次产业间形成了良好的食品产业价值链，其运作效果甚至可以与荷兰的"食品谷"食品研发基地相媲美。特区当时计划截至 2016 年，要实现 5 年累计食品销售额增加 1 300 亿日元的目标（德勤咨询公司，2013）。

2）筑波国际战略综合特区

筑波是日本世界级的科技顶尖城市，聚集了日本 1/3 的公立研究所。特区规划利用这一特点，通过开发产学研新的合作平台和合作模式，期望实现更多新产业和新业态的诞生。特区主要研究的创新领域为生命科学和绿色生物技术领域，其社会目标为加快实现健康长寿社会和绿色低碳生活。具体做法有：开发新一代癌症治疗的方法、实现生活助理机器人的市场化，推进藻类生物能源的产品化和加快世界领先的纳米技术研发基地的建设。特区计划 5 年目标为：实现官产学合作创新项目增加为 10 个，新一代商用癌症治疗设备的市场推广数量增加到 3 个；TIA 纳米技术合作项目总体规模达到 1 000 亿日元以上；生活助理机器人的市场投放种类增加到 5 种以上。

3）亚洲总部经济特区

亚洲总部经济特区是由 5 个不同区域联合组建而成，包括东京都心和临海区域、新宿车站周边地区、涩谷车站周边地区、品川车站和田川车站周边地区、羽田空港旧址。面向经济发展显著的亚洲地区，特区的主要目标是吸引国际企业在东京建立研发总部或亚洲总部，为日本本土企业带来更多的全球化合作机会，并最终巩固东京的"亚洲中心城市"地位。特区计划在 5 年内重点集聚一批信息通信、电子和精密仪器、医疗及化学、航空器相关产业、金融与证券和创意产业等，吸引跨国公司设立亚洲总部或研发总部达到 50 家以上，外国企业 500 家以上，并实现 3 857 亿日元的生产效益和 37 052 个就业机会的目标。

4）京滨临海地带生命科学革新国际战略综合特区

该特区由东京的神奈川县、横滨市及川崎市 3 个区域组成。特区及其周边集聚集着大批具有雄厚实力的国际中坚和中小企业，其中主要为生物科技企业，因此，特区发展的主要领域是再生医疗、抗癌及生活疾病预防医疗、公共卫生和预防医学领域。本地以及国际化集聚企业重点推进预防医疗、医药品和医疗仪器的研发创新和产品推广，并为以需求为导向的风险型企业提供创业机会，从而发展创新型健康产业。特区计划在 5 年实现总体经济效益达到 2 955 亿日元，具体来说，医疗和健康产业效益要达到 2 035 亿日元，新药品和相关医疗仪器研发和上市时间的缩短带来 702 亿日元的经济波及效益，新一代医药及相关医疗仪器研发实现 218 亿日元的经济效益目标。

5）亚洲第一的航空航天产业集群特区

该特区主要围绕爱知县、岐阜县和名古屋市，形成一条由研发到设计、制造并包括维修的一条龙式的航空飞行器产业链，其最终目标是要建立能够与美国西雅图和法国图卢兹相匹敌的大型航空航天产业集聚区域。《亚洲 No.1 航空航天产业集群特区规划》（2014）中特别提出，该区域产业到 2015 年要实现 9 200 亿日元的产值目标，基本达到法国图卢兹的产值水平；国际市场占有率要由 1.5% 增长到 2%；相关产品出口额度由 1 800 亿日元增加到 2 460 亿日元；新工厂建设要增加 25 家，员工数增加 5 500 人。

6）关西创新国际战略综合特区

该特区的主要研究领域集中在生命与生活创新、环境与能源创新领域，其中重点培育医药品、顶级医疗技术、医疗设备、预测预防医疗、蓄电池、智慧社区创新平台等子领域，着力解决日本以及亚洲各国面临的人口老龄化和能源短缺的问题。特区通过创建国际创新合作平台，加强特区内的府、县、市的跨区域以及跨级别合作，实现产业、产品的深度跨界融合。特区聚集了优势资源并能够使各创新主体共同参与到企业自身或政府政策性难题的解决中，最终缩短产品研发和科研成果转化的时间。《关西创新国际战略综合特区规划》（2014）中设定了一系列目标，具体来说：在世界进口医药品贸易中，特区所占比例要由2010年的1.0%（1 890亿日元）增加到2015年的1.3%（3 300亿日元）；在世界进口医疗仪器贸易中，特区所占比例要由2010年的1.0%（660亿日元）增加到2015年的1.3%（1 200亿日元）；锂电池产值要由2010年的2 300亿日元提高到2015年的5 800亿日元；太阳能电池产值由2010年的2 500亿日元提高到2015年的3 800亿日元。

7）绿色亚洲国际战略综合特区

该特区由福冈县、福冈市和北九州市组成，其中，福冈县是距离亚洲大陆最近的区域，因此与其他亚洲国家具有非常频繁的文化与经济交流；北九州市是日本历史悠久的工业城市，煤炭、钢铁、港口贸易发展较好，城市基础设施相关产业技术资源的出口较多。目前，北九州市正处于转型时期，特区依靠两市的优势资源，改变了以往出口较为分散的形式，重新整合资源进行打包出口，同时为了满足亚洲各国日益增长的环保需求，特区着力进行新产品的研发和生产，不断改进废物回收技术与回收系统，完善资源循环利用的社会体系，并促进其他亚洲国家的产品绿色化，实现亚洲国家的共同发展。特区计划截至2020年，实现城市环境基础设施相关产业技术销售额由2010年的0.2万亿日元增加到5.2万亿日元，增幅达到2 500%。

3. 日本促进创新聚集、优化产业布局可供中国借鉴的经验

（1）主体间的合作形式多样化

日本促进创新聚集、优化产业布局的活动模式多种多样，所涉及的主体机构也互相交叉。例如，在产学研之间的研发合作中就有合同研究、联合研究等多种形式。而对区域创新集群的规划，不仅由地方政府联合

产学研等本地主体参与，还需要中央政府及其所选择的专家给予评估和选择。产业集群各项目也采用了多样的形式推进各主体间有效合作：九州生物集群项目，促进机构"九州生物技术集群会议"以论坛的形式获取客户反馈信息，建立"客户信息挖掘系统"，为生产企业改进产品提供方向；东海地区制造业培养项目，通过举办"技术博览会"匹配大学的技术种子与企业的技术需求，支持领先企业的研究人员与寻找客户支持的中小企业合作；在京滨地区区域产业振兴工程中，优先选择一批具有潜力的中小企业及风险企业，参与大企业商业洽谈，促进了中小企业与大企业的合作交流。

复杂而活跃的集群活动能够促使创新集群保持向前发展的活力，逐步完善自身的结构与功能。只有在这样复杂而多样的活动中，与创新集群相关的所有各方才能充分表达自己的意愿与要求，使得创新集群不断调整其结构与功能，最大限度地调动各方的资源与能力，形成促进创新聚集、优化产业布局的最大合力。

（2）重视产业集群活动的实时评估

为确保政策良好的实施效果，进行政策的评估并加以调整必不可少。日本在集群政策的运作过程中，特别关注集群政策的评价和调整。在评估标准方面，日本产业集群计划将"落户企业数量""新建企业数量""全球市场领先企业数量"等作为集群项目是否成功的关键指标。同时，集群评估也十分突出新研究开发的数量以及集群产业化的数量，从而反映集群内各主体之间的合作紧密程度。在政策调整方面，以日本的知识集群计划为例，第一阶段进行重点支持的区域共有 18 个，然而政府为了集中政策支持力量，到了第二阶段，仅保留了 9 个地区进行重点支持。

目前，我国对产业集群发展状态的评估，在评估指标上大多采用产业规模是否持续扩大，而较少考察同行企业数量是否增多，过于注重产值规模、销售业绩，难免使政策侧重于一定经济体量的大型企业，而忽视了那些具有创新潜力但规模尚小的企业。对集群政策进行科学有效的评估和调整，应当成为未来科技政策的重要内容。

（3）打破行政区域限制

区域创新是系统的创新，需要突破行政区划的限制。"国际战略综合特区"中有 6 个特区跨市，2 个跨县或府（相当于我国的省），其中，"亚洲 No.1 航空航天产业集群特区"更是打破行政区域限制，形成横跨 5 个县，共计 65 个县、市、镇、村地方政府的综合特区，由此在区域内建成以资源基础、产业优势和国际化创新网络为特色的大型区域创新生态圈。"国家与地方协议会"发挥了重要的协调作用，通过判断项目实际实施效果与所计划的经济目标之间的差距，并选择了一系列创新性的政策指标来进行特区发展水平的评估，推进了特区内各地政府的深度合作，而并没有只着眼于本地发展，造成各区域相互竞争的分散局面。

对于我国来说，对一些试验区的建设仍局限在行政区界限中，比如国家综合配套改革试验区建设，其中可能的原因之一是我国的地域辽阔，增大了跨行政区合作的难度。同时，个别地区自我保护意识过强，过分关注本地 GDP 增速，而不能与其他地区形成双赢的合作关系。因此如何跨越阻碍实现区域跨界合作，实现资源的优势互补，共同推动我国创新型经济的发展，是值得我们进行深入研究的课题。

（4）科技与市场互动，促进科技与经济的深度融合

所谓科技与经济的融合就是，一方面，企业作为创新成果的主要需求方，要加大对创新成果的研发、购买和消化吸收的热情，增大产业对科技的需求；另一方面，高校和科研机构作为创新成果的主要供给方，也要坚持创新成果的产业化和市场化，加强与企业的互动交流，改变以往只重研究不重效果的局面。

日本的知识集群计划和产业集群计划是科技与经济深度融合的实践产物。其做法是：以主要企业为发展核心，进而吸引其他企业、大学、研究机构等加入共同构成完善的产业集群；另外，选定一批具有独创能力的大学或科研机构，并以此为主体，吸引相关科研机构及企业的集聚，

构成知识集群。

我国目前已具备强化以企业为主体实现科技创新的意识，然而还需要促进高校和科研机构转型的完成，才能够做到科研与经济的相融合。具体而言，对于传统科研院所，应当引入现代企业管理制度，加快实现产权制度改革的步伐；对于高校，政府应支持大学科技园或技术转移中心的建立，使高校与区域经济的发展接轨，充分发挥科技创新的作用。

（5）引导建设开放创新网络

日本创新聚集和产业布局具有高度发达的社会网络。产业集群计划与知识集群计划的主要内容是支持各地方为形成区域创新网络开展各类活动，这是因为创新集群的区域概念已不是传统意义上的地理或行政的区域，而主要是企业、大学、研究机构、研究人员、信息等创新要素与资源的虚拟网络。在日本政府的地方科学技术集群的各类计划中，都将支持地方开展技术创新、特别是产学研合作创新作为支撑其创新网络建设的首要目标。

我国社会主义市场经济机制目前尚不成熟，创新网络的建设还需要政府进行引导并给予支持，同时企业、高校及研究机构等各方主体都要积极加入，最终形成提供全球资源开放式的科技创新平台。只有这样，才能加快国家创新体制改革的步伐，发展创新集群参与并最终引领国际经济合作竞争的新优势。

知识产权区域布局分析指标体系

指标	一级指标	二级指标	数据来源
知识产权创造潜力	教育资源	普通高校数（个）	统计
		985 及 211 高校数（个）	统计
		普通高校教学与科研人员（人）	统计
		普通高校在校生人数（人）	统计
		普通高校一级硕士点数（个）	统计
		普通高校一级博士点数（个）	统计
		普通高校国家重点学科数（个）	统计
		高校研究生占在校生人数比重（%）	统计
		高校研究与发展人员占教学与科研人员比重（%）	统计
	科技资源	研究与试验发展（R&D）人员全时当量（人年）	统计
		研究与试验发展（R&D）经费内部支出（亿元）	统计
		研究与开发机构数（个）	统计
		国家重点实验室数（个）	统计
		国家工程技术研究中心数（个）	统计
		试验发展人员占 R&D 人员全时当量比重（%）	统计
		工业企业 R&D 人员占 R&D 人员全时当量（%）	统计

续表

指标	一级指标	二级指标	数据来源
知识产权创造潜力	科技资源	试验发展经费内部支出占 R&D 内部支出比重（%）	统计
		工业企业 R&D 经费内部支出所占比重（%）	统计
		R&D 经费内部支出占 GDP 比例（%）	统计
		中央部门属研发机构数占比（%）	统计
		工业企业研发机构数占比（%）	统计
	产业资源	规模以上工业企业数（个）	统计
		国家级企业技术中心数（个）	统计
		国家高新技术产业开发区数（个）	统计
		国家级经济技术开发区数（个）	统计
		有 R&D 活动的工业企业占比（%）	统计
		有研发机构的工业企业占比（%）	统计
		高技术产业企业数占比（%）	统计
知识产权创造能力	专利产出	专利申请受理量（件）	统计
		专利申请授权量（件）	统计
		有效专利数（件）	统计
		海外专利申请数（件）	统计
		每万人口发明专利拥有量（件/万人）	统计
		发明专利申请数占专利申请量比重（%）	统计
		发明专利授权数占专利授权量比重（%）	统计
		有效发明专利数占有效专利数比重（%）	统计
		企业发明专利申请数占发明专利申请量比重（%）	统计
		企业发明专利授权数占发明专利授权量比重（%）	统计
		企业有效发明专利数占有效发明专利量比重（%）	统计
	商标注册	商标申请数（件）	统计
		商标有效注册量（件）	统计
		商标核准注册数占申请数比例（%）	统计
		马德里商标注册量占核准注册数比例（%）	统计
	版权登记	版权合同登记数（件）	统计
		计算机软件著作权登记数（件）	统计

续表

指标	一级指标	二级指标	数据来源
知识产权创造能力	其他知识产权创造	集成电路布图设计登记申请（件）	统计
		集成电路布图设计发证数占比（%）	统计
		＊农业植物新品种权申请量（件）	统计
		＊农业植物新品种权授权量占申请量比例（%）	统计
		＊林业植物新品种权申请量（件）	统计＋调查
		＊林业植物新品种权授权量占申请量比例（%）	统计＋调查
		＊地理标志注册和初步审定量（件）	统计
知识产权运用能力	专利权运用	专利申请权与专利权转让数（件）	统计＋调查
		专利实施许可数（件）	统计＋调查
		专利质押数（件）	统计＋调查
		专利申请权和专利权转让合同金额（万元）	统计＋调查
		专利实施许可合同金额（万元）	统计＋调查
		专利质押融资金额（万元）	统计＋调查
		发明专利申请权和专利权转让数占比（%）	统计＋调查
		发明专利实施许可数占比（%）	统计＋调查
		发明专利质押数占比（%）	统计＋调查
		发明专利申请权和专利权转让金额占比（%）	统计＋调查
		发明专利实施许可合同金额占比（%）	统计＋调查
		发明专利质押融资金额占比（%）	统计＋调查
	商标权运用	商标转让数（件）	调查
		商标使用许可合同数（件）	调查
		商标质权数（件）	调查
		商标转让合同金额（万元）	调查
		商标使用许可合同金额（万元）	调查
		商标权质权融资金额（万元）	调查
	版权运用	版权输出品种数（种）	统计
		著作权质权登记数（份）	调查
		计算机软件转让与专有许可合同登记数（份）	调查
		著作权质权合同金额（万元）	调查
		计算机软件转让与许可合同金额（万元）	调查

指标	一级指标	二级指标	数据来源
知识产权运用能力	其他知识产权运用	集成电路布图设计专有权转让与许可数（件）	调查
		集成电路布图设计专有权转让与许可金额（万元）	调查
		＊农业植物新品种权转让合同数（件）	调查
		＊农业植物新品种权转让合同金额（万元）	调查
		＊林业植物新品种权转让合同数（件）	调查
		＊林业植物新品种权转让合同金额（万元）	调查
知识产权运用需求	产业需求	地区高技术产业产值增长率规划目标	调查
		高技术产业主营业务收入（亿元）	统计
		高技术产业出口交货值（亿元）	统计
		工业企业购买国内技术支出（亿元）	统计
		工业企业技术引进经费支出（亿元）	统计
		工业企业消化吸收经费支出（亿元）	统计
		技术市场技术流向合同数（项）	统计
		技术市场技术流向合同金额（亿元）	统计
		高技术产业新产品销售收入占比（%）	统计
		高技术产业新产品出口交货值占比（%）	统计
		企业购买国内技术支出占主营业务收入比例（%）	统计
		企业技术引进经费支出占主营业务收入比例（%）	统计
		企业消化吸收经费支出占主营业务收入比例（%）	统计
	经济需求	人均 GDP（亿元）	统计
		第三产业增加值（亿元）	统计
		文化服务业营业收入（亿元）	统计
		城镇居民人均可支配收入（元）	统计
		农村居民人均纯收入（元）	统计
		第三产业增加值占 GDP 比例（%）	统计
		文化服务业营业收入占第三产业增加值比重（%）	统计
	社会需求	万元 GDP 能耗降低规划目标（%）	统计＋调查
		万元 GDP 二氧化碳排放降低规划目标（%）	统计＋调查
		单位工业增加值用水量降低规划目标（%）	统计＋调查
		主要污染物排放减少规划目标（%）	统计＋调查

续表

指标	一级指标	二级指标	数据来源
知识产权保护管理	知识产权保护	知识产权法规、规章、规划数量（部）	统计 + 调查
		知识产权司法保护强度（分）	统计 + 调查
		专利行政保护强度（分）	统计
		商标行政保护强度（分）	统计
		版权行政保护强度（分）	统计 + 调查
		海关行政保护强度（分）	统计 + 调查
	知识产权管理	专利代理机构数（个）	统计
		专利申请代理量（件）	统计
		商标代理机构数（个）	统计
		专利代理从业人员数（人）	统计 + 调查
		知识产权公共服务机构人员数（人）	统计 + 调查
		知识产权培训人次（人次）	统计 + 调查
		专利申请代理率（%）	统计
		职务专利申请代理所占比例（%）	统计
		发明专利申请代理所占比例（%）	统计

注：表格中标记 * 的农业、林业植物新品种权及地理标志相关指标，可以根据各个地区实际情况，有条件及有必要的地区选择统计。